小型企业财务报表审计工作底稿编制指南

（适用于审计执行小企业会计准则的小型企业）

中国注册会计师协会　编

中国财政经济出版社

图书在版编目（CIP）数据

小型企业财务报表审计工作底稿编制指南：适用于审计执行小企业会计准则的小型企业．2013/中国注册会计师协会编．—北京：中国财政经济出版社，2013.2

ISBN 978-7-5095-4310-8

Ⅰ．①小… Ⅱ．①中… Ⅲ．①中小企业-财务审计-工作-记录-编制 Ⅳ．①F276.3

中国版本图书馆CIP数据核字(2013)第032799号

责任编辑：罗亚洪　　责任校对：黄亚青

封面设计：郁　佳

中国财政经济出版社出版

URL：http://www.cfeph.cn

E-mail：cfeph@cfeph.cn

社址：北京市海淀区阜成路甲28号　邮政编码：100142

营销中心电话：88190406　北京财经书店电话：64033436　84041336

北京财经印刷厂印刷　各地新华书店经销

880×1230毫米　16开26.25印张　580 000字

2013年3月第1版　2013年3月北京第1次印刷

印数：1—5 000　定价：65.00元

ISBN 978-7-5095-4310-8/F·3495

（图书出现印装问题，本社负责调换）

质量投诉电话：010-88190744

前　　言

2008年，为了加强对中小事务所执行审计准则的指导，增强审计准则的可操作性，中国注册会计师协会根据中国注册会计师审计准则及指南的要求，组织专家编写了《小型企业财务报表审计工作底稿编制指南》，受到广泛好评。最近几年，审计准则的修订、职业道德守则的发布和小企业会计准则的颁布实施，对小型企业审计业务提出新的要求。在财政部王军副部长和中国注册会计师协会李勇会长的关心和支持下，应广大中小事务所的要求，中国注册会计师协会组织有关专家对2008年出版的指南进行修订，形成了第二版。修订后的指南包括两册，分别适用于审计执行企业会计准则和小企业会计准则的小型企业。

本次修订主要体现以下四个方面的变化：一是结合新审计准则和职业道德守则，对重要性、关联方、会计估计审计、评价独立性等领域的工作底稿进行修改和增补；二是根据风险导向审计理念，对审计计划等工作底稿进行重新梳理，将风险评估和风险应对彻底打通，增强审计效果；三是结合当前审计实践和小企业会计准则的要求，对实质性程序工作底稿进行更新；四是根据小型企业审计的特点，进一步简化相关工作底稿，使之更加科学简便、易于操作。

为便于大家更好地学习和理解本指南的内容，本指南编入了王军副部长在中国注册会计师协会审计准则委员会2010年10月全体会议上的讲话以及中国注册会计师协会副会长兼秘书长陈毓圭在该会议上的报告，供读者学习、参考。

在本指南编写过程中，王军副部长和李勇会长给予了指导，中注协副会长兼秘书长陈毓圭，副秘书长杨志国、蔡晓峰对框架结构和主要内容进行总体设计，并对各章节内容进行了审定。中注协专业标准与技术指导部唐建华、张革、张文、陈龙伟、赵际喆、李晨，安永会计师事务所梁国基、张欣，天健会计师事务所王越豪、倪侃侃，毕马威会计师事务所芮怀涟、杨昕、原丁等参与了编写工作。

值此指南出版之际，谨向王军副部长和李勇会长给予本指南研究和编写工作的关心和指导表示衷心的感谢！向所有支持和参与本指南编写工作的领导和专家们，表示衷心的感谢！

中国注册会计师协会
二〇一二年十一月

目　　录

顺应形势　开拓创新　保持我国审计准则的持续趋同
——财政部王军副部长在中国注册会计师协会审计准则委员会全体会议上的讲话 ……（1）
遵循科学和透明的制定机制　彰显审计准则先进性特点
——中国注册会计师协会副会长兼秘书长陈毓圭在中国注册会计师协会审计准则委员会全体会议上的报告 ……（6）

使用说明 ……（12）

第一部分　初步业务活动工作底稿 ……（25）

一、初步业务活动程序表 ……（27）
二、业务承接/保持评价表 ……（32）
三、审计业务约定书 ……（40）

第二部分　风险评估工作底稿 ……（43）

一、了解被审计单位及其环境（不包括内部控制） ……（45）
二、了解被审计单位内部控制 ……（59）
三、舞弊风险评估与应对 ……（73）
四、项目组讨论纪要——风险评估 ……（80）
五、风险评估结果内部控制缺陷汇总表 ……（81）
六、审计计划 ……（82）

第三部分　进一步审计程序工作底稿 ……（93）

一、控制测试工作底稿 ……（95）

二、实质性程序工作底稿 ……………………………………………………（105）
（一）资产类 ……………………………………………………………………（105）
1．货币资金 ……………………………………………………………………（105）
2．短期投资 ……………………………………………………………………（121）
3．应收票据 ……………………………………………………………………（130）
4．应收账款 ……………………………………………………………………（134）
5．预付账款 ……………………………………………………………………（144）
6．应收股利 ……………………………………………………………………（148）
7．应收利息 ……………………………………………………………………（153）
8．其他应收款 …………………………………………………………………（157）
9．存货 …………………………………………………………………………（162）
10．长期债券投资………………………………………………………………（180）
11．长期股权投资………………………………………………………………（185）
12．固定资产/累计折旧 ………………………………………………………（189）
13．在建工程……………………………………………………………………（199）
14．工程物资……………………………………………………………………（205）
15．固定资产清理………………………………………………………………（208）
16．无形资产……………………………………………………………………（211）
17．开发支出……………………………………………………………………（216）
18．长期待摊费用………………………………………………………………（220）
（二）负债类……………………………………………………………………（223）
1．短期借款/长期借款…………………………………………………………（223）
2．应付票据 ……………………………………………………………………（228）
3．应付账款 ……………………………………………………………………（232）
4．预收账款 ……………………………………………………………………（237）
5．应付职工薪酬 ………………………………………………………………（242）
6．应交税费 ……………………………………………………………………（247）
7．应付利息 ……………………………………………………………………（255）
8．应付利润 ……………………………………………………………………（258）
9．其他应付款 …………………………………………………………………（261）
10．长期应付款…………………………………………………………………（266）

（三）所有者权益类 ……………………………………………………………………（269）
1. 实收资本（股本） ……………………………………………………………………（269）
2. 资本公积 ……………………………………………………………………………（272）
3. 盈余公积 ……………………………………………………………………………（275）
4. 未分配利润 …………………………………………………………………………（278）
（四）损益类 ……………………………………………………………………………（280）
1. 营业收入 ……………………………………………………………………………（280）
2. 营业成本 ……………………………………………………………………………（292）
3. 营业税金及附加 ……………………………………………………………………（300）
4. 销售费用 ……………………………………………………………………………（302）
5. 管理费用 ……………………………………………………………………………（308）
6. 财务费用 ……………………………………………………………………………（313）
7. 投资收益 ……………………………………………………………………………（317）
8. 营业外收入 …………………………………………………………………………（319）
9. 营业外支出 …………………………………………………………………………（321）
10. 所得税费用 …………………………………………………………………………（323）
（五）细节测试通用工作底稿 ……………………………………………………………（328）

第四部分　其他项目工作底稿 ……………………………………………………（333）

一、对法律法规的考虑 ……………………………………………………………………（335）
二、接受委托后与前任注册会计师的沟通 ………………………………………………（337）
三、关联方及关联方交易 …………………………………………………………………（342）
四、持续经营 ………………………………………………………………………………（347）
五、首次接受委托时对期初余额的审计 …………………………………………………（351）
六、会计估计 ………………………………………………………………………………（352）
七、对应数据 ………………………………………………………………………………（355）
八、诉讼和索赔 ……………………………………………………………………………（357）
九、期后事项 ………………………………………………………………………………（359）
十、利用专家的工作 ………………………………………………………………………（361）
十一、现金流量表 …………………………………………………………………………（363）

第五部分　业务完成阶段工作底稿 …………………………（365）

一、业务完成阶段审计工作 …………………………（367）
二、错报累积和评价表 …………………………（369）
三、试算平衡表 …………………………（376）
四、与治理层的沟通函 …………………………（379）
五、管理层声明书 …………………………（382）
六、审计总结 …………………………（386）
七、审计工作完成情况核对表 …………………………（387）
八、业务复核核对表 …………………………（389）

第六部分　附录 …………………………（393）

附录1　本书使用的索引表 …………………………（395）
附录2　永久性档案清单 …………………………（399）
附录3　审计准则应用指南中关于小型被审计单位审计的说明 ……………（402）

顺应形势　开拓创新
保持我国审计准则的持续趋同

财政部王军副部长在中国注册会计师协会审计准则委员会全体会议上的讲话

（2010 年 10 月 31 日）

一、“四代会”以来审计准则建设取得的重大成就

2005 年，我们明确提出会计审计准则国际趋同的原则，即：趋同是进步，是方向；趋同不等于完全等同；趋同是一个过程；趋同是一种互动。按照这一原则，以国际准则为标杆，大力推进准则的国际趋同。2006 年 2 月 15 日，财政部发布了中国注册会计师执业准则，标志着我国已经建立起一套既适应市场经济发展要求，又顺应国际趋同大势的审计准则体系。四年来，这套审计准则总体运行状况良好，在提高审计工作质量、降低市场风险、维护资本市场秩序、保护公众利益等方面，发挥了重要的作用。

国际社会对我国审计准则国际趋同给予高度评价。国际审计与鉴证准则理事会于 2005 年 12 月 8 日与我们签署的联合声明中，高度赞赏我们为此所做的努力和取得的重大进展，认为我们在该方面为发展中国家和经济转型国家审计准则的国际趋同树立了典范。世界银行在 2009 年《中国会计和审计评估报告》中，高度评价中国会计审计改革成果，认为中国改进会计审计准则和实务质量的战略可供其他国家效仿。

制定发布注册会计师职业道德守则，是我们在审计准则国际趋同的基础上，推进国际趋同战略的又一成果。2009 年 10 月发布的《中国注册会计师职业道德守则》和《中国注册会计师协会非执业会员职业道德守则》，充分总结了行业的职业道德建设实践经验，系统阐述了审计和相关服务业务的职业道德理念，实现了与国际会计师职业道德守则的全面趋同，体现了对公众利益高度负责的精神，适应了市场经济发展对行业职业道德的更高要求。

专业标准建设永远是行业建设的基础工程。“四代会”以来，行业规模进一步壮大，执业质量和职业道德进一步提高，国际化程度进一步深化，行业服务经济社会发

展的能力以及行业的社会地位和国际影响都有了显著的进步，这些都离不开扎实有效的准则制定工作的支撑。

二、审计环境的变化迫切需要修订审计准则

一是国际审计与鉴证准则理事会于2008年底完成了国际审计准则明晰项目。该明晰项目是国际审计准则的改进项目，旨在明确注册会计师的目标和要求，提高审计准则理解和运用的一致性，促进国际审计准则在全球范围内的认可。这一修订工作得到了证券委员会国际组织和欧盟委员会等的高度认可，欧盟评估认为市场参与者将获益于审计质量的提高、资本成本的降低和商业机会的增加。准则国际趋同的新形势，要求我们在已有趋同的基础上，吸收借鉴国际审计准则的最新成果，对现行准则作出修订，履行我们2005年作出的持续趋同承诺，为财务报告的高质量和经济金融的稳定奠定基础。

二是企业经营环境的变化增加了审计实务风险。主要体现在：企业组织结构和经营活动方式日益复杂，科学技术的影响不断加深，会计准则要求的判断和估计日趋复杂，经济全球化将各个实体更加紧密地联系在一起，伴生了风险的全球化。这次波及全球的金融危机，致使多国实体经济陷入空前的低谷，企业销售萎缩、资产减值、业绩下滑，企业管理层粉饰财务报表的动机和压力日益增大。

审计风险随着企业经营环境的变化日益增加，也凸显全球会计审计准则趋同的方向是正确的，对于提高信息透明度、减少资本市场的不确定性具有重要意义。审计工作是财务信息生成链条上的重要一环，但现行准则在关联方、会计估计和公允价值、集团财务报表审计等舞弊多发、高发领域，识别和揭示审计风险的有效性有待强化，以降低信息不充分、不可信赖导致的市场风险，保障注册会计师鉴证职能的切实发挥，维护公众利益。

三是需要进一步提高行业服务社会经济发展的能力。在全行业开展创先争优活动，更好地发挥审计工作引导资源配置、支持科学决策、加强经营管理、构建和谐社会的职能作用，是推动行业科学发展的一个具体体现。做大做强做出去，是我国经济社会发展对注册会计师行业建设的战略要求。因此，有必要顺应行业发展形势和服务经济发展的大局，拓展审计准则的适用范围，为我国注册会计师的新兴审计实务提供便利和指引，保持技术标准的先进性，确保注册会计师处理财政经济事务、财务会计事务的能力更强，提供的审计服务更有保障，更能取信于投资者，为建立健全经济运行风险防范机制提供强有力的专业支持。

为此，我们2009年年初启动了审计准则修订工作，共涉及38个准则项目，按照科学、民主、公开和透明的准则制定原则，严把质量关。审计准则两次向社会公开征求意见，应用指南也向事务所定向征求了意见。各方面提出了一些好的意见和建议，凡能采纳的均已采纳。

三、修订后的审计准则的质量得到显著提升

修订后的审计准则保持了与明晰化后的国际审计准则的持续趋同，解决了我国审计实务中迫切需要解决的问题，提高了审计识别和应对风险的有效性，准则体例明晰、文字质量高、内容成熟，达到了发布的标准。体现了以下特点：

第一，准则结构更加科学。新准则体例结构统一，原则上每项准则都由总则、定义、目标、要求、附则五个部分组成。科学设定审计工作目标，明确界定审计工作要求，更加强化原则导向，以目标引导注册会计师灵活运用准则的要求，作出专业判断，履行工作责任。新准则提高了理解和执行的一致性，也有利于监管机构开展更有针对性的监管。

第二，准则内容更加全面。整套准则贯穿了审计工作的全过程，涵盖了审计各环节，明确了审计工作总体目标与各项准则具体目标的衔接，审计工作涉及的各方面有章可循。充分借鉴国际审计准则明晰项目的成果，吸收所有基本原则和核心程序，在审计的目标与原则、风险的评估与应对、审计证据的获取和分析、审计结论的形成和报告以及注册会计师执业责任的设定等所有重大方面，均与国际审计准则保持一致。同时，前后任注册会计师的沟通准则仍是我们特有的准则，与国际有差异，但这是体现创新的差异，完全符合趋同的精神。

第三，准则语言更加明晰。立法语言作为法律等规范性文件的载体，有着与其他文体明显不同的特点，采用立法语言促进准则表述的明晰化，是此次修订的一个创新。新准则用词准确、语言规范、行文简练、可理解性强。修订后的审计准则篇幅压缩到 12 万字，解决了对注册会计师的要求淹没在冗长的审计准则中的问题，并辅以 32 万字的应用指南，进一步增强了准则的可操作性。

第四，准则核心更加注重风险的识别和应对。本次修订增强了准则体系内在的一致性，以重大错报风险的识别、评估和应对为主线，风险导向审计理念得以贯穿整套准则体系，使得关联方、会计估计、公允价值、函证、分析程序等准则摆脱了程序导向思维，按照风险评估结果分配审计资源，有的放矢，以提高审计效率和效果。

第五，准则适用范围更广。依据新准则，不但能够审计按照我国企业会计准则编制的财务报表，而且能够审计按照其他国家或地区会计准则编制的财务报表；不但能够审计企业财务报表，而且能够审计公共部门实体财务报表；不但能够审计通用目的财务报表，而且能够审计特殊目的财务报表。审计准则适用性的扩展，有助于降低审计成本和企业负担，促进我国资本市场和注册会计师行业的国际化发展。

建议委员会审议通过修订后的审计准则，新准则将于 2012 年 1 月 1 日起正式实施。我们将在 2010 年 11 月第十八届世界会计师大会期间，与国际审计与鉴证准则理

事会签署新的准则趋同联合声明，再次向世界表明，我们愿意全面地、不断地、持续地推动我们准则的国际趋同，中国审计准则又向前迈出了历史性的一步。

四、做好新准则的发布和实施工作

一是完成准则发布前的各项准备工作。要根据本次会议各位委员所提的意见，对审计准则再做一次完善，定稿发布；要做好签署新的联合声明的筹备工作；要对新准则进行更加深入的宣传，积极取得会计师事务所、审计客户、社会公众和监管机构的广泛理解和支持。

二是做好新准则的贯彻落实。准则的实施和准则的制定同等重要，一套好的准则能不能实现预期目标、发挥应有作用，取决于能否把它贯彻好、实施好。要做好新准则的培训。前些天的新准则研讨培训班，对修订后的审计准则进行试讲，这一点做得好。凡事预则立，不预则废，要借鉴2006年准则体系实施的经验，有计划、有秩序、有效地开展培训工作。

要抓好行业信息化建设，把新准则的贯彻实施与行业信息化建设相结合，运用好信息化的助力，实现准则推行手段的创新。行业信息化建设是促进行业工作上水平、上台阶的重要条件，也是实施好新准则的一个契机，行业审计软件系统的开发和普遍运用，将大大促进新准则的科学、快捷、有效的贯彻落实。要有一个专门委员会来推动行业信息化建设。

要研究新准则实施后新的监管要求和监管手段。监管的标准要统一到新准则上来，根据新准则出现的变化，修改完善监管标准，通过有效监管检验新准则的实施效果。新准则的施行，不仅对会计师事务所、注协提出新的要求，也要求被审计单位和政府监管部门及时了解新准则的变化，准确把握新准则的内涵，共同促进准则的贯彻实施。

要充分关注中小事务所对新准则的执行情况。这些年注册会计师的执业环境得到了一定程度的改善，但竞争规则仍不够完善有序，大中小事务所尚未形成良性的市场分工，要研究如何保证新准则在中小事务所得以贯彻。另外，要把事务所实施新准则的情况充分反映到事务所创先争优综合评价指标体系中。

三是围绕行业中心工作，继续加强准则建设。本次修订后，审计准则的建设将步入一定的平稳期。下一阶段的准则建设，将着重服务于行业拓展新业务领域、增强综合服务能力的需要；为实现行业转型升级、改善竞争环境提供技术保障。一方面，要及时汲取国际标准在审阅业务、代编业务、其他鉴证业务准则等方面的最新成果，以不断进步的技术标准，满足注册会计师在管理咨询、内部控制、资信调查、投资决策等领域提供服务的需要；另一方面，要踊跃跟踪研究信息技术发展对审计实务的影响。信息技术正在改变着世界，也改变着财务报告的需求和供给，尤其是以XBRL为代表的互动式财务报表，对注册会计师鉴证业务的拓展将具有越来越广泛的影响，既是机遇，也是挑战，我们要立足主动，积极应对。

要始终科学、客观地评价我们的准则建设在国际上所处的水平，在参与国际准则制定方面争取主动，再接再厉，保持良性互动，争取更多发言权。同时，要将我们的审计准则建设、会计准则建设、内部控制建设、国际人才培养等各方面的工作结合起来，形成会计体系的宏观合力，把我们的优势进一步展现出来。

遵循科学和透明的制定机制
彰显审计准则先进性特点

中国注册会计师协会副会长兼秘书长陈毓圭在中国注册会计师协会审计准则委员会全体会议上的报告

（2010年10月31日）

一、审计准则的修改原则

（一）保持与国际审计准则持续全面的趋同

国际审计准则是投资者、注册会计师、监管机构在全球资本市场中履行各自职责时使用的通用审计语言。在过去几年中，国际审计与鉴证准则理事会（IAASB）开展审计准则明晰项目（Clarity Project），改进准则的主体结构和内容。2008年12月，国际审计与鉴证准则理事会宣布完成这项工作，并发布了明晰后的国际审计准则。鉴于新国际审计准则澄清了准则要求，提高了准则质量，包括证券委员会国际组织（IOSCO）在内的国际组织和许多国家、地区支持以新准则替换旧准则，并希望在准则翻译、教育和其他方面继续取得进展，促进全球审计实务水平的提升。

针对新国际审计准则的有用性，欧盟提出了成本效益分析报告。报告指出，欧盟采用国际审计准则将为企业、投资者和监管机构带来定性和定量的收益。这些经常性的收益将超过增加的审计成本。采用国际审计准则将使审计报告在欧盟内外得到更多认可。一方面，每项审计业务的经常性成本可能依据会计师事务所规模的不同大致增加6%至10%。另一方面，市场参与者将从审计质量的提高、资本成本的降低和商业机会的增加中获益。

早在2006年，我国就实现了与国际审计准则的趋同。国际审计准则的新变化，需要我们进一步深化准则趋同主张，在已有成果的基础上，吸收借鉴国际审计准则的最新成果，以实现与国际审计准则的持续全面趋同，为实现高质量的财务报告，维护经济和金融稳定奠定基础。

（二）遵循科学和透明的制定机制

修订工作在审计准则委员会的指导下进行，实行项目负责制，建立了严格的项目质量控制制度。为保证审计准则的质量，在审计准则修订过程中，我们应严格遵循科学和透明的准则制定机制。

在研究准备阶段，我们一直密切跟踪国际审计准则的发展变化，开展相关研究，并陆续编发了多期行业发展研究资料，为修订工作提供参考。2009 年 2 月，制定完成审计准则修订工作方案，确定修订工作的总体目标、工作步骤、人员分工等。3 月，研究确定了审计准则修订的起草体例。

在起草初稿阶段，2009 年 4—5 月，我们完成国际审计准则的翻译工作，并聘请香港专家对翻译稿进行了全面审核。6 月，在借鉴国际审计准则的基础上，着手起草审计准则及应用指南的初稿。7 月，完成审计准则及应用指南初稿的起草工作。对准则起草过程中遇到的疑难问题，及时与国际审计与鉴证准则理事会进行沟通，寻求解决办法。

在论证修改阶段，为了保证准则的质量，在 2009 年 8—9 月召开项目组会议，对审计准则初稿进行全面讨论修改，同时，聘请行业内的资深专家对修改后的准则进行审核把关。9 月末，召开审计准则委员会会议，对修订中遇到的重大问题进行指导，原则审议通过发布准则征求意见稿。随后，我们根据审计准则委员会提出的修改建议，对准则作出进一步完善，形成了征求意见稿。

在征求意见阶段，我们于 2009 年 12 月至 2010 年 1 月分四批发布了审计准则第一次公开征求意见稿。对于征求意见过程中收到的反馈意见，我们进行了逐条论证和研究，凡能采纳的都已采纳。对于应用指南，我们组织向会计师事务所定向征求意见。同时，我们充分发挥审计准则委员会以及港澳台和外国专家咨询组的作用，征求两个组织对准则的意见和建议。

（三）增强审计准则适应多元主体的需要

在修订审计准则时，我们着眼于扩大审计准则的适应性，以使审计准则能够适用于审计不同的会计主体，即采用同一套审计准则，不但能够审计按照我国企业会计准则编制的财务报表，而且能够审计按照其他国家或地区会计准则编制的财务报表；不但能够审计企业财务报表，而且能够审计公共部门实体财务报表；不但能够审计通用目的财务报表，而且能够审计特殊目的财务报表。

目前，我国注册会计师审计业务范围日益扩大，从传统的企业财务报表审计，延伸到医院、高校等非营利组织财务报表审计。修订后的审计准则增加了对公共部门实体审计的特殊考虑，为注册会计师执行新审计业务提供了专业标准规范。受托从事公共部门实体审计业务的注册会计师，可能需要同时遵守与公共部门实体审计相关的法律法规或相关部门要求，而这些要求涵盖的范围可能比审计准则的规定更为广泛。修订后的审计准则对注册会计师如何考虑这些要求提供了切实指导。

随着我国企业“走出去”步伐的加快，越来越多的企业在海外设立分支机构，这些分支机构不仅需要向母公司提供按照中国企业会计准则编制的财务报表，还需要应当地监管机构或投资者的要求提供按照当地财务报告框架编制的财务报表。此外，跨国企业在我国设立的分支机构，除委托我国注册会计师审计按照中国企业会计准则编制的财务报表外，同时需要注册会计师为集团审计目的对其财务报表（按照母公司所在国家的财务报告框架编制）执行审计。在这两种情况下，注册会计师都需要同时审计按照中国企业会计准则和其他财务报告框架编制的财务报表。修订后的审计准则，使注册会计师采用中国审计准则审计两种财务报表成为可能，从而有效降低注册会计师的审计成本和企业的负担，大大促进我国资本市场和注册会计师行业的国际化发展。

二、审计准则的主要特点

（一）提高准则理解和执行的一致性

本次修订充分借鉴了国际审计与鉴证理事会明晰项目的成果，对全部38项审计准则按照新的体例结构进行了改写。新的体例表现在以下方面：

一是科学设定审计工作目标。每项准则都单设一章“目标”，明确提出注册会计师执行该准则时应实现的目标，发挥“目标”对注册会计师审计工作的导向作用，体现了目标导向的审计准则制定原则。

二是明确审计工作要求。每项准则中都单设一章“要求”，“要求”是注册会计师实现目标的规定动作，统一以“注册会计师应当”表述。

三是重塑结构。修订后的准则由以下五部分构成：“总则”、“定义”、“目标”、“要求”和“附则”。原审计准则中的解释说明材料作为应用指南。修订后的整套审计准则为12万字，缩减了篇幅，解决了“要求”淹没在冗长的审计准则中的问题。制定的应用指南共约32万字，较好地解决了原则导向的审计准则可操作性差的问题。

按照新的体例结构改写后的审计准则体系，有利于提高审计准则理解和执行的一致性，有利于监管机构开展更有针对性的监管。

（二）全面体现风险导向审计

现代风险导向审计是对传统风险导向审计的改进，以系统论和战略观为指导思想，要求注册会计师在审计过程中以重大错报风险的识别、评估和应对为审计工作的主线，运用“自上而下”和“自下而上”相结合的审计思路，掌握企业可能存在的重大错报风险，根据风险评估结果分配审计资源，做到有的放矢，提高审计效率。

突出强调风险导向审计是我国2006年审计准则的一大特点。《中国注册会计师审计准则第1211号——通过了解被审计单位及其环境识别和评估重大错报风险》和《中国注册会计师审计准则第1231号——针对评估的重大错报风险实施的程序》集中体现了风险导向审计理念，建立了风险导向审计的概念框架。由于当时部分国际审计准则没有完全贯彻风险导向审计的理念，使我们在起草我国审计准则时，部分审计准则也受到影响。

本次修订审计准则，进一步强化了风险导向审计的思想，除修订核心风险审计准则外，对其他审计准则也作出修改，将风险导向审计理念全面彻底地贯彻到整套审计准则中。例如，对关联方、会计估计、公允价值、对被审计单位使用服务机构的考虑等准则，强化重大错报风险的风险识别、评估和应对，摆脱原来的审计程序导向思维；对函证、分析程序等准则，从风险识别、评估和应对的高度要求注册会计师考虑是否实施及如何实施这些程序；对特殊目的审计报告类准则，在描述注册会计师所做审计工作时强调风险导向审计思想等。本次修订后，风险导向审计的理念将充分体现到整套审计准则体系中的每项审计准则中，避免了准则体系的内在不一致。

（三）增强识别舞弊风险的有效性

新审计准则对注册会计师发现和报告舞弊的责任作出了明确规定。即，注册会计师有责任按照审计准则的规定实施审计工作，获取财务报表在整体上不存在重大错报的合理保证，无论该错报是由于舞弊还是错误导致。新审计准则以积极的姿态，设定了注册会计师发现舞弊的责任，明确地指出舞弊与财务报表错报的固有联系。审计的目标是对财务报表是否存在影响信息使用者决策的重大错报发表审计意见，既然重大舞弊通常会导致财务报表重大错报，合理保证发现导致财务报表重大错报的舞弊就不是注册会计师的份外之事，而是应尽职责。

此外，新审计准则还对注册会计师如何履行这一职责提供了更详细的指导和要求，包括要求注册会计师积极主动地识别、评估和应对舞弊发生的风险，包括保持职业怀疑态度、增加审计程序的不可预测性、项目组就舞弊风险进行专题讨论、考虑舞弊产生的条件（动机、机会和将舞弊行为合理化）、考虑管理层凌驾于内部控制之上的风险、假定收入确认存在舞弊风险等。

特别对关联方、会计估计和公允价值、集团会计等舞弊高发领域，新审计准则既进一步明确了工作要求，又细化了对注册会计师的指导，要求注册会计师合理运用职业判断，按照风险导向审计的要求，识别、评估和应对这些领域的舞弊风险。例如，《中国注册会计师审计准则第 1401 号——对集团财务报表审计的特殊考虑》从原来的 19 条不足 2 000 字，扩展到 64 条 8 000 余字。为会计师事务所是否担纲集团财务报表审计、对集团各组成部分财务信息所执行工作的程度、如何了解和测试集团层面的控制、如何检查合并过程、如何与分支机构审计人员实现双向有效沟通和互动，提供了详细的指引。

本次修订使审计准则体现了先进实务的精神，增强了注册会计师发现舞弊的能力，提高了审计的有效性。

（四）加强与治理层有效的沟通

公司治理层和注册会计师在健全完善公司治理结构中都扮演着重要的角色，两者在对管理层编制的财务报表进行监督方面具有共同的关注点。为此，治理层和注册会计师对各自从不同层面掌握的情况和信息进行有效沟通，对于公司治理层对管理层进行监督和制衡以及增强注册会计师审计工作的针对性，特别是保护注册会计师独立性不受管理层干扰，有着积极作用。2006 年发布的《中国注册会计师审计准则第 1151 号——与治理层的沟通》是注册会计师与治理层沟通的框架性准则，对注册会计师与治理层之间沟通的内容、时间和方式作出了一般性规定。

注册会计师和治理层进行有效的双向沟通十分重要，有助于实现以下目标：一是注册会计师和治理层了解与审计相关的背景事项，并建立建设性的工作关系；二是注册会计师向治理层获取与审计相关的信息，例如，治理层可以帮助注册会计师了解被审计单位及其环境，确定审计证据的适当来源以及提供有关具体交易或事项的信息；三是治理层履行其对财务报告过程的监督责任，从而降低财务报表重大错报风险。

新审计准则一方面规范了治理层在监督财务报告方面的职责和作用，对管理层与治理层在财务报告方面的职责作出明确区分；另一方面，要求注册会计师就审计工作中遇到的重大困难、对被审计单位会计处理质量的看法、审计过程中发现的错报、违反法律法规行为、舞弊等及时与治理层沟通。同时要求注册会计师向治理层和管理层恰当通报注册会计师在审计过程中识别出的、根据职业判断认为足够重要从而值得治理层和管理层各自关注的内部控制缺陷。

（五）增强对小型企业审计的相关性

新审计准则取消了现行的《中国注册会计师审计准则第 1621 号——对小型被审计单位审计的特殊考虑》，代之以在每项应用指南中增加“对小型被审计单位的特殊考虑”部分。这种做法将显著增强对审计小型被审计单位的指导力度，有效提高审计准则的适用性。

第一，新审计准则更加强调运用职业判断，准则着重要求注册会计师在审计工作中解决问题，而非细化注册会计师应当执行的具体审计程序。这为注册会计师根据小型企业的特点，“因地制宜”地设计和实施审计程序提供了基础。例如，如果注册会计师在审计某小型企业时发现该企业不存在很多的控制活动，则可以不采用控制测试，而主要采用实质性程序，因为这才是有效的。

第二，针对中小型企业的组织结构和商业交易相对简单的特点，应用指南多次强调小型企业的审计在总体上相对简单易行，并提供了切实有效的指导。例如，《中国注册会计师审计准则第 1211 号——通过了解被审计单位及其环境识别和评估重大错报风险》指出，小型被审计单位可能没有书面的行为守则，但却通过口头沟通和管理层的示范作用形成了强调诚信和道德行为重要性的文化。注册会计师在审计小型被审计单位时可能无法获取以文件形式存在的有关控制环境要素的审计证据，因此，管理层或业主兼经理的态度、认识和措施对于解小型被审计单位的控制环境更为重要。

第三，针对如何以有效率和效果的方式执行审计工作，新审计准则体系从如何遵守审计准则的要求、组织审计工作、编制审计工作底稿等方面，为小型企业审计提供了指导。例如，应用指南指出，在审计工作底稿中记录审计中考虑的所有事项或作出的所有职业判断，既没必要也不可行，记录的重点应是重大事项和重要判断。再如，应用指南指出，如果被审计单位没有内部审计机构或人员，则注册会计师无需考虑《中国注册会计师审计准则第 1411 号——利用内部审计人员的工作》的所有内容。

（六）保持与国际审计准则的持续全面趋同

本次修订后，审计准则将实现与国际审计准则的持续全面趋同。国际审计准则明晰项目涉及 37 项准则。这 37 项国际审计准则与我国现行 33 项审计准则相对应。本次修订我们将这 33 个项目全部纳入修订范围。修订过程中，借鉴国际审计准则的项目对这 33 项准则进行了重新调整，调整后的准则项目是 37 个，实现了与国际审计准则的一一对应。此外，本次修订还包括我国特有的前后任注册会计师的沟通准则。因此本次修订后公布的审计准则共 38 项。

在审计准则的内容上，我国审计准则体系充分采用了国际审计准则所有的基本原则和核心程序，在审计的目标与原则、风险的评估与应对、审计证据的获取和分析、审计结论的形成和报告以及注册会计师执业责任的设定等所有重大方面，均与国际审计准则保持一致。

相信新审计准则体系的实施，必将对提升注册会计师的执业质量，加强会计师事务所质量控制和风险防范，提高财务信息质量，降低投资者的决策风险，实现更有效的资源配置，推动经济发展和保持金融稳定发挥重要作用。

使 用 说 明

一、本指南的适用范围

本指南适用于注册会计师执行小型企业财务报表审计业务。这里所指的小型企业，与《〈中国注册会计师审计准则第1101号——注册会计师的总体目标和审计工作的基本要求〉应用指南》中小型被审计单位的含义相同，是指所有权和管理权集中于少数个体，并具有下列一项或多项特征的企业：（1）从事简单的交易；（2）会计记录简单；（3）业务类别较少并且业务类别中产品较少；（4）内部控制较少；（5）较少层级的管理层负责广泛的控制活动；（6）较少职员，其中多数人承担广泛的职责。

小企业会计准则将自2013年起开始实施。届时，非金融类的小型企业执行的会计标准包括三类：一是小企业会计准则；二是财政部2006年发布的企业会计准则（以下简称企业会计准则）；三是企业会计制度和16项具体会计准则（以下简称企业会计制度）。修订后的指南包括上下两册，分别适用于执行企业会计准则和小企业会计准则的小型企业审计。由于执行企业会计制度且需要审计的小型企业数量较少，我们没有更新相应指南，对于实质性程序工作底稿，注册会计师可以参考原指南，对于其余部分，可以参考本指南。

二、本指南的结构

工作底稿包括当期档案和永久性档案两大部分。当期档案是本指南的主体部分，贯穿了重大错报风险识别、评估和应对的审计工作主线，主要包括初步业务活动工作底稿、风险评估工作底稿、进一步审计程序工作底稿、其他项目工作底稿和业务完成阶段工作底稿。其中，进一步审计程序工作底稿包括控制测试和实质性程序两部分。永久性档案包括对以后审计工作具有长期参考价值的档案，其内容相对稳定，有关内容在本指南中作为附录提供。

三、使用本指南的注意事项

在使用本指南时，注册会计师应当特别注意以下事项：

第一，本指南不替代中国注册会计师审计准则及其指南。本指南力求体现审计准则及其指南的基本要求和核心审计程序，但没有涵盖审计准则及其指南的全部规定，注册会计师应当在全面掌握审计准则及其指南的基础上使用本指南。

第二，本指南不替代注册会计师的职业判断。本指南侧重于说明风险导向审计模式下编制工作底稿的总体思路，由于小型企业的情况千差万别，不可能设计出一套适用于任何企业、任何情况的标准化工作底稿。因此，注册会计师在使用本指南时，应当充分运用职业判断，根据小型企业的实际情况和具体执业需要，设计审计程序和相应的工作底稿。

第三，本指南基于小型制造业企业的审计流程设计。对于商品流通企业、农业企业和石油天然气企业等特殊行业企业的审计，注册会计师应当充分考虑这些行业企业的特点，合理确定审计程序和工作底稿。

本指南以小型企业采购与付款循环为例，提供了内部控制了解和测试的通用工作底稿模板。在实务中，被审计单位的业务流程不同，主要控制活动也不尽相同，注册会计师应当根据具体情况对内部控制进行了解和测试。

四、审计准则对编制工作底稿的规定

审计工作底稿对于保证审计工作质量十分重要。审计工作底稿是注册会计师对审计工作的书面记录，也是指导、监督和复核审计工作的工具。在因执业质量而涉及诉讼或接受监管机构的执业质量检查时，审计工作底稿能够提供证据，证明注册会计师是否按照审计准则的规定执行了审计工作。

《中国注册会计师审计准则第 1131 号——审计工作底稿》规范了审计工作底稿的格式、内容和范围，对编制工作底稿提出了总体要求。

（一）工作底稿编制的总体要求

《中国注册会计师审计准则第 1131 号——审计工作底稿》第十条规定，注册会计师编制的审计工作底稿，应当使得未曾接触该项审计工作的有经验的专业人士清楚地了解：（1）按照审计准则和相关法律法规的规定实施的审计程序的性质、时间安排和范围；（2）实施审计程序的结果和获取的审计证据；（3）审计中遇到的重大事项和得出的结论以及在得出结论时作出的重大职业判断。

（二）确定审计工作底稿的格式、内容和范围时应当考虑的因素

《〈中国注册会计师审计准则第 1131 号——审计工作底稿〉应用指南》第二段指出，审计工作底稿的格式、内容和范围主要取决于下列因素：（1）被审计单位的规模和复杂程度；（2）拟实施审计程序的性质；（3）识别出的重大错报风险；（4）已获取的审计证据的重要程度；（5）识别出的例外事项的性质和范围；（6）当从已执行审计工作或获取审计证据的记录中不易确定结论或结论的基础时，记录结论或结论

基础的必要性；（7）审计方法和使用的工具。

（三）记录重大事项及相关重大职业判断

《中国注册会计师审计准则第1131号——审计工作底稿》第十条规定，注册会计师应当记录审计中遇到的重大事项和得出的结论以及在得出结论时作出的重大职业判断。

重大事项通常包括：（1）引起特别风险的事项；（2）实施审计程序的结果表明财务报表可能存在重大错报的情形，或需要修正以前对重大错报风险的评估和针对这些风险拟采取的应对措施的情形；（3）导致注册会计师难以实施必要审计程序的情形；（4）可能导致出具非标准审计报告的事项。

当涉及重大事项和重大职业判断时，注册会计师需要编制与运用职业判断相关的审计工作底稿。例如：（1）如果审计准则要求注册会计师“应当考虑”某些信息或因素，并且这种考虑在特定业务情况下是重要的，记录注册会计师得出结论的理由；（2）记录注册会计师对某些方面主观判断的合理性（如某些重大会计估计的合理性）得出结论的基础；（3）如果注册会计师针对审计过程中识别出的导致其对某些文件记录的真实性产生怀疑的情况实施了进一步调查（如适当利用专家的工作或实施函证程序），记录注册会计师对这些文件记录真实性得出结论的基础。

注册会计师可以考虑编制重大事项概要，并将其作为审计工作底稿的组成部分。重大事项概要包括对审计过程中识别出的重大事项及其如何得到解决的记录以及对提供相关信息的其他支持性审计工作底稿的交叉索引。重大事项概要可以提高复核和检查审计工作底稿的效率和效果，尤其是对于大型、复杂的审计项目。此外，编制重大事项概要不仅有助于注册会计师考虑重大事项，还可以帮助注册会计师根据实施的审计程序和得出的审计结论，考虑是否存在注册会计师不能实现某项相关审计准则的目标，以致妨碍实现注册会计师的总体目标的情况。

（四）记录测试项目或事项的识别特征

《中国注册会计师审计准则第1131号——审计工作底稿》第十一条规定，在记录已实施审计程序的性质、时间安排和范围时，注册会计师应当记录测试的具体项目或事项的识别特征。识别特征是指被测试的项目或事项表现出的征象或标志，如在对被审计单位生成的订购单进行细节测试时，注册会计师可能以订购单的日期或编号作为测试订购单的识别特征。

（五）记录执行人员和复核人员

《中国注册会计师审计准则第1131号——审计工作底稿》第十一条规定，在记录已实施审计程序的性质、时间安排和范围时，注册会计师应当记录：（1）审计工作的执行人员及完成审计工作的日期；（2）审计工作的复核人员及复核的日期和范围。

（六）归档期限

《中国注册会计师审计准则第1131号——审计工作底稿》第十七条规定，注册会计师应当在审计报告日后及时将审计工作底稿归整为审计档案，并完成归整最终审计档案过程中的事务性工作。审计工作底稿的归档期限为审计报告日后六十天内。如果注册会计师未能完成审计业务，审计工作底稿的归档期限为审计业务终止后的六十天内。

此外，其他审计准则对某一方面的审计工作应当记录的内容作出了特别规定。

五、小型企业审计工作底稿编制说明

（一）风险评估工作底稿编制说明

《中国注册会计师审计准则第1211号——通过了解被审计单位及其环境识别和评估重大错报风险》规定了在进行风险评估时应当记录的内容，指出注册会计师应当就下列内容形成审计工作底稿：（1）项目组进行的讨论以及得出的重要结论；（2）对被审计单位及其环境各个方面的了解要点，对内部控制各项要素的了解要点，获取了解的信息来源以及实施的风险评估程序；（3）在财务报表层次和认定层次识别和评估的重大错报风险；（4）识别出的风险和了解的相关控制。

本指南风险评估工作底稿分为了解被审计单位及其环境（不包括内部控制）、了解被审计单位内部控制、舞弊风险评估与应对、项目组讨论纪要、风险评估结果及内部控制缺陷汇总表、审计计划六部分。因了解内部控制内容较多，本指南将其单独列示在了解被审计单位内部控制工作底稿（见索引号：2200工作底稿）中，详细说明请见本部分第2项。

1. 了解被审计单位及其环境（不包括内部控制）工作底稿

了解被审计单位及其环境（不包括内部控制）工作底稿包括程序表（见索引号：2100工作底稿）、调查表（见索引号：2110工作底稿）和分析程序表（见索引号：2120工作底稿）三部分。

程序表记录注册会计师在了解被审计单位及其环境（不包括内部控制）时实施的风险评估程序。该表第一列列举了一些程序，供提示用。在实务操作时，注册会计师应当根据审计准则的规定，结合被审计单位的具体情况，填列实施的具体风险评估程序。在记录时，注册会计师应当注明被调查人的姓名和职位。

调查表记录实施程序表列示的风险评估程序了解到的被审计单位五个方面的内容，包括：（1）相关行业状况、法律环境和监管环境及其他外部因素，包括适用的财务报告编制基础；（2）被审计单位的性质，包括经营活动、所有权和治理结构、正在实施和计划实施的投资（包括对特殊目的实体的投资）的类型、组织结构和筹资方式；（3）被审计单位对会计政策的选择和运用，包括变更会计政策的原因；

（4）被审计单位的目标、战略以及可能导致重大错报风险的相关经营风险；（5）对被审计单位财务业绩的衡量和评价。本表第一列针对每个方面提供了一些了解项目，供提示用，并未囊括所有考虑因素。在实务操作时，注册会计师应当根据审计准则的规定，结合被审计单位的具体情况，填列适用的了解项目。注册会计师在记录了解的内容和评估的风险时，如果涉及多个项目，可以综合考虑。注册会计师记录的内容应当支持重大错报风险评估结果，而没有必要记录了解到的所有事项。对于经营活动不太复杂的小型企业，记录形式可以相对简单，内容可以相对简洁。

分析程序表记录实施的用作风险评估程序的分析程序。

2. 了解内部控制工作底稿

《中国注册会计师审计准则第1211号——通过了解被审计单位及其环境识别和评估重大错报风险》第十五条规定，注册会计师应当了解与审计相关的内部控制。

（1）了解内部控制的内涵

《中国注册会计师审计准则第1211号——通过了解被审计单位及其环境识别和评估重大错报风险》第十六条规定，在了解与审计相关的控制时，注册会计师应当综合运用询问被审计单位内部人员和其他程序，以评价这些控制的设计并确定其是否得到执行。《〈中国注册会计师审计准则第1211号——通过了解被审计单位及其环境识别和评估重大错报风险〉应用指南》第66段规定，评价控制的设计，涉及考虑该控制单独或连同其他控制，是否能够有效防止或发现并纠正重大错报。控制得到执行是指某项控制存在且被审计单位正在使用。评价一项无效控制的运行没有什么意义，因此需要首先考虑控制的设计。设计不当的控制可能表明存在值得关注的内部控制缺陷。

（2）了解内部控制的思路

按照COSO的内部控制框架，内部控制包括控制环境、风险评估过程、信息系统与沟通、控制活动、对控制的监督五个要素。其中，控制环境、风险评估过程和对控制的监督三个要素更多体现在被审计单位整体层面，控制活动更多体现在业务流程层面，信息系统与沟通在两个层面都有体现。在实务中，注册会计师可分别从整体层面和业务流程层面了解内部控制。

在业务流程层面了解内部控制的一般步骤为：①确定被审计单位的重要业务流程和重要交易类别；②了解重要业务流程，并记录获得的了解；③确定可能发生错报的环节；④识别和了解相关控制；⑤执行穿行测试，证实对业务流程和相关控制的了解；⑥进行初步评价和风险评估。

（3）了解内部控制的特别规定

审计准则对注册会计师了解针对两类风险的内部控制作出了特别规定。

一是特别风险。《中国注册会计师审计准则第1211号——通过了解被审计单位及其环境识别和评估重大错报风险》第三十条和第三十二条规定，注册会计师应当根据职业判断，确定识别出的风险是否为特别风险。如果认为存在特别风险，注册会计师应当了解被审计单位与该风险相关的控制（包括控制活动）。

二是仅通过实质性程序无法应对的重大错报风险。《中国注册会计师审计准则第1211号——通过了解被审计单位及其环境识别和评估重大错报风险》第三十三条指出，对于某些风险，注册会计师可能认为仅从实质性程序中获取充分、适当的审计证据是不可能或不可行的。这些风险可能与对日常和重大类别的交易或账户余额作出的不准确或不完整的记录相关，对这些交易或账户余额通常可以采用高度自动化处理，不存在或存在很少人工干预。在这种情况下，被审计单位针对这类风险建立的控制与审计相关，注册会计师应当了解这些控制。

（4）小型企业内部控制的特点

小型企业可能使用非正式和简单的程序和方法实现内部控制目标。

①控制环境。小型企业的控制环境可能与大型企业不同。例如，小型企业的治理层可能不包括独立董事。如果除业主（经理）外，企业不存在其他所有者，治理职责直接由业主（经理）承担。控制环境的性质可能影响其他控制的重要性。例如，业主亲自参与管理可以降低缺乏职责分离造成的特定风险，但有可能增加其他风险，例如凌驾于内部控制之上的风险。

在小型企业审计中，可能无法获取以文件形式存在的有关控制环境要素的审计证据，在管理层和其他人员之间的沟通采取非正式方式时尤其如此。例如，小型企业可能没有书面的行为守则，但却可以通过口头沟通或管理层的垂范，建立一种强调诚信和道德行为的文化。因此，管理层对内部控制设计的态度、认识和措施，对于注册会计师了解小型企业的控制环境非常重要。

②风险评估过程。小型企业可能没有正式的风险评估过程。在这种情况下，管理层很可能通过直接亲自参与经营来识别风险。无论情况如何，注册会计师询问识别出的风险以及管理层如何应对这些风险，仍是必要的。

③信息系统与沟通。在小型企业，与财务报告相关的信息系统和相关业务流程可能不如较大型企业复杂，但其作用同样重要。管理层积极参与经营管理的小型企业，可能不需要详细描述会计流程、复杂的会计记录或书面政策。因此，在对小型企业进行审计时，了解其系统和流程就较为容易，也更依赖于询问而不是对文件的检查。但是，了解与财务报告相关的信息系统和相关业务流程仍然重要。

由于职责层级较少，更容易接触到管理层，小型企业的沟通可能比大型企业更简单、更容易实现。

④控制活动。小型企业控制活动依据的理念与较大型企业可能相似，但是它们运行的正式程度可能不同。进一步讲，在小型企业中，由于某些控制活动由管理层执行，特定类型的控制活动可能变得并不相关。例如，只有管理层拥有批准赊销、重大采购的权力，这可以对重要账户余额和交易实施有力控制，降低或消除实施更具体的控制活动的必要性。与小型企业审计相关的控制活动可能与主要交易循环（如收入、采购和薪酬）相关。

⑤对控制的监督。管理层对控制的监督经常通过管理层或业主兼经理对经营活动的密切参与来实现。通过密切参与经营活动，可以识别出与预期不同的重大差异和不准确的财务数据，从而可以对控制采取补救措施。

（5）编制说明

了解内部控制常见的记录方式包括文字叙述、调查表和流程图等。对于小型企业审计，采用文字叙述和调查表可能更有效率。

本指南了解内部控制工作底稿分为了解整体层面内部控制工作底稿（见索引号：2210 工作底稿）和了解业务流程层面内部控制工作底稿（见索引号：2220 工作底稿）两个部分。

①了解整体层面内部控制工作底稿。了解整体层面内部控制工作底稿记录了解整体层面内部控制的过程，即对控制环境、风险评估过程、信息系统与沟通、对控制的监督等四个方面的描述，实施的程序以及评价的结论。

②了解业务流程层面内部控制工作底稿。了解业务流程层面内部控制工作底稿记录注册会计师了解业务流程层面内部控制的过程，包括实施的程序、了解的重要业务流程、对内部控制设计和执行情况的评价结论等。

重要业务流程因被审计单位具体情况的不同而各异。对一般小型制造业企业而言，采购与付款、销售与收款、仓储与生产、工薪与人事、货币资金、费用和财务报告编制通常是重要业务流程。在描述各重要业务流程时，内容应当涵盖业务流程的整个过程，包括：①在信息技术和人工系统中，对交易生成、记录、处理和报告的程序；②与交易生成、记录、处理和报告有关的会计记录、支持性信息和财务报表中的特定项目。本指南以采购与付款为例演示如何描述业务流程。

穿行测试是指追踪交易在财务报告信息系统中的处理过程。这是注册会计师了解被审计单位业务流程及其内部控制时经常使用的审计程序。通过追踪某笔或某几笔交易在业务流程中如何生成、记录、处理和报告以及相关内部控制如何执行，注册会计师可以确定被审计单位的交易流程和内部控制是否与之前通过其他程序所获得的了解一致，并确定内部控制是否得到执行。本指南以采购与付款业务流程为例，演示了如何填列穿行测试工作底稿。需要指出的是，示例是基于采购与付款业务流程描述的内容。在实务中，注册会计师应当根据被审计单位的具体情况填列。

3. 舞弊风险评估与应对工作底稿

舞弊风险评估与应对工作底稿（见索引号：2300 工作底稿）是本部分的汇总表，记录实施的舞弊风险评估程序、评估出的舞弊风险以及采取的应对措施，后附三张工作底稿。一是舞弊风险评估询问记录（见索引号：2310 工作底稿），记录就舞弊风险询问管理层和其他人员了解到的结果。二是舞弊风险评估——考虑舞弊风险因素（见索引号：2320 工作底稿），记录对被审计单位舞弊风险三因素——动机、机会和借口的评估结果。三是舞弊风险评估——分析程序及其他考虑（见索引号：2330 工作底稿），记录实施分析程序并综合考虑获取的其他信息，评估被审计单位是否存在舞弊风险的结果。

4. 项目组讨论纪要——风险评估工作底稿

项目组讨论纪要——风险评估（见索引号：2400 工作底稿），记录项目组讨论被审计单位财务报表发生重大错报风险的可能性的结论。在小型企业审计中，全部审计工作通常由较小的项目组或一人完成。在这种情况下，项目负责人负责计划审计工作，考虑被审计单位财务报表发生舞弊或错误导致的重大错报的可能性。

5. 风险评估结果及内部控制缺陷汇总表

风险评估结果及内部控制缺陷汇总表（见索引号：2500 工作底稿），记录了解被审计单位及其环境识别的重大错报风险和内部控制缺陷，由以下两张表格组成：（1）识别的重大错报风险汇总表；（2）识别的内部控制缺陷汇总表。注册会计师通过实施风险评估程序了解被审计单位及其环境的六个方面，识别的重大错报风险和内部控制缺陷，均汇总在本表中。

6. 审计计划

在小型企业审计中，全部审计工作可能由一个很小的审计项目组执行，项目组成员间容易沟通和协调，总体审计策略和具体审计计划可以相对简单。本指南将两者合二为一，全部列示在审计计划（见索引号：2600 工作底稿）中。审计计划记录注册会计师确定的审计范围、业务时间安排、人员安排、重要性（见索引号：2610 工作底稿）以及对重要账户和交易采取的进一步审计程序方案（计划矩阵）（见索引号：2620 工作底稿）。计划矩阵针对评估的认定层次的重大错报风险，记录设计的进一步审计程序总体方案。

（二）进一步审计程序工作底稿编制说明

1. 控制测试工作底稿编制说明

（1）控制测试的内涵

控制测试的目的是评价控制是否有效运行。注册会计师基于对被审计单位内部控制了解的结果，判断是否实施控制测试。当存在下列情形之一时，注册会计师应当实施控制测试：①在评估认定层次重大错报风险时，预期控制的运行是有效的；②仅实施实质性程序不足以提供认定层次充分、适当的审计证据。

在测试控制运行的有效性时，注册会计师应当从下列方面获取关于控制是否有效运行的审计证据：①控制在所审计期间的不同时点是如何运行的；②控制是否得到一贯执行；③控制由谁执行；④控制以何种方式运行。

控制测试与了解内部控制的目的不同，但两者采用的审计程序的类型通常相同，包括询问、观察、检查和穿行测试。此外，控制测试的程序还包括重新执行。

注册会计师应当根据控制测试的目的确认控制测试的时间，并确定拟信赖的相关控制的时点或期间。

如果拟信赖的控制自上次测试后已发生变化，注册会计师应当在本期审计中测试这些控制的运行有效性。如果拟信赖的控制自上次测试后未发生变化，且不属于旨在减轻特别风险的控制，注册会计师应当运用职业判断确定是否在本期审计中测试其运行有效性以及本次测试与上次测试的时间间隔，但两次测试的时间间隔不得超过两年。

在确定控制测试的范围时，注册会计师应充分考虑控制执行的频率、运行的期间、需获取审计证据的相关性和可靠性、在风险评估时对控制运行有效性的拟依赖程度及预期偏差率等因素。

（2）小型企业审计中的控制测试

对于小型企业，由于可能不存在注册会计师可以识别的控制活动，或员工人数较少限制了职责分离的程度，或者出于成本效益的考虑，注册会计师在设计进一步审计程序时主要采取实质性程序可能更为有效。

（3）编制说明

控制测试工作底稿包括三个部分：控制测试结果汇总表（见索引号：3000 工作底稿）、控制运行有效性测试表（见索引号：3100 工作底稿）和控制测试审计抽样工作底稿（见索引号：3110 工作底稿）。

结果汇总表包括整体层面控制测试结果和业务流程层面控制测试结果两部分。其中，“整体层面控制测试结果”中“拟测试的控制”一列根据“了解整体层面内部控制工作底稿（见索引号：2210 工作底稿）”中了解的整体层面内部控制填列。“业务流程层面控制活动测试结果”中“控制活动”一列根据“了解业务流程层面内部控制工作底稿”（见索引号：2220 工作底稿）填列，只有在 2220 中“是否测试控制运行有效性”一栏中填写“是”的情况下，才需要相应编制该工作底稿。

本指南以采购与付款业务流程为例，演示了如何填列业务流程层面控制活动测试工作底稿。需要指出的是，示例基于本指南采购与付款流程的内容。在实务中，注册会计师应当根据被审计单位的具体情况填列。

本指南提供了控制测试审计抽样工作底稿格式，供注册会计师在控制测试中运用审计抽样技术时参考。

2. 实质性程序及相关工作底稿编制说明

（1）认定、审计目标和审计程序三者的对应关系

《中国注册会计师审计准则第 1211 号——通过了解被审计单位及其环境识别和评估重大错报风险》第三条指出“认定，是指管理层在财务报表中作出的明确或隐含的表达，注册会计师将其用于考虑可能发生的不同类型的潜在错报。”注册会计师应当详细运用各类交易、账户余额、披露的认定，作为评估重大错报风险以及设计和实施进一步审计程序的基础。

注册会计师应当针对各类交易、账户余额、披露的认定设定审计目标，并根据审计目标设计审计程序。但审计目标与审计程序并非一一对应，一个审计目标可能有一项或多项审计程序与之对应，一项审计程序也可能实现一个或多个审计目标。

本指南实质性程序工作底稿部分资产负债表和利润表项目的审计目标与认定对应关系如表 1、表 2：

表1 资产负债表项目的审计目标与认定对应关系表

审计目标	财务报表认定				
	存在	完整性	权利和义务	计价和分摊	列报
A. 确定资产负债表中列示的项目是否存在。	√				
B. 确定应当在资产负债表中列示的项目是否均已列示。		√			
C. 确定列示的资产是否由被审计单位拥有或控制、列示的负债是否是被审计单位应当履行的偿还义务。			√		
D. 确定该项目是否以恰当的金额包括在财务报表中，与之相关的计价或分摊调整是否已恰当记录。				√	
E. 确定该项目是否已按照企业会计准则的规定在财务报表中恰当列报。					√

注：在具体财务报表项目的实质性审计程序表中，以英文字母代替相应的审计目标。

表2 利润表项目的审计目标与认定对应关系表

审计目标	财务报表认定					
	发生	完整性	准确性	截止	分类	列报
A. 确定利润表中列示的项目是否已发生，且与被审计单位有关。	√					
B. 确定应当在利润表中列示的项目是否均已列示。		√				
C. 确定与该项目有关的金额及其他数据是否已恰当记录。			√			
D. 确定该项目是否已记录于正确的会计期间。				√		
E. 确定该项目是否已记录于恰当的账户。					√	
F. 确定该项目是否已按照企业会计准则的规定在财务报表中恰当列报。						√

注：在具体财务报表项目的实质性审计程序表中，以英文字母代替相应的审计目标。

（2）关于“需从实质性程序获取的保证程度表”的填写说明

对于各类交易、账户余额和披露的认定需从实质性程序获取的保证程度，应根据评估的各项认定的重大错报风险水平和可接受的审计风险，运用审计风险模型（即审计风险＝重大错报风险×检查风险）确定。具体方法如下：

各类交易、账户余额和披露的认定的重大错报风险水平是固有风险和控制风险的组合。固有风险是在考虑相关的内部控制之前，某类交易、账户余额或披露的某一认定易于发生错报（该错报单独或连同其他错报可能是重大的）的可能性。通常情况下，如果某一财务报表项目超过财务报表整体重要性，那么该项目大多数认定的固有错报风险（在内部控制之前）会较高。控制风险是某类交易、账户余额或披露的某一认定发生错报，该错报单独或连同其他错报可能是重大的，但没有被内部控制及时防止或发现并纠正的可能性。在本指南中，控制风险的评估与确定进一步审计程序的策略结合在一起。对于预期运行有效的控制（注册会计师计划依赖该控制以减少实质性程序的范围）以及仅实施实质性程序不能够获取认定层次充分、适当的审计证据的重要交易、账户余额和披露，注册会计师应当考虑将控制风险初步评价为“依赖控制”，并对控制的运行有效性进行测试。当出现以下情况之一时，注册会计师可以将控制风险评价为“不依赖控制”：

①在对重要业务流程作出必要的了解之后，认为控制没有得到恰当设计或没有得到执行，决定不进行控制测试，或者认为控制测试没有效率，可以通过实质性程序获取充分、适当的审计证据；

②在进行控制测试后，控制测试的结果或其他审计证据表明控制没有有效运行，需要修改重大错报风险评估结果。

表3列示了风险的各种组合对重大错报风险评估的影响。

表3

控制风险 / 固有风险	依赖控制	不依赖控制
低	低	低/中
高	中/高	高/最高

根据审计风险模型，在既定的审计风险水平下，可接受的检查风险水平与认定层次重大错报风险的评估结果呈反向关系。如果评估的某项认定重大错报风险水平为“高”，则该认定可接受的检查风险水平应当为“低”，因而需从实质性程序中获取的保证程度应当为“高”。反之亦然。

审计实务中，某项认定评估的重大错报风险水平与需从实质性程序中获取的保证程度之间的对应关系如表4所示：

表4

评估的重大错报风险水平	需从实质性程序中获取的保证程度
最高	最高
高	高
中	中
低	低

（3）关于如何确定实质性程序的性质、时间安排和范围

本指南针对每个财务报表项目提供了实质性程序库。在确定拟实施的实质性程序时，注册会计师应围绕审计目标，结合审计准则的要求，特别是针对某项认定需从实质性程序中获取的保证程度和项目本身的重要性，有针对性地选择实质性程序并确定拟实施审计程序的时间和范围。

①实质性程序的性质。在选择拟实施的实质性程序时，如果针对某项认定需从实质性程序中获取的保证程度为“高”或“最高”，则应选择能够提供最相关、可靠审计证据的实质性程序或实质性程序的组合。如果针对某项认定需从实质性程序中获取的保证程度为“中”、“低”或财务报表项目本身并不重要，则可适当减少实质性程序。但是，在选择实质性程序时，注册会计师应当遵守审计准则中对实质性程序的规定。

例如，《中国注册会计师审计准则第 1231 号——针对评估的重大错报风险采取的应对措施》第十八条规定，无论评估的重大错报风险结果如何，注册会计师都应当针对所有重大类别的交易、账户余额和披露，设计和实施实质性程序。再如，《中国注册会计师审计准则第 1321 号——函证》第十三条规定，注册会计师应当对应收账款实施函证程序，除非有充分证据表明应收账款对财务报表不重要，或函证很可能无效。

②实质性程序的时间安排。在确定拟实施的实质性程序的时间安排时，如果针对某项认定需从实质性程序中获取的保证程度为“高”或“最高”，则应当考虑在期末或接近期末实施实质性程序，或在管理层不能预见的时间实施审计程序。

③实质性程序的范围。在确定拟实施的实质性程序的范围时，注册会计师可以使用的方法包括选取全部项目、选取特定项目和审计抽样。注册会计师可以根据具体情况，单独或综合使用选取测试项目的三种方法。指南提供了审计抽样工作底稿。如果拟实施的实质性程序涉及凭证抽查、函证等，可参考使用该部分工作底稿。

（4）关于表格

本指南提供了财务报表项目的审定表、明细表及其他工作底稿的范例。在审计过程中，注册会计师可以根据被审计单位的具体情况和执业习惯，加以修改后使用。

第一部分　初步业务活动工作底稿

一、初步业务活动程序表

初步业务活动程序表

被审计单位：________	索　引　号：1000
项　　　目：初步业务活动	截止日/期间：________
编　　　制：________	复　　　核：________
日　　　期：________	日　　　期：________

一、注册会计师的目标

确定是否接受业务委托；如果接受业务委托，确保在计划审计工作时达到下列要求：

1. 注册会计师已具备执行业务所需要的独立性和专业胜任能力；

2. 不存在因管理层诚信问题而影响注册会计师承接或保持该项业务意愿的事项；

3. 与被审计单位不存在对业务约定条款的误解。

二、审计工作核对表

初步业务活动程序	索引号	执行人
1. 与被审计单位面谈，讨论下列事项： （1）审计的目标与范围； （2）审计报告的用途； （3）管理层的责任，包括： ①按照适用的财务报告编制基础编制财务报表，并使其实现公允反映（如适用）； ②设计、执行和维护必要的内部控制，以使财务报表不存在由于舞弊或错误导致的重大错报； ③向注册会计师提供必要的工作条件，包括允许注册会计师接触与编制财务报表相关的所有信息（如记录、文件和其他事项），向注册会计师提供审计所需要的其他信息，允许注册会计师在获取审计证据时不受限制地接触其认为必要的内部人员和其他相关人员。 （4）适用的财务报告编制基础； （5）执行审计工作的安排，包括出具审计报告的时间要求； （6）审计报告的预期形式和内容以及对在特定情况下出具的审计报告可能不同于预期形式和内容的说明； （7）与审计涉及的被审计单位内部审计人员和其他员工工作的协调（必要时）； （8）对利用专家工作的安排； （9）与前任注册会计师（如存在）沟通的安排； （10）审计收费，包括收费的计算基础和收费安排； （11）对审计结果的其他沟通形式； （12）其他需要达成一致意见的事项。		

续表

初步业务活动程序	索引号	执行人
2. 对于首次接受审计委托的业务，在征得被审计单位书面同意后，与前任注册会计师沟通，并对沟通结果进行评价。	1000－1 1000－2 1000－3	
3. 初步了解被审计单位及其环境，或其发生的重大变化，并予以记录。		
4. 对于连续审计业务，查阅以前年度审计工作底稿，重点关注非标准审计报告、管理建议书和重大事项概要等，评价导致对上期财务报表发表非无保留意见的事项对本期的影响，了解以前年度在与治理层的沟通函中提及的值得关注的内部控制缺陷是否已得到解决等。		
5. 对于连续审计业务，考虑是否需要修改业务约定条款以及是否需要提醒被审计单位注意现有的业务约定条款。在缺乏合理理由的情况下，注册会计师不应同意变更审计业务约定书条款（合理理由通常包括客户情况的改变或者是对注册会计师提供服务性质的误解，如果变更是由于审计过程中发现的问题或意见分歧诱发的，则通常认为不合理）。		
6. 评价是否具备执行该项审计业务所需要的独立性和专业胜任能力。		
7. 完成业务承接/保持评价表。	1100	
8. 签订审计业务约定书。	1200	

索引号：1000－1

说明：

本沟通函是后任注册会计师（B会计师事务所）在接受审计委托前向被审计单位（S公司）征询是否允许与前任注册会计师（A会计师事务所）沟通的函件参考格式。

沟　通　函

S公司：

贵公司拟聘请本所执行20×2年度财务报表审计业务，按照《中国注册会计师审计准则1153号——前任注册会计师和后任注册会计师的沟通》的规定，本所在接受委托之前，应当与贵公司的前任注册会计师——A会计师事务所进行沟通，以确定本所是否能够接受委托。为此，请贵公司同意本所与A会计师事务所进行沟通，并授权A会计师事务所对本所就贵公司事项的询问作出答复。

感谢贵公司对本所工作的支持！

如有任何问题，请及时与本所联系，以便我们与贵公司进一步沟通。

联系人：

联系电话：　　　　　　　　　　传真：

地址：　　　　　　　　　　　　邮编：

（B会计师事务所盖章）

20×2/3年×月×日

回执：

本公司同意贵所与A会计师事务所进行沟通，并授权A会计师事务所对贵所就本公司事项的询问作出答复。

（S公司盖章）

20×2/3年×月×日

注：本底稿主要适用于首次接受业务委托。

索引号：1000－2

说明：

本沟通函是后任注册会计师（B会计师事务所）在首次接受审计委托前与前任注册会计师（A会计师事务所）进行必要沟通的函件参考格式。

沟　通　函

A会计师事务所：

S公司（以下简称该公司）拟聘本所为其执行20×2年度财务报表审计业务，按照《中国注册会计师审计准则1153号——前任注册会计师和后任注册会计师的沟通》的规定，经该公司同意，本所就如下问题与贵所及相关注册会计师沟通，烦请贵所根据所了解的事实在收到本函后尽快对其作出充分的答复：

1. 是否发现该公司管理层存在正直和诚信方面的问题；
2. 贵所与该公司管理层在重大会计、审计等问题上存在的意见分歧；
3. 贵所向该公司治理层通报的管理层舞弊、违反法律法规行为以及值得关注的内部控制缺陷；
4. 贵所认为导致该公司变更会计师事务所的原因；
5. 其他需要沟通的事项。

感谢贵所对本所工作的支持！

如有任何问题，请及时与本所联系，以便我们与贵所作进一步沟通。

联系人：

联系电话：　　　　　　　　　　　　传真：

地址：　　　　　　　　　　　　　　邮编：

（B会计师事务所盖章）

20×2/3年×月×日

注：本底稿主要适用于首次接受业务委托。

索引号：1000 -3

说明：

本回复函是前任注册会计师（A会计师事务所）就后任注册会计师（B会计师事务所）的沟通函的回复函件参考格式。

回 复 函

B会计师事务所：

贵所发来的《沟通函》业已收悉，现将我们所了解的有关S公司（以下简称该公司）的事实答复如下：

1. 该公司管理层正直和诚信情况

2. 我所与该公司管理层在重大会计、审计等问题上存在的意见分歧

3. 我所向该公司治理层通报的管理层舞弊、违反法律法规行为以及值得关注的内部控制缺陷

4. 导致该公司变更会计师事务所的原因

5. 其他需要说明的事项

联系人/联系电话：

（A会计师事务所盖章）

20×2/3年×月×日

注：本底稿主要适用于首次接受业务委托。

二、业务承接/保持评价表

业务承接/保持评价表[①]

被审计单位：________	索引号：1100
项目：业务承接/保持评价表	截止日/期间：________
编制：________	复核：________
日期：________	日期：________

一、被审计单位基本情况

1. 法定名称：________
   地址：________
   电话：________ 传真：________ 电子信箱：________
   网址：________
   联系人：________
2. 主要业务
   ____
   ____
3. 所有制性质（国有/外商投资/民营/其他）________
4. 所有权结构、股东名称、注册资本、实收资本、公司成立日期
   ____
   ____
5. 管理层人员构成情况
   ____
   ____
6. 子公司、合营企业、联营企业、分公司的基本情况
   ____
   ____
7. 所处行业是否属于高风险行业、发展趋势和竞争情况
   ____
   ____
8. 主管税务机关
   ____
9. 前任注册会计师（机构、经办人、联系方式），变更会计师事务所的原因以及最近三年变更会计师事务所的频率。
   ____
   ____
10. 以前年度的财务报表是否由注册会计师出具非标准审计报告？如是，说明导致出具非标准审计报告的原因。
   ____
   ____

① 本表主要适用于首次接受业务委托。对于连续审计业务，注册会计师应侧重记录被审计单位及其环境的变化情况。

二、审计业务基本情况

审计报告用途	□ 通用目的 □ 特殊目的：________________
已审计财务报表的预期使用者	
提交审计报告的时间	

三、评价被审计单位的诚信

被审计单位的诚信	记录内容
考虑因素： 1. 主要股东、关键管理人员、关联方及治理层的身份和商业信誉； 2. 被审计单位的经营性质； 3. 主要股东、关键管理人员及治理层对内部控制环境和会计准则等的态度； 4. 被审计单位是否过分考虑将会计师事务所的收费维持在尽可能低的水平； 5. 注册会计师的工作范围受到不适当限制的迹象； 6. 被审计单位可能涉嫌洗钱或其他刑事犯罪行为的迹象； 7. 变更会计师事务所的原因； …… 信息来源：（1）与为被审计单位提供专业会计服务的现任或前任人员进行沟通，并与其讨论；（2）向会计师事务所其他人员、监管机构、金融机构、法律顾问和被审计单位的同行等第三方询问；（3）从互联网等相关数据库中搜索被审计单位的背景信息等。	
评价结论：	

注：如果注册会计师根据业务承接或保持阶段获得的信息以及向被审计单位提供其他服务所获得的经验，并结合第2320号工作底稿考虑舞弊风险因素，认为被审计单位可能存在舞弊导致的财务报表重大错报风险，则应将该风险汇总至舞弊风险评估工作底稿2300和2330。

四、确定审计的前提条件

管理层在编制财务报表时采用的财务报告编制基础是否是可接受的	记录内容
考虑因素： 1. 被审计单位的性质（例如，被审计单位是商业企业还是非营利组织）； 2. 编制财务报表的目的（例如，编制财务报表是用于满足广大财务报表使用者共同的财务信息需求，还是用于满足财务报表特定使用者的财务信息需求）； 3. 财务报表的性质（例如，财务报表是整套财务报表还是单一财务报表）； 4. 法律法规是否规定了适用的财务报告编制基础； ……	
就管理层认可并理解其责任与管理层达成一致意见	**记录内容**
管理层的责任包括： 1. 按照适用的财务报告编制基础编制财务报表，并使其实现公允反映（如适用）； 2. 设计、执行和维护必要的内部控制，以使财务报表不存在由于舞弊或错误导致的重大错报； 3. 向注册会计师提供必要的工作条件，包括允许注册会计师接触与编制财务报表相关的所有信息（如记录、文件和其他事项），向注册会计师提供审计所需的其他信息，允许注册会计师在获取审计证据时不受限制地接触其认为必要的内部人员和其他相关人员； …… 注：对于小型被审计单位，如果第三方协助管理层编制财务报表，注册会计师可能需要提醒管理层，按照适用的财务报告编制基础编制财务报表仍是管理层的责任。	

五、评价独立性

评价项目	是/否
经济利益	
考虑是否存在以下因素： 1. 会计师事务所、审计项目组成员或其主要近亲属在审计客户中拥有直接经济利益或重大间接经济利益*； 2. 审计项目组成员的其他近亲属在审计客户中拥有直接经济利益或重大间接经济利益；	

续表

评价项目	是/否
3. 会计师事务所、审计项目组成员或其主要近亲属在某一对审计客户拥有控制性权益且审计客户对其重要的实体中拥有直接经济利益或重大间接经济利益*； 4. 审计项目组成员通过会计师事务所的退休金计划，在审计客户中拥有直接经济利益或重大间接经济利益； 5. 执行审计业务的项目合伙人以外的其他合伙人或其主要近亲属在审计客户中拥有直接经济利益或重大间接经济利益*； 6. 为审计客户提供非审计服务的其他合伙人、管理人员或其主要近亲属在审计客户中拥有直接经济利益或重大间接经济利益*； 7. 会计师事务所、审计项目组成员或其主要近亲属在某一实体拥有经济利益，并且审计客户也在该实体拥有重大经济利益，并且审计客户能够对该实体施加重大影响； 8. 会计师事务所、审计项目组成员或其主要近亲属在某一实体拥有经济利益，并且知悉审计客户的董事、高级管理人员或具有控制权的所有者也在该实体拥有经济利益； 9. 会计师事务所、审计项目组成员或其主要近亲属作为受托管理人在审计客户中拥有直接经济利益或重大间接经济利益； 10. 会计师事务所、合伙人或其主要近亲属、员工或其主要近亲属，从审计客户通过继承、馈赠或因合并而获得直接经济利益或重大间接经济利益。	
贷款和担保	
考虑是否存在以下因素： 1. 会计师事务所、审计项目组成员或其主要近亲属从不属于银行或类似金融机构的审计客户取得贷款，或由审计客户提供贷款担保*； 2. 会计师事务所、审计项目组成员或其主要近亲属向审计客户提供贷款或为其提供担保*。	
商业关系	
考虑是否存在以下因素： 1. 会计师事务所、审计项目组成员或其主要近亲属在与客户或其控股股东、董事、高级管理人员共同开办的企业中拥有经济利益； 2. 按照协议，将会计师事务所的产品或服务与客户的产品或服务结合在一起，并以双方名义捆绑销售； 3. 按照协议，会计师事务所销售或推广客户的产品或服务，或者客户销售或推广会计师事务所的产品或服务； 4. 会计师事务所、审计项目组成员或其主要近亲属从审计客户购买商品或服务，交易性质特殊或金额较大。	

续表

评价项目	是/否
家庭和私人关系	
考虑是否存在以下因素： 1. 审计项目组成员与审计客户的董事、高级管理人员，或所处职位能够对客户会计记录或被审计财务报表的编制施加重大影响的员工（以下简称特定员工）存在家庭和私人关系； 2. 审计项目组成员的主要近亲属是审计客户的董事、高级管理人员或特定员工，或者在业务期间或财务报表涵盖的期间曾担任上述职务； 3. 审计项目组成员与审计客户的员工存在密切关系，并且该员工是审计客户的董事、高级管理人员或特定员工； 4. 会计师事务所中审计项目组以外的合伙人或员工，与审计客户的董事、高级管理人员或特定员工之间存在家庭或私人关系。	
与审计客户发生雇佣关系	
考虑是否存在以下因素： 1. 审计客户的董事、高级管理人员或特定员工，曾经是审计项目组的成员或会计师事务所的合伙人； 2. 审计项目组前任成员或会计师事务所前任合伙人加入审计客户，担任董事、高级管理人员或特定员工； 3. 会计师事务所前任合伙人加入某一实体，而该实体随后成为会计师事务所的审计客户； 4. 审计项目组某一成员参与审计业务，已经知道自己在未来某一时间将要或有可能加入审计客户。	
临时借出员工或审计项目组成员曾担任审计客户员工	
考虑是否存在以下因素： 1. 会计师事务所向审计客户借出员工提供禁止提供的非鉴证服务，或承担审计客户的管理层职责； 2. 在被审计财务报表涵盖的期间，审计项目组成员曾担任审计客户的董事、高级管理人员或特定员工*； 3. 会计师事务所的合伙人或员工兼任审计客户的董事、高级管理人员或公司秘书*。	
为审计客户提供非鉴证服务	
考虑是否存在以下因素： 1. 会计师事务所承担审计客户的管理层职责*； 2. 会计师事务所向审计客户提供编制会计记录或财务报表等服务； 3. 向审计客户提供评估服务；	

续表

<table>
<tr><th>评价项目</th><th>是/否</th></tr>
<tr><td>4. 会计师事务所向审计客户提供某些税务服务；
5. 会计师事务所向审计客户提供内部审计服务，并在执行财务报表审计时利用内部审计的工作；
6. 会计师事务所提供信息技术系统服务；
7. 会计师事务所向审计客户提供诉讼支持服务；
8. 会计师事务所向审计客户提供法律服务；
9. 会计师事务所为审计客户提供人员招聘服务；
10. 会计师事务所提供财务服务。</td><td></td></tr>
<tr><td>审计收费</td><td></td></tr>
<tr><td>考虑是否存在以下因素：
1. 会计师事务所从审计客户收取的全部费用占其收费总额的比重很大，对该客户存在依赖；
2. 审计客户长期未支付应付的审计费用，相当部分的审计费用在出具下一年度审计报告前仍未支付；
3. 会计师事务所在提供审计服务时，以直接或间接形式取得或有收费*。</td><td></td></tr>
<tr><td>诉讼或诉讼威胁</td><td></td></tr>
<tr><td>考虑是否存在以下因素：
• 会计师事务所或审计项目组成员与审计客户发生诉讼或很可能发生诉讼。</td><td></td></tr>
<tr><td>如果对上述问题回答“是”，说明采取的防范措施。拟采取的防范措施为：

注：标注*的因素属于因没有防范措施能够使其对独立性产生的不利影响降低至可接受的水平的因素。如果对上述标注*的问题回答“是”，则不能接受业务委托。</td><td></td></tr>
<tr><td colspan="2">评价结论：</td></tr>
</table>

六、评价专业胜任能力、时间和资源

考虑因素	是/否/不适用	详细情况
专业胜任能力		
1. 项目组关键人员是否熟悉被审计单位所处行业及主要业务，是否能够获取对被审计单位及其环境的整体了解？ 2. 项目组关键人员是否充分了解适用于被审计单位所处行业的会计处理？是否了解相关监管要求或报告要求？如否，是否具备有效获取相关知识和技能的能力？ 3. 执行业务是否需要特定专业知识？如是，是否能够获取这些知识或利用专家的工作？说明途径。 4. 如果需要项目质量控制复核，是否具备符合标准和资格要求的项目质量控制复核人员？ ……		
时间和资源		
1. 根据会计师事务所目前的人力资源情况，是否拥有足够的具有必要素质和专业胜任能力的人员组成项目组？ 2. 客户期望的提交报告的时间为何时？是否能够在客户期望的期限内完成业务？		
评价结论：		

七、总体评价

对该项业务的总体评价：

基于我们目前对被审计单位的了解，该项业务的风险水平为：

□重大风险　　　　□一般风险

八、审计收费可回收性评价

1. 预计审计收费：________________

2. 成本能否收回：________________

九、结论

项目负责人： 基于上述方面，我们 __________（接受或不接受）此项业务。 签名：______________________________ 日期：______________________________	风险管理负责人（必要时）： 基于上述方面，我们______（接受或不接受）此项业务。 签名：__________________________ 日期：__________________________

最终结论：____

索引号：1200

三、审计业务约定书

审计业务约定书

甲方：S公司

乙方：××会计师事务所

兹由甲方委托乙方对20×2年度财务报表进行审计，经双方协商，达成以下约定：

一、审计的目标和范围

1. 乙方接受甲方委托，对甲方按照小企业会计准则编制的20×2年12月31日的资产负债表，20×2年度的利润表、所有者权益（或股东权益）变动表和现金流量表以及财务报表附注（以下统称财务报表）进行审计。

2. 乙方通过执行审计工作，对财务报表的下列方面发表审计意见：（1）财务报表是否在所有重大方面按照小企业会计准则的规定编制；（2）财务报表是否在所有重大方面公允反映了甲方20×2年12月31日的财务状况以及20×2年度的经营成果和现金流量。

二、甲方的责任

1. 根据《中华人民共和国会计法》及《企业财务会计报告条例》，甲方及甲方负责人有责任保证会计资料的真实性和完整性。因此，甲方管理层有责任妥善保存和提供会计记录（包括但不限于会计凭证、会计账簿及其他会计资料），这些记录必须真实、完整地反映甲方的财务状况、经营成果和现金流量。

2. 按照小企业会计准则的规定编制和公允列报财务报表是甲方管理层的责任，这种责任包括：（1）按照小企业会计准则的规定编制财务报表，并使其实现公允反映；（2）设计、执行和维护必要的内部控制，以使财务报表不存在由于舞弊或错误导致的重大错报。

3. 及时为乙方的审计工作提供与审计有关的所有记录、文件和所需的其他信息（在20×3年×月×日之前提供审计所需的全部资料，如果在审计过程中需要补充资料，亦应及时提供），并保证所提供资料的真实性和完整性。

4. 确保乙方不受限制地接触其认为必要的甲方内部人员和其他相关人员。

5. 甲方管理层对其作出的与审计有关的声明予以书面确认。

6. 为乙方派出的有关工作人员提供必要的工作条件和协助，乙方将于外勤工作开始前提供所需主要审计资料的清单。

7. 按照本约定书的约定及时足额支付审计费用以及乙方人员在审计期间的交通、食宿和其他相关费用。

8. 乙方的审计不能减轻甲方及甲方管理层的责任。

三、乙方的责任

1. 乙方的责任是在执行审计工作的基础上对甲方财务报表发表审计意见。乙方根据《中国注册会计师审计准则》（以下简称审计准则）的规定执行审计工作。审计准则要求注册会计师遵守《中国注册会计师职业道德守则》，计划和执行审计工作以对财务报表是否不存在重大错报获取合理保证。

2. 审计工作涉及实施审计程序，以获取有关财务报表金额和披露的审计证据。选择的审计程序取决于乙方的判断，包括对由于舞弊或错误导致的财务报表重大错报风险的评估。在进行风险评估时，乙方考虑与财务报表编制和公允列报相关的内部控制，以设计恰当的审计程序，但目的并非对内部控制的有效性发表意见。审计工作还包括评价管理层选用会计政策的恰当性和作出会计估计的合理性以及评价财务报表的总体列报。

3. 由于审计和内部控制的固有限制，即使按照审计准则的规定适当地计划和执行审计工作，仍不可避免地存在财务报表的某些重大错报可能未被乙方发现的风险。

4. 在审计过程中，乙方若发现甲方存在乙方认为值得关注的内部控制缺陷，应以书面形式向甲方治理层或管理层通报。但乙方通报的各种事项，并不代表已全面说明所有可能存在的缺陷或已提出所有可行的改进建议。甲方在实施乙方提出的改进建议前应全面评估其影响。未经乙方书面许可，甲方不得向任何第三方提供乙方出具的沟通文件。

5. 按照约定时间完成审计工作，出具审计报告。乙方应于 20×3 年×月×日前出具审计报告。

6. 除下列情况外，乙方应当对执行业务过程中知悉的甲方信息予以保密：（1）法律法规允许披露，并取得甲方的授权；（2）根据法律法规的要求，为法律诉讼、仲裁准备文件或提供证据以及向监管机构报告发现的违法行为；（3）在法律法规允许的情况下，在法律诉讼、仲裁中维护自己的合法权益；（4）接受注册会计师协会或监管机构的执业质量检查，答复其询问和调查；（5）法律法规、执业准则和职业道德规范规定的其他情形。

四、审计收费

1. 本次审计服务的收费是以乙方各级别工作人员在本次工作中所耗费的时间为基础计算的。乙方预计本次审计服务的费用总额为人民币××万元。

2. 甲方应于本约定书签署之日起××日内支付×%的审计费用，其余款项于［审计报告草稿提交日］结清。

3. 如果由于无法预见的原因，致使乙方从事本约定书所涉及的审计服务实际时间较本约定书签订时预计的时间有明显增加或减少时，甲乙双方应通过协商，相应调整本部分第 1 段所述的审计费用。

4. 如果由于无法预见的原因，致使乙方人员抵达甲方的工作现场后，本约定书所涉及的审计服务中止，甲方不得要求退还预付的审计费用；如上述情况发生于乙方人员完成现场审计工作，并离开甲方的工作现场之后，甲方应另行向乙方支付人民币××元的补偿费，用于弥补乙方在服务中止前发生的成本，该补偿费应于甲方收到乙方的收款通知之日起××日内支付。

5. 与本次审计有关的其他费用（包括交通费、食宿费等）由甲方承担。

五、审计报告和审计报告的使用

1. 乙方按照中国注册会计师审计准则规定的格式和类型出具审计报告。

2. 乙方向甲方致送审计报告一式×份。

3. 甲方在提交或对外公布乙方出具的审计报告及其后附的已审计财务报表时，不得对其进行修改。当甲方认为有必要修改会计数据、报表附注和所作的说明时，应当事先通知乙方，乙方将考虑有关的修改对审计报告的影响，必要时，将重新出具审计报告。

六、本约定书的有效期间

本约定书自签署之日起生效，并在双方履行完毕本约定书约定的所有义务后终止。但其中第三项第6段、第四、五、七、八、九、十项并不因本约定书终止而失效。

七、约定事项的变更

如果出现不可预见的情况，影响审计工作如期完成，或需要提前出具审计报告，甲、乙双方均可要求变更约定事项，但应及时通知对方，并由双方协商解决。

八、终止条款

1. 如果根据乙方的职业道德及其他有关专业职责、适用的法律法规或其他任何法定的要求，乙方认为已不适宜继续为甲方提供本约定书约定的审计服务，乙方可以采取向甲方提出合理通知的方式终止履行本约定书。

2. 在本约定书终止的情况下，乙方有权就其于终止之日前对约定的审计服务项目所做的工作收取合理的费用。

九、违约责任

甲、乙双方按照《中华人民共和国合同法》的规定承担违约责任。

十、适用法律和争议解决

本约定书的所有方面均应适用中华人民共和国法律进行解释并受其约束。本约定书履行地为乙方出具审计报告所在地，因本约定书引起的或与本约定书有关的任何纠纷或争议（包括关于本约定书条款的存在、效力或终止，或无效之后果），双方协商确定采取以下第________种方式予以解决：

（1）向有管辖权的人民法院提起诉讼；

（2）提交××仲裁委员会仲裁。

十一、双方对其他有关事项的约定

本约定书一式两份，甲、乙双方各执一份，具有同等法律效力。

S公司（盖章）	××会计师事务所（盖章）
授权代表：（签名并盖章）	授权代表：（签名并盖章）
20×2年×月×日	20×2年×月×日

第二部分　风险评估工作底稿

一、了解被审计单位及其环境（不包括内部控制）

了解被审计单位及其环境（不包括内部控制）程序表

被审计单位：＿＿＿＿＿＿＿＿	索 引 号：2100
项　　目：了解被审计单位及其环境程序表	截止日/期间：＿＿＿＿＿＿＿＿
编　　制：＿＿＿＿＿＿＿＿	复　　核：＿＿＿＿＿＿＿＿
日　　期：＿＿＿＿＿＿＿＿	日　　期：＿＿＿＿＿＿＿＿

一、注册会计师的目标

通过了解被审计单位及其环境，识别和评估财务报表层次和认定层次的重大错报风险（无论该错报由于舞弊或错误导致），从而为设计和实施针对评估的重大错报风险采取的应对措施提供基础。

二、实施的风险评估程序

编制说明：

本程序表记录注册会计师在了解被审计单位及其环境（不包括内部控制）时实施的风险评估程序，包括询问、观察、检查和分析程序。本表例举了一些程序，供提示用。在实务操作时，注册会计师应当根据审计准则的规定，结合被审计单位的具体情况，记录实施的具体风险评估程序。

风险评估程序	索引号	执行人
1. 了解行业状况、法律环境与监管环境以及其他外部因素，评估相关风险：		
（1）向被审计单位的管理层相关人员询问行业、法律环境与监管环境以及其他外部因素；	2110 ……	
（2）检查以前年度审计工作底稿（适用于连续审计）、内部与外部的相关信息资料；		
（3）其他相关程序；		
（4）对被审计单位违反法律法规的考虑。	5010	
2. 了解被审计单位的性质，评估相关风险：	2110 ……	
（1）向管理层询问被审计单位所有权结构、治理结构和组织结构；		
（2）了解经营活动，主要涉及采购、生产和销售活动，包括主要客户和合同、付款条件、定价政策、营销策略；主要供应商；主要竞争者；对专有技术、设备、原材料和能源消耗的依赖程度等相关情况；		
（3）了解投资活动，主要包括投资策略、投资类型、投资回报等情况，并检查主要合同；		
（4）了解筹资活动，主要包括筹资渠道、筹资条件和成本、筹资用途等情况，并检查主要合同；		
（5）了解为其他企业提供担保的情况；		
（6）了解被审计单位的关联方关系及其交易事项，评估相关风险；	5030	
（7）实地观察被审计单位主要生产经营场所；		
（8）其他相关程序。		

续表

风险评估程序	索引号	执行人
3. 了解被审计单位对会计政策的选择和会计估计的运用，评估相关风险： （1）向财务负责人询问被审计单位采用的主要会计政策、会计政策变更的情况、财务人员构成情况等； （2）检查被审计单位会计工作手册、操作指引等财务资料和内部报告（如有）； （3）了解被审计单位对会计估计的运用，评估相关风险； （4）其他相关程序。	2110 …… 5060	
4. 了解被审计单位的目标、战略以及相关经营风险，评估相关风险： （1）向管理层询问被审计单位实施的或准备实施的目标和战略； （2）查阅被审计单位商业计划、策略和计划书（如有）； （3）其他相关程序。 注：小型被审计单位通常没有正式的计划和程序来确定其目标和战略，以及管理经营风险。注册会计师应通过访谈，询问被审计单位的目标、战略以及如何管理经营风险。	2110 ……	
5. 了解被审计单位财务业绩的衡量和评价，评估相关风险： （1）向管理层询问被审计单位管理层和员工业绩考核与激励性报酬政策等； （2）实施分析程序，将内部财务业绩指标与被审计单位设定的目标值进行比较，分析业绩趋势； （3）其他相关程序。 注：小型被审计单位通常没有建立正式的衡量和评价财务业绩的流程，业主和管理层往往依据某些特定关键指标，作为评价财务业绩和采取适当行动的基础，注册会计师应当询问业主和管理层使用的关键指标（如果询问结果表明不存在业绩衡量和评价，则尚未发现和更正的错报风险可能增加，注册会计师应当予以关注并记录）。	2110 2120 ……	
6. 了解被审计单位的持续经营能力，评估相关风险。	5040	
7. 根据了解被审计单位及其环境的情况，评估相应的财务报表层次及认定层次的重大错报风险。		

了解被审计单位及其环境（不包括内部控制）调查表

被审计单位：________________	索　引　号：　2110
项　　目：了解被审计单位及其环境调查表	截止日/期间：________________
编　　制：________________	复　　核：________________
日　　期：________________	日　　期：________________

编制说明：

在进行了解时，需要考虑下列表格中列示的项目，但考虑内容不限于这些项目。在记录了解的内容时，如果涉及多个项目，可以综合考虑并予以记录。

在记录了解的内容及评估的风险时，需要注明被调查人姓名、职位、相关的信息来源及相关工作底稿（如有）索引。

注册会计师记录的内容应当支持重大错报风险评估结果，而没有必要记录了解到的所有事项。通过本调查表评估出的风险，应汇总至风险评估结果和内部控制缺陷汇总表2500，进而体现于审计计划工作底稿2600。

如果注册会计师根据了解被审计单位及其环境过程中获得的信息以及向被审计单位提供其他服务所获得的经验，并结合工作底稿2320考虑舞弊风险因素，认为被审计单位可能存在舞弊导致的财务报表重大错报风险，则应将该风险汇总至舞弊风险评估工作底稿2300和2330。

一、行业状况、法律环境与监管环境以及其他外部因素

了解的项目	了解的内容和评估的风险	索引号或信息来源
（一）行业状况 1. 被审计单位的主要产品及所处行业。 2. 行业的总体发展趋势（如起步、快速增长、成熟、停滞、萎缩）。如果行业发展处于停滞及萎缩阶段，应说明对被审计单位的影响。 3. 相对于行业的发展趋势，被审计单位的发展趋势如何（如快于行业发展、与行业同步、慢于行业发展）？如果被审计单位的发展速度低于行业平均水平，说明对被审计单位的影响。 4. 行业的竞争情况。被审计单位在行业中所处的地位以及在行业中有无竞争优势。 5. 行业是否受经济周期的影响？影响程度如何？如果行业受经济周期的影响程度较大，应说明对被审计单位的影响。 6. 行业生产经营和销售是否受季节影响？如果受季节影响，每年的销售旺季和淡季是什么时间？对业务影响程度如何？是否会导致重大风险？ 7. 行业是否受特定生产技术的影响？如是，应具体说明对被审计单位的影响。		

续表

了解的项目	了解的内容和评估的风险	索引号或信息来源
8. 行业是否对能源有较高的依赖程度？如是，能源消耗在成本中所占比重是多少？能源价格变化对被审计单位成本的影响如何？ 9. 行业是否有特定的关键指标？如有，被审计单位的关键指标是否与行业的平均水平存在显著差异？ （二）法律环境及监管环境 1. 总体了解适用于被审计单位及其所处行业或领域的法律法规框架。在获得总体了解时，应特别关注对被审计单位经营活动产生重大影响的法律法规及监管环境，如行业监管、产品责任、环境保护、安全生产、人力资源等。 2. 现行的货币政策、财政政策、关税和贸易限制及税务法规对被审计单位经营活动、投资活动及筹资活动是否产生重大影响？ 3. 被审计单位所涉及的主要税种有哪些？税率如何？ 4. 被审计单位是否享受税收优惠政策？如是，说明具体的税收优惠政策，并考虑相关的风险。 5. 税务部门、行业主管部门等有关部门本期内是否对被审计单位进行检查？如是，说明检查结果，并考虑相关的风险。 （三）其他外部因素 1. 宏观经济景气度对被审计单位所处行业及其经营活动产生的重大影响。 2. 当前的利率水平对被审计单位的经营活动、投资活动及筹资活动产生的重大影响。 3. 当期的通货膨胀水平对被审计单位的销售和采购价格产生的影响。 4. 汇率波动对被审计单位生产经营的影响。		

二、被审计单位的性质

（一）所有权结构

1. 被审计单位的所有权性质为____________________。

2. 被审计单位的资本结构

投资者名称	经济性质	注册地	出资额	出资比例	在被审计单位的持股比例或享有的表决权比例

3. 被审计单位的子公司情况

子公司名称	经济性质	注册地	注册资本	被审计单位持股比例	被审计单位合计享有的表决权比例	业务及规模概述

4. 被审计单位的合营或联营企业

合营或联营企业名称	注册地	经济性质	注册资本	被审计单位持股比例	被审计单位在被投资单位享有的表决权比例

注：在了解被审计单位的合营或联营企业时，注册会计师还应关注被审计单位在联营企业中的地位、合营协议或联营协议中对被审计单位经营有重大影响的条款、占被审计单位业绩比重较大的合营企业或联营企业。

5. 被审计单位的关联方关系及其交易

关联方名称	与被审计单位的关系	主要交易类型	定价政策

注：在了解关联方及关联方交易时，注册会计师需要关注被审计单位的客户或供应商中的关联方及对关联方和非关联方是否采用不同的销售和采购条款。注册会计师还需要关注被审计单位从关联方的融资，包括融资的特殊条款以及关联方融资占融资总额的比重。

对于了解到的被审计单位的关联方关系及其交易的详细信息可同时记录于审计工作底稿5031和5032。

（二）治理结构及组织结构

了解的项目	了解的内容和评估的风险	索引号或信息来源
1. 被审计单位的治理结构情况： （1）股东会、董事会（执行董事）的构成情况； （2）股东会、董事会运作情况； （3）业主对被审计单位经营活动的参与程度。 2. 组织结构与业务的匹配程度。		

（三）经营活动

了解的项目	了解的内容和评估的风险	索引号或信息来源
1. 被审计单位生产/销售的产品或提供的服务。 2. 与生产/销售产品或提供服务相关的信息，如主要客户、合同条款、定价政策、付款条件、利润率和质量保证等。 3. 业务开展情况，如业务分部的设立情况、产品和服务的交付情况等。 4. 联盟、合营与外包情况。 5. 从事电子商务的情况，如是否通过互联网从事营销活动。 6. 业务的地域分布情况。 7. 主要客户及对关键客户的依赖程度。 8. 重要供应商及对关键供应商的依赖程度。 9. 雇员数量、薪酬水平。 10. 劳动力供应、劳动法规对被审计单位的影响。 11. 被审计单位为雇员缴纳社会保险的情况。 12. 被审计单位重大的研究开发活动及其影响。 13. 人员与生产、销售、研发工作的匹配程度。		

（四）投资活动

了解的项目	了解的内容和评估的风险	索引号或信息来源
1. 被审计单位的投资活动，如证券投资、债权投资、股权投资、其他投资及投资的处置情况。 2. 对主要子公司、联营公司和合营公司的影响及合并情况。 3. 被审计单位重大的资本性开支及计划情况。 4. 被审计单位未纳入合并财务报表范围的投资。		

（五）筹资活动

了解的项目	了解的内容和评估的风险	索引号或信息来源
1. 被审计单位的筹资活动，如银行借款、关联方借款、经营租赁、融资租赁和票据贴现等。 2. 筹资活动导致的抵押、质押等担保情况。 3. 被审计单位筹资合同中的限制性条款及其影响。 4. 被审计单位的出资人与实际受益人是否一致。		

（六）财务报告

了解的项目	了解的内容和评估的风险	索引号或信息来源
1. 被审计单位的财务报表编制基础和行业特定惯例。 2. 收入确认惯例。 3. 外币资产、负债与交易。 4. 异常或复杂的交易的会计处理。		

三、被审计单位对会计政策的选择和运用

（一）被审计单位重要的会计政策

重要的会计政策*	被审计单位选择和运用的会计政策	对会计政策选择和运用的评价
存货发出的成本计价方法	例如：先进先出、加权平均、其他（说明）	
生产成本的核算方法		
制造费用的分配方法		
低值易耗品的摊销方法		
固定资产的初始计量、折旧方法、预计使用年限及残值率		
无形资产的摊销方法、可使用年限		
外币业务核算方法		
收入的确认原则		
长期股权投资的核算方法		
……		

* 注册会计师需要对重要的会计政策及选择和应用进行了解，关注选择的会计政策是否符合小企业会计准则的规定，充分体现以历史成本计量、直线法摊销等特点。

（二）了解被审计单位重要的会计政策变更

原会计政策	变更后会计政策	变更日期	变更原因	对变更的处理（调整、列报等）	对变更的评价

（三）新颁布的会计准则、法律法规以及被审计单位何时采用、如何采用这些规定

四、被审计单位的目标、战略以及相关经营风险

了解的项目	了解的内容和评估的风险	索引号或信息来源
1. 被审计单位的目标、战略。 2. 被审计单位实现目标和实施战略面临的经营风险及应对措施，包括但不限于： （1）行业发展变化导致的风险（例如，被审计单位不具备足以应对行业变化的人力资源和业务专长等）及应对措施； （2）开发新产品或提供新服务导致的风险（例如，被审计单位产品责任增加等）及应对措施； （3）业务扩张导致的风险（例如，被审计单位对市场需求的估计不准确等）及应对措施； （4）新颁布的会计准则导致的风险（例如，被审计单位执行新准则不当或不完整，或会计处理成本增加等）及应对措施； （5）监管要求导致的风险（例如，被审计单位法律责任增加等）及应对措施； （6）新颁布的税收法规导致的风险（例如，被审计单位原享有的税收优惠政策废止，适用新的进出口关税政策等）及应对措施； （7）融资风险（例如，被审计单位由于无法满足融资条件而失去融资机会等）及应对措施； （8）信息技术的运用导致的风险（例如，被审计单位信息系统与业务流程难以融合等）及应对措施。		

五、被审计单位对财务业绩的衡量和评价

了解的项目	了解的内容和评估的风险	索引号或信息来源
1. 业主评价管理层业绩采用的关键指标。 2. 管理层评价公司业绩采用的关键指标。 3. 评价员工业绩采用的关键指标。 4. 关键指标的监控措施。 5. 被审计单位的预算制度及执行情况。 6. 无法完成业绩目标及预算对于管理层及员工的影响。		

分析程序表（用作风险评估程序）

被审计单位：________	索　引　号：2120
项　　目：分析程序表（用作风险评估程序）	截止日/期间：________
编　　制：________	复　　核：________
日　　期：________	日　　期：________

编制说明：

某些小型被审计单位可能没有可用于实施分析程序的中期或月度财务信息。在这种情况下，虽然注册会计师可能能够实施有限的分析程序以计划审计工作或通过询问获取一些信息，但当可以获得财务报表的草稿时，注册会计师可能需要计划并实施分析程序以识别和评估重大错报风险。

在实施分析程序时，注册会计师应当将被审计单位的当期财务信息与前期及预期的财务信息进行比较。对于主要财务指标及关键经营指标，还可与行业的平均水平进行比较。根据比较的结果，分析、记录产生重大差异的原因，并评估被审计单位可能存在的重大错报风险。

通过本程序表识别出的风险，应汇总至风险评估结果和内部控制缺陷汇总表2500，进而体现于审计计划工作底稿2600。如果注册会计师在实施分析程序时发现被审计单位的财务数据存在重大异常关系或偏离，可能存在舞弊导致的财务报表重大错报风险，则应将该风险汇总至舞弊风险评估工作底稿2300和2330。

一、资产负债表项目（适用于执行小企业会计准则的小型被审计单位）

项目	当期未审金额① A	当期金额的结构百分比	前期金额 B	前期金额的结构百分比	与前期金额差异额 C = A - B	与前期金额差异率 D = C/B	是否重点关注	编号②
货币资金								
短期投资								
应收票据								

① 本表也可以用于业务完成阶段的总体复核。在作为总体复核的分析程序时应将“当期未审金额”改为“当期审定金额”。

② 如果项目需要引起重点关注，应在本栏列明编号，如①②③。在本表后的附注栏中详细说明重大变动的产生原因、原因是否可以合理解释以及在今后的审计工作中如何应对。

续表

项目	当期未审金额 A	当期金额的结构百分比	前期金额 B	前期金额的结构百分比	与前期金额差异额 C = A − B	与前期金额差异率 D = C/B	是否重点关注	编号
应收账款								
预付账款								
应收股利								
应收利息								
其他应收款								
存货								
其他流动资产								
长期债券投资								
长期股权投资								
固定资产原价								
减：累计折旧								
固定资产账面价值								
在建工程								
工程物资								
固定资产清理								
生产性生物资产								
无形资产								
开发支出								
长期待摊费用								
其他非流动资产								
资产合计								

续表

项目	当期未审金额 A	当期金额的结构百分比	前期金额 B	前期金额的结构百分比	与前期金额差异额 C = A − B	与前期金额差异率 D = C/B	是否重点关注	编号
短期借款								
应付票据								
应付账款								
预收款项								
应付职工薪酬								
应交税费								
应付利息								
应付利润								
其他应付款								
其他流动负债								
长期借款								
长期应付款								
递延收益								
其他非流动负债								
实收资本（或股本）								
资本公积								
盈余公积								
未分配利润								
负债及所有者权益合计								

附注

注：本表作为总体复核时应在本栏记录分析结论。

二、利润表项目（适用于执行小企业会计准则的小型被审计单位）

项目	当期未审金额	当期金额的结构百分比	前期金额	前期金额的结构百分比	与前期金额差异额	与前期金额差异率	预期金额	预期金额的结构百分比	与预期金额差异额	与预期金额差异率	是否重点关注	编号
	A		B		C = A - B	D = C/B	E		F = A - E	G = F/E		
营业收入												
减：营业成本												
营业税金及附加												
销售费用												
管理费用												
财务费用												
加：投资收益												
营业利润												
加：营业外收入												
减：营业外支出												
利润总额												
减：所得税费用												
净利润												

附注

注：本表作为总体复核时应在本栏记录分析结论。

三、主要财务指标

项目	当期未审数	前期数	预期数	行业平均水平	是否重点关注	编号
销售毛利率						
销售净利润率						
资产负债率						
应收账款周转率						
存货周转率						
……						
其他关键指标或关键经营指标（请说明计算方法）						

附注

注：本表作为总体复核时应在本栏记录分析结论。

四、识别的重大错报风险

注：本表作为总体复核时应在本栏记录拟追加的审计程序。

二、了解被审计单位内部控制

了解被审计单位内部控制程序表

被审计单位：	索 引 号：2200
项 目：了解被审计单位内部控制	截止日/期间：
编 制：	复 核：
日 期：	日 期：

一、注册会计师的目标

通过了解被审计单位内部控制，识别和评估财务报表层次和认定层次的重大错报风险（无论该错报由于舞弊或错误导致），从而为设计和实施针对评估的重大错报风险采取的应对措施提供基础。

二、实施的风险评估程序

实施的程序	索引号	执行人
1. 通过询问、观察等方式了解被审计单位整体层面的内部控制，评价整体层面内部控制的设计和执行。	2210	
2. 通过询问、观察等方式了解被审计单位业务流程层面的内部控制，评价业务流程层面内部控制的设计和执行。	2220	
3. 针对拟信赖的内部控制进行穿行测试，以确定控制是否得到执行。	2230	

了解和评价整体层面内部控制

被审计单位：		索 引 号：	2210
项　　目：	了解和评价整体层面内部控制	截止日/期间：	
编　　制：		复　　核：	
日　　期：		日　　期：	

编制说明：

在小型被审计单位审计中，由于可能没有以书面形式存在的正式的内部控制证据，注册会计师往往错误地假设内部控制不存在，认为不值得对其进行了解。但是任何想继续经营的企业都有一定形式的内部控制，它可能是非正式的、简单的，但它仍然是内部控制。对于不能识别出许多业务流程层面的控制活动的小型被审计单位，了解整体层面的内部控制尤为重要。

如果使用以前审计获取的信息，注册会计师应当考虑被审计单位的相关控制自上次测试后是否发生重大变化。

1. “描述相关的控制”部分应记录被审计单位实际采取的控制。

2. “实施的程序”部分应填写注册会计师针对被审计单位的控制计划采取的审计程序。在了解和评价控制的设计并确定其是否得到执行时，注册会计师应当使用询问、观察和检查程序，并记录所获取的信息和审计证据来源。

3. 注册会计师对控制的评价结论可能是：（1）控制设计合理，并得到执行；（2）控制设计合理，未得到执行；（3）控制设计无效或缺乏必要的控制。如果评价结论是“控制设计合理，未得到执行”或“控制设计无效或缺乏必要的控制”，应当说明控制缺陷。

4. 通过本程序表识别出的内部控制缺陷和相关的风险，应汇总至风险评估结果和内部控制缺陷汇总表2500，进而体现于审计计划工作底稿2600。如果注册会计师根据了解和评价整体层面内部控制过程中获得的信息以及向被审计单位提供其他服务所获得的经验，并结合工作底稿2320考虑舞弊风险因素，认为被审计单位可能存在舞弊导致的财务报表重大错报风险，则应将该风险汇总至舞弊风险评估工作底稿2300和2330。

5. 整体层面可能还存在经营分析等控制活动，注册会计师需要结合被审计单位的实际情况进行适当的记录。

一、控制环境

控制环境中具有广泛意义的内部控制十分不同于业务流程层面的控制，它涉及诚信和道德，公司治理，员工的胜任能力，业主和管理层对控制的态度，防范舞弊，风险管理以及对控制的监督。如果整体层面的控制环境不佳，同时可能造成业务流程层面控制失效风险高，业主或管理层就很容易凌驾于内部控制之上，即使在业务流程层面上设置最佳的控制也会被破坏。

描述与控制环境相关的控制（注 1）	实施的程序（注 2）	评价控制的设计和执行	索引号
[例：以下以“管理层对诚信和道德价值观念的沟通和落实”为例描述与控制环境相关的控制。本示例仅为说明记录内容，在执行财务报表审计业务时，注册会计师应结合被审计单位的实际情况进行适当修改，不可一概照搬。 风险：管理层没有强调对诚信和道德价值观的需求 了解的内容： ● 管理层通过言谈举止不断表现出对高道德标准的重视，并通过与员工的日常沟通，不断强调遵循道德标准的需要。 ● 管理层消除或降低可能导致员工从事不诚实、或不道德行为的动机或诱惑，并编写了行为守则，列出期望的员工行为。 ● 管理层要求所有新进员工签署行为守则，声明其同意企业的基本价值观并且了解违背价值观的后果，并通过惩戒贯彻实施。 ● 员工清楚了解什么行为是可接受和不可接受的，知道当他们遇到不当行为时应该做什么。 ……]			

注：1. 在小型被审计单位审计中，通常无法获取以文件形式存在的有关控制环境要素的审计证据，管理层或业主兼经理的态度、认识和措施对注册会计师了解小型被审计单位的控制环境非常重要。注册会计师应当通过与业主（管理层）讨论和询问员工等重点了解业主（管理层）对诚信和道德价值观的重视程度、对内部控制设计的态度、认识和措施。对于只有较少文件记录支撑控制环境的小型被审计单位，业主兼经理（管理层）的态度、认识和行动经常构成评价控制设计和执行的依据。可考虑主要从以下方面了解：

- 业主（管理层）对诚信和道德价值观念的沟通和落实［小型被审计单位的业主兼经理（管理层）可能通过口头沟通或通过以身作则方式传递价值观和可接受的行为］；
- 业主（管理层）是否执行重要的控制职能，如签字复核批准职能、监督职能、检查职能等［一个有胜任能力的业主兼经理的积极参与可能降低了其他控制活动（如职责分离）的需要，但参与程度过高也会增加业主或管理层凌驾于控制之上的风险］；
- 业主（管理层）对员工胜任能力的重视程度；
- 业主（管理层）的理念和经营风格；
- 被审计单位是否存在相关的政策或程序以保持适当的职责分离，这些政策和程序是否合理；
- 人力资源政策与实务（招聘时强调教育背景、以前的工作经验、以前取得的成就、诚信和道德行为表明被审计单位希望录用有胜任能力并值得信赖的人员；被审计单位的培训政策可以传达对员工预期的工作表现和行为方式；通过定期业绩考核予以晋升的政策表明被审计单位希望具备相应资格的员工承担更高级别的职责）。

2. 当某特定控制没有支持性文件时，注册会计师可以：（1）通过与业主（管理层）讨论，识别被审计单位的价值观、可接受的行为以及惩罚措施，注册会计师可以评估他们是否足以解决控制设计问题；（2）询问员工认为的被审计单位的价值观、可接受的行为以及惩罚措施。这些会谈将解决是否已沟通和实施了业主（管理层）的价值观和可接受行为。这将涉及控制的执行。

二、风险评估过程

描述与风险评估过程相关的控制（注）	实施的程序	评价控制的设计和执行	索引号

注：小型被审计单位可能没有正式的风险评估过程，管理层很可能通过直接亲自参与经营来识别风险。注册会计师需要与业主（管理层）讨论其如何识别出与财务报告相关的风险以及如何应对这些风险。

三、信息系统与沟通

（一）信息系统与沟通

描述与信息系统与沟通相关的控制（注1）	实施的程序（注2）	评价控制的设计和执行	索引号

注：1. 在小型被审计单位，与财务报告相关的信息系统和相关业务流程可能不如较大型被审计单位正式和复杂，注册会计师需要考虑这种特征对评估重大错报风险的影响。

（1）可考虑从以下方面描述信息系统：

- 会计系统和人员分工；
- 如果被审计单位使用计算机进行会计处理，简要说明计算机信息系统及其所进行的会计处理；
- 被审计单位制定哪些内部控制政策与程序，以识别发生的交易，并合理保证所有交易均已入账；
- 存在什么类型会计记录（电子自动生成或人工录入的）；
- 会计处理方法的特殊之处；
- 会计系统是否提供了完整的会计记录；
- 信息系统如何识别除各类交易外对财务报表有重大影响的事项和情况；

……

（2）可考虑从以下方面描述与沟通相关的控制：

- 如何使员工了解各自在与财务报告有关的内部控制方面的角色和职责；
- 员工之间的工作联系；
- 向适当级别的管理层或业主报告例外事项的方式；
- 向相关外部各方的沟通，如关键利益相关者，金融机构，管制机构，以及政府部门；

……

2. 小型被审计单位可能相对没有那么复杂和完全书面化的信息和沟通系统。如果没有大量的会计程序、复杂会计记录或者政策的书面描述，注册会计师将需要更多地通过询问和观察而不是复核书面资料以了解信息系统。

（二）财务报告编制与披露

注册会计师对被审计单位的财务报告编制与披露的了解程度取决于被审计单位财务报告编制过程的复杂性。注册会计师可以考虑以下几方面：

1. 业主或管理层凌驾于已识别的与财务报告编制与披露相关的控制之上的风险评估。

小型被审计单位的业主或管理层由于其特殊位置，容易凌驾于控制之上或者导致其他人凌驾于控制之上。因为财务报告编制与披露过程发生在期间结束至财务报表发布，所以为业主或管理层凌驾于控制之上提供了更大的机会，业主或管理层的判断可能通过最终调整的编制和过账渗透到整个财务报表。如果注册会计师已经识别出可能由于舞弊导致重大错报风险，那么应考虑可能对财务报告编制与披露的影响，尤其是否存在业主或管理层凌驾于已识别的与财务报告编制与披露相关的控制之上的更高层次的风险。业主或管理层凌驾于控制之上的风险越大，注册会计师对被审计单位的财务报告编制与披露的了解就应更为详细，以恰当应对那些风险。

2. 注册会计师从以往审计中获得的对被审计单位的经验和认识，包括在审计中发现错报的数量和性质。

例如，在上期审计过程中注册会计师发现了许多管理层调整的错报，当期注册会计师应询问管理层为了防止这些错报再次发生而实施了哪些改进措施，并测试这些改进措施是否充分。如果管理层没有对财务报告编制与披露作出充分的改进措施以防止错报再次发生，注册会计师则需要设计合理的程序以识别和估计错报对财务报表的影响。

描述与财务报告编制与披露相关的控制（注）	实施的程序	评价控制的设计和执行	索引号

注：小型被审计单位与财务报告编制与披露相关的控制可能不如较大型被审计单位复杂，注册会计师可以考虑从以下方面了解和评价与财务报告编制与披露相关的控制：

（1）定期复核会计政策、会计估计的合理性，会计政策和会计估计的变更均经过适当的审批；

（2）会计科目的增加、减少和变更均经过适当的审批；

（3）对新业务、特殊合同、大额、异常或偶发交易的会计处理经过适当的审批；

（4）重大的会计估计、调整分录经过特别审批；

（5）财务报表决算过程相关的控制，例如：

- 会计凭证的编制、审核权限分离，所有的会计凭证必须经过审核（包括标准和非标准的记账分录），经审核的会计凭证方能够完整准确地过入明细账；
- 每期末及时按照规定的结账标准程序结账并复核，以保证财务数据的完整准确（结账标准程序至少应包括在计算机财务系统中启动结账程序后，核对总账和明细账，生成试算平衡表，试算平衡表无误后才能关账）；
- 财务报表以计算机财务系统的总账金额为依据生成并经财务部门负责人复核并签字。对于合并财务报表，财务部门负责人还需要复核各子公司财务报表、合并工作底稿、合并抵消分录、内部交易对账单等资料；
- 财务部门负责人复核最终编制完成的合并财务报表并签字；

（6）财务报表附注的编制经财务部门负责人复核与审批；

（7）董事会审议批准最终的财务报告，并在财务报告上签字。

四、对控制的监督

描述与对控制的监督相关的控制（注）	实施的程序	评价控制的设计和执行	索引号

注：小型被审计单位通常没有正式的持续的监督活动，且持续的监督活动与日常管理工作难以明确区分，管理层对控制的监督经常通过管理层或业主兼经理对经营活动的密切参与来实现。通过密切参与经营活动，可以识别出与预期不同的重大差异和不准确的财务数据，从而可以对控制采取补救措施。注册会计师需要考虑业主（管理层）对经营活动的密切参与能否有效实现其对控制的监督目标。可考虑从以下方面与业主（管理层）进行讨论：

- 对控制运行情况的监控；
- 如何及时纠正控制运行中的偏差；
- 使用从外部取得的、显示需要改进的问题或重点领域的信息，包括顾客的投诉、来自金融机构、监管机构的意见、外部注册会计师和咨询人员就内部控制所沟通的信息。

……

了解和评价业务流程层面内部控制

被审计单位：		索　引　号：	2220
项　　目：	了解和评价业务流程层面内部控制	截止日/期间：	
编　　制：		复　　核：	
日　　期：		日　　期：	

编制说明：

1. 在了解和评价控制的设计并确定其是否得到执行时，注册会计师应当使用询问、观察和检查以及穿行测试等程序，并记录所获取的信息和审计证据来源。

2. 如果使用以前审计获取的信息，注册会计师应当考虑被审计单位的相关控制自上次测试后是否发生重大变化。

3. 注册会计师应当采用文字叙述、问卷、调查表和流程图等方式，记录被审计单位重要业务流程的控制。流程的记录应涵盖业务流程的整个过程。

一、了解业务流程层面内部控制实施的程序

注册会计师需要对被审计单位整体层面内部控制中控制环境、风险评估过程、信息系统与沟通和对控制的监督进行了解和评价。如果认为被审计单位的内部控制薄弱，不拟依赖内部控制和测试控制运行有效性而计划直接实施实质性程序，则注册会计师至少需要了解被审计单位以下与审计相关的控制活动并进行记录，以作为实施实质性程序的基础。了解和记录的控制活动内容包括但不限于：

1. 重要业务流程。
2. 重要业务流程中与财务报告相关的业务流程。
3. 重要业务流程的内部操作规程（如有），重点关注业务流程内的单据流转过程。
4. 对计算机程序和数据文档的保管和控制。
5. 重要业务流程中的职责分工和审批权限设置（包括对非常规交易的审批）。
6. 对收入记录完整性的控制活动。

……

注：对于仅实施实质性程序不能够获取认定层次充分、适当的审计证据的，注册会计师需要了解相关的控制活动，设计和实施足够的审计程序以获取充分、适当的审计证据。

注册会计师如果拟信赖被审计单位的内部控制，除了对被审计单位的上述控制活动进行了解并记录外，还需要对被审计单位业务流程层面的内部控制进行详细的了解和记录。

1. 了解并记录被审计单位的各业务流程。

2. 根据对各业务流程的了解，确定可能发生错报的环节，识别与审计相关的内部控制，记录相关控制活动，以及受该控制活动影响的交易类别、账户余额和披露及其认定。

3. 执行穿行测试程序，证实对业务流程和相关控制活动的了解，并确定相关控制是否得到执行。

续表

4. 记录在了解和评价各流程的控制设计和执行过程中识别的风险以及拟采取的应对措施。 5. 通过本程序表识别出的内部控制缺陷和相关的风险，应汇总至风险评估结果和内部控制缺陷汇总表2500，进而体现于审计计划工作底稿2600和2620“对重要交易、账户余额和披露采取的进一步审计程序方案（计划矩阵）”。如果注册会计师根据了解和评价业务流程层面内部控制过程中获得的信息以及向被审计单位提供其他服务所获得的经验，并结合工作底稿2320考虑舞弊风险因素，认为被审计单位可能存在舞弊导致的财务报表重大错报风险，则应将该风险汇总至舞弊风险评估工作底稿2300和2330。 ……

二、重要业务流程

1. 业务流程：采购与付款

编制说明：

重要业务流程因被审计单位具体情况的不同而各异。对一般小型制造业企业而言，采购与付款、销售与收款、仓储与生产、货币资金、费用和工薪与人事通常是重要业务流程。

本审计工作底稿提供的示例，系以采购业务较为单一的小型制造业企业为例，并进行适当简化，仅为说明业务流程和控制活动的记录内容。在执行财务报表审计业务时，注册会计师应运用职业判断，结合被审计单位的实际情况进行适当修改，不可一概照搬。

在描述各重要业务流程时，内容应当涵盖业务流程的整个过程，包括：(1) 在信息技术和人工系统中，对交易生成、记录、处理和报告的程序；(2) 与交易生成、记录、处理和报告有关的会计记录、支持性信息和财务报表中的特定项目。此处以采购与付款为例演示如何描述业务流程。

本流程涉及其他审计工作底稿记录的内容均以下述示例为依据进行填写，并非对所有可能出现的情况的全面描述。

本示例采用文字叙述方式记录所了解的业务流程，注册会计师也可以采用其他方式，例如，采用问卷、调查表和流程图等方式进行记录。

在业务流程描述的基础上，确定可能发生错报的环节，以识别与审计相关的内部控制。注册会计师需要对被审计单位可能发生错报的环节是否设置了控制进而应对每个相关认定的错报风险形成结论，因此注册会计师需要选择对形成这一评价结论具有重要影响的控制进行测试。实务中，针对一项可能发生错报的环节可能设置多项控制进而应对相关认定的错报风险，反之针对多项可能发生错报的环节也可能设置一项控制进而应对多项相关认定的错报风险。注册会计师没有必要识别和测试与某项相关认定有关的所有控制。本示例列举了一些控制活动，供提示用，并未涵盖所有关键控制。在实务操作时，注册会计师应当根据审计准则的规定，结合被审计单位的具体情况，填列被审计单位设计和实施的具体控制。

业务流程描述	可能发生错报的环节	主要控制活动
[例： 1. 采购人员×××，根据生产部门提交的采购申请单编制采购订单，报总经理×××审批，对采购订单连续编号后向供应商发出，与供应商签订采购合同后将采购订单分送仓储人员×××及质检人员×××。 2. 收货时，仓储人员×××根据采购订单核对货品内容、数量一致后，在多联式验收入库单“仓储人员签字栏”签字确认后，转质检人员×××。质检人员×××根据检验的结果，确认质量合格后，在验收入库单“质检人员签字栏”签字确认后返还仓储人员和采购人员。验收入库单连续编号。 3. 收到采购发票后，采购人员将采购订单、采购合同（或复印件）、验收入库单和采购发票交给财务部门。财务人员核对上述单证的货物内容、数量、单价、金额、供应商名称等信息是否一致。如果核对一致，编制记账凭证（借：原材料等/应交税费　贷：应付账款），经主管会计×××复核后记入明细账。如果不一致，财务人员×××通知采购人员×××，并与其共同调查该事项。如果采购人员×××认为差异可以合理解释，在发票上注明原因并签字后交财务部门，经主管会计×××批准后由财务人员×××编制记账凭证。 4. 采购人员×××填列付款申请单，经财务人员×××核对后报总经理×××审批。出纳人员×××根据批准的付款申请单付款。付款后财务人员×××编制记账凭证（借：应付账款　贷：银行存款），并附相关单证交主管会计×××复核后在相关单证上加盖“付讫”印戳，出纳人员×××根据经复核的付款凭证及时登记银行日记账。 5. 月末之前，采购部门应将收到的所有采购发票及相关单证交财务部门，按照上述流程进行账务处理。 6. 月末，财务人员×××会同采购人员×××与供应商对账。如果存在差异，查明原因，经主管会计×××批准后调整账务。 7. 总经理每季度末复核实际采购成本与预算金额并分析差异。]	采购付款过程中的申请、审批、验收、保管、付款、会计处理职责不分离。	采购的申请与审批、采购合同的订立与审批、采购与验收、实物资产的保管与会计记录、付款审批与执行等职务相分离。
	采购交易是虚构的。	采购交易从采购申请单开始，采购订单与采购申请单一致，并经适当人员审批后签订采购合同。
	实际收到的货物的数量和价格与采购订单不一致。	仓储部门收到货物后根据采购订单核对数量和内容并在验收入库单上签字确认，并经质检人员质量检验合格后在验收入库单上签字确认后入库。
	采购并入库的货物没有进行会计处理。	财务人员核对采购订单、采购合同、验收入库单和采购发票一致后编制记账凭证，并经适当人员复核。
		验收入库单连续编号。
	当月的采购交易不能及时入账核算。	月末之前，采购部门将当月收到的所有采购发票及相关单证交财务部门进行相关处理。
	付款未经适当人员审核批准，未进行会计处理。	付款申请单经财务部门核对并经适当人员批准后，出纳方能支付货款，付款后财务人员进行账务处理，并经适当人员复核。

2. 业务流程：销售与收款

3. 业务流程：仓储与生产

4. 业务流程：货币资金

5. 业务流程：费用

6. 业务流程：工薪与人事

……

三、评价业务流程层面内部控制设计和执行情况

编制说明：

1. 注册会计师应当了解与审计相关的控制活动。与审计相关的控制活动，是注册会计师为评估认定层次重大错报风险并设计进一步审计程序应对评估的风险而认为有必要了解的控制活动。

[注：注册会计师在识别与审计相关的控制活动时，需要考虑：(1) 如果某特定风险已经通过内部控制的其他要素（例如控制环境、信息系统等）解决，则没有必要识别可能存在的其他控制；(2) 如果存在为了实现同一目标设置多重控制的情况，没有必要了解与该目标相关的每一控制活动；(3) 如果仅通过实质性程序无法提供认定层次充分、适当的审计证据，则需要识别相关的控制活动，进而考虑测试控制运行有效性。]

2. 本审计工作底稿中列示的控制活动从“2220 描述重要业务流程的控制”底稿中所识别的主要控制活动过入。

3. 本审计工作底稿中列示的控制活动，仅为说明有关表格的使用方法，并仅针对2220中的示例所设计，并非对所有可能存在错报的领域以及受该领域影响的交易、账户余额和披露及其认定和控制活动的全面列示。在执行财务报表审计业务时，注册会计师并非需要对本工作底稿中列示的所有控制活动进行了解和测试，而是应运用职业判断，结合被审计单位的实际情况选择与审

计相关的控制活动。同样，本工作底稿中列示的控制活动并没有全部涵盖注册会计师应当了解和测试的控制活动，被审计单位可能采用其他的控制活动，注册会计师应根据被审计单位实际情况进行填写。

4. 本审计工作底稿用以记录各流程中涉及的重要交易、账户余额和披露及其认定以及被审计单位的控制活动。其中，对“受影响的相关交易、账户余额和披露及其认定”一栏，注册会计师应根据被审计单位的实际情况分析填写。

5. 评价控制设计是否有效是考虑一项控制单独或连同其他控制是否能够有效防止或发现并纠正重大错报。

6. 控制是否得到执行是指某项控制经过穿行测试后对控制是否存在且被审计单位正在使用所得出的结论。

7. 初步评价控制风险。注册会计师通常在了解了重大业务流程、可能发生错报的环节和相关的控制活动以及实施穿行测试后，在实施控制测试之前，对控制风险进行初步评价。也就是说，注册会计师的初步控制风险评价是在控制设计是否有效和确定控制是否执行的基础上进行的。注册会计师可以将与每个认定相关的控制风险初步评价为“依赖控制”或“不依赖控制”。由于该评价是初步的，因此可能根据控制测试的结果而更改。对控制风险的初步评价结果也将过入审计计划工作底稿2620“对重要交易、账户余额和披露采取的进一步审计程序方案（计划矩阵）”。

8. 对“是否测试控制运行有效性”一栏，应根据审计计划予以填写，并非所有识别出的与审计相关的控制活动均需执行控制活动运行有效性测试。如果某项控制设计不合理或虽然设计合理但未得到执行，注册会计师将控制风险初步评价为“不依赖控制”并不拟测试该控制活动运行的有效性，则应在“是否测试控制运行有效性”一栏中填写“否”，并注明理由。即使某项控制设计合理且得到执行，注册会计师仍可能出于成本效益的原则，不进行控制测试。对于在本审计工作底稿的“是否测试控制运行有效性”一栏中填写“是”的控制活动，将在审计工作底稿3000和3100中予以测试。

［注：在确定哪些控制活动应在进一步的审计程序中测试其运行有效性时，一般的原则是不测试那些可能证明无效的控制。如果下列任何一个因素是重大的，那么不测试控制运行有效性而直接实施实质性程序可能更加有效：（1）出错的历史；（2）交易的数量或性质的变化；（3）依赖的整体层面的控制薄弱；（4）业主或管理层可以或已经逾越控制；（5）控制经常未运行；（6）人员的变化或执行控制的人员的专业胜任能力；（7）控制中有很多易于出错的人工成分；（8）控制的运行较复杂并且涉及重大判断。］

9. 如果注册会计师拟信赖以前审计获取的某些控制活动运行有效性的审计证据，应当通过实施询问并结合观察或者检查程序，获取该控制是否已发生变化的审计证据，并予以记录。如果本期不再对该项控制活动实施控制测试，则应在“是否测试控制运行有效性”一栏中填写“否”，并注明理由。

10. 本审计工作底稿以采购与付款业务流程为例，说明评价业务流程层面内部控制设计和执行情况的记录内容，其他业务流程的工作底稿格式参照本底稿。

评价业务流程层面内部控制设计和执行情况——采购与付款

序号	主要控制活动	受影响的相关交易、账户余额和披露及其认定	控制设计是否有效（是否能够降低相关的风险）（是/否）	控制是否得到执行		初步评价控制风险（依赖/不依赖）	是否测试控制运行有效性（是/否）
				是/否/不适用	索引号		
1	采购的申请与审批、采购合同的订立与审批、采购与验收、实物资产的保管与会计记录、付款审批与执行等职务相分离。	存货：存在、完整性、权利和义务、计价和分摊 应付账款：存在、完整性、权利和义务、计价和分摊。			2221 －1		
2	采购交易从采购申请单开始，采购订单与采购申请单一致，并经适当人员审批后签订采购合同。	应付账款：存在。					
3	仓储部门收到货物后根据采购订单核对数量和内容并在验收入库单上签字确认，并经质检人员质量检验合格后在验收入库单上签字确认后入库。	存货：存在、计价和分摊 应付账款：计价和分摊。					
4	财务人员核对采购订单、采购合同、验收入库单和采购发票一致后编制记账凭证，并经适当人员复核。	应付账款：存在、权力和义务、计价和分摊。					
5	验收入库单连续编号。	应付账款：完整性。					
6	月末之前，采购部门将当月收到的所有采购发票及相关单证交财务部门进行相关处理。	存货：截止 应付账款：截止。					
7	付款申请单经财务部门核对并经适当人员批准后，出纳人员方能支付货款，付款后财务人员进行账务处理，并经适当人员复核。	应付账款：存在、完整性、计价和分摊。					
	……						

确定控制是否得到执行（穿行测试表）

被审计单位：________	索　引　号：2221－1
项　　　目：确定控制是否得到执行（穿行测试表）	截止日/期间：________
编　　　制：________	复　　　核：________
日　　　期：________	日　　　期：________

编制说明：

1. 注册会计师通常通过询问、观察、检查以及穿行测试来获取有关内部控制设计和执行的审计证据，并记录测试过程和结论，在穿行测试过程中注册会计师可以保留与所测试的控制活动相关的文件或记录的复印件，并与审计工作底稿进行索引。

2. 本审计工作底稿仅针对2220中的示例设计，仅为说明注册会计师确定控制是否得到执行时应当记录的内容。在执行财务报表审计业务时，注册会计师应运用职业判断，结合被审计单位的实际情况设计和实施应当执行的程序。

3. 如果拟测试控制的运行有效性，执行穿行测试的项目也可以作为控制测试的测试项目之一。

测试的业务流程：采购与付款

序号	主要控制活动	检查的证据及测试内容	测试结果	工作底稿索引
1	采购的申请与审批、采购合同的订立与审批、采购与验收、实物资产的保管与会计记录、付款审批与执行等职务相分离。	详见以下内容。		
2	采购交易从采购申请单开始，采购订单与采购申请单一致，并经适当人员审批后签订采购合同。	采购申请单编号#（日期）及内容； 采购申请单是否得到适当审批（是/否）； 采购订单编号； 采购订单是否与采购申请单一致并得到适当审批（是/否）； 采购合同编号#（日期）。		

续表

序号	主要控制活动	检查的证据及测试内容	测试结果	工作底稿索引
3	仓储部门收到货物后根据采购订单核对数量和内容并在验收入库单上签字确认，并经质检人员质量检验合格后在验收入库单上签字确认后入库。	验收入库单编号#（日期）； 验收入库单是否经过仓储人员和质检人员签字（是/否）； 采购发票与采购订单、采购合同验收入库单是否相符（是/否）； 记账凭证编号#（日期）； 记账凭证是否经适当人员复核签字（是/否）； 是否记入应付账款明细账贷方（是/否）。		
4	财务人员核对采购订单、采购合同、验收入库单和采购发票一致后编制记账凭证，并经适当人员复核。			
5	验收入库单连续编号。			
6	月末之前，采购部门将当月收到的所有采购发票及相关单证交财务部门进行相关处理。			
7	付款申请单经财务部门核对并经适当人员批准后，出纳人员方能支付货款，付款后财务人员进行账务处理，并经适当人员复核。	付款凭证编号#（日期）； 付款申请单是否得到适当的审批（是/否）； 相关单证上是否加盖“付讫”印戳（是/否）； 记账凭证是否经适当人员复核签字（是/否）； 是否记入应付账款明细账借方和银行日记账（是/否）。		

三、舞弊风险评估与应对

舞弊风险评估与应对

被审计单位：		索 引 号：	**2300**
项　　目：	舞弊风险评估与应对	截止日/期间：	
编　　制：		复　　核：	
日　　期：		日　　期：	

一、注册会计师的目标

1. 识别和评估由于舞弊导致的财务报表重大错报风险；

2. 针对评估的由于舞弊导致的重大错报风险，通过设计和实施恰当的应对措施，获取充分、适当的审计证据；

3. 恰当应对审计过程中识别出的舞弊或舞弊嫌疑。

二、舞弊风险的识别和评估程序

实施的程序	索引号	执行人
1. 就舞弊风险询问业主和管理层和其他人员。	2310	
2. 考虑舞弊风险因素，包括考虑： （1）与对财务信息作出虚假报告相关的舞弊风险因素； （2）与侵占资产相关的舞弊风险因素。	2320	
3. 实施分析程序并考虑其他因素。	2330	
4. 组织项目组讨论。	2400	

三、识别和评估的舞弊导致的重大错报风险汇总表

编制说明：

1. 在“识别的舞弊风险”栏中记录舞弊导致的重大错报风险。业主或管理层凌驾于控制之上属于注册会计师需要特别考虑的风险。注册会计师应假定被审计单位在收入确认方面存在舞弊风险，并考虑哪些收入类别以及与收入有关的交易或认定可能导致舞弊风险。

2. 在“受影响的账户余额或交易类别”栏中指出受舞弊风险影响的账户余额或交易类别。如果风险涉及特定的账户或交易，注明“认定层次”并在相关空白处记录识别出的账户和交易。如果风险是与财务报表广泛相关，注明“财务报表层次”。

3. 基于所实施的风险识别和评估程序，考虑被审计单位的舞弊防范程序或内部控制是否消除了特定的舞弊风险，或特定控制的缺陷是否加剧了风险。在“应对风险的控制”一栏中指出有助于应对风险的内部控制。考虑是否有必要将已识别的内部控制缺陷告知管理层和治理层。如果是，在备忘录中记录沟通要点。

4. 此处识别的舞弊导致的重大错报风险应当与审计工作底稿2500风险评估结果和内部控制缺陷汇总表交叉索引。

5. 如果没有假定收入确认方面存在舞弊风险，应说明原因。

识别的舞弊风险	受影响的账户余额或交易类别	风险是否重大	导致财务报表发生重大错报的可能性	应对风险的控制
业主或管理层凌驾于控制之上				
业主或管理层为减少纳税等目的而低估收入				
业主或管理层为减少纳税等目的而高估费用				
业主将私人费用在被审计单位列支				
存在账外资产				
……				

如果上述识别的舞弊风险中没有假定收入确认方面存在舞弊风险，在此说明原因。

四、应对舞弊导致的重大错报风险

1. 财务报表层次舞弊风险的总体应对措施

（1）人员的适当分派和督导：______________________

（2）考虑被审计单位采用的会计政策：______________________

（3）选择被审计单位无法预见或了解的进一步审计程序：______________________

2. 各类交易、账户余额、披露的认定层次舞弊风险应对措施

针对舞弊导致的各类交易、账户余额、披露的认定层次的重大错报风险实施的审计程序详见审计工作底稿2500风险评估结果和内部控制缺陷汇总表和审计计划工作底稿2600。

3. 应对管理层凌驾于控制之上的风险

审计程序	执行的措施或考虑的事项	执行的结果	索引号
测试日常会计核算过程中作出的分录以及编制财务报表作出的调整分录是否适当	了解、评价被审计单位的财务报告过程、被审计单位对日常会计分录及财务报表编制过程中的调整分录的控制。		
	询问被审计单位内部参与财务报告过程的人员是否注意到在编制会计分录或调整分录时存在不恰当或异常活动。		
	确定测试的时间。选择在报告期末测试会计分录和其他调整。		
	选择拟测试的会计分录或调整分录。考虑是否有必要测试整个会计期间的特定类别的会计分录和其他调整。		

续表

审计程序	执行的措施或考虑的事项	执行的结果	索引号
复核会计估计是否存在偏向，并评价产生这种偏向的环境是否表明存在由于舞弊导致的重大错报风险	从财务报表整体上考虑管理层作出的某项会计估计是否反映出管理层的某种偏向，是否与注册会计师所获取审计证据表明的最佳估计存在重大差异。如果存在偏向，注册会计师应当从整体上重新评价会计估计。		
	复核管理层在以前年度财务报表中作出的重大会计估计及其依据的假设。		
对于显得异常的重大交易，了解其商业理由	交易的形式是否过于复杂。		
	治理层/管理层是否就此类交易的性质和会计处理进行沟通，管理层是否更强调特定的会计处理方法。		
	交易是否涉及以往未识别的关联方，或不具备实质性交易基础或独立财务能力的第三方。 [例：小型企业的管理层经常利用非常规交易分录从事舞弊。通常，高于设定金额的非常规分录必须提供解释和经理的签字表明批准是一项有效的控制。]		
……			

五、与管理层、治理层和监管机构的沟通

记录注册会计师与管理层、治理层、监管机构或其他相关各方就舞弊事项进行沟通的情况。

舞弊风险评估询问记录

被审计单位：	索　引　号：2310
项　　　目：舞弊风险评估询问记录	截止日/期间：
编　　　制：	复　　　核：
日　　　期：	日　　　期：

询问内容	被询问者	询问时间	询问结果
向业主兼经理或管理层询问： 1. 对舞弊导致的财务报表重大错报风险的评估，包括评估的性质、范围和频率等； 2. 对舞弊风险的识别和应对过程，包括识别出的或注意到的特定舞弊风险，或可能存在舞弊风险的各类交易、账户余额或披露； [注：注册会计师应特别关注为识别舞弊行为或预防发生舞弊而设计的控制措施。] 3. 就其对舞弊风险的识别和应对过程与治理层沟通的情况； 4. 就其经营理念及道德观念与员工沟通的情况； 5. 是否知悉任何舞弊事实、舞弊嫌疑或舞弊指控。 ……			
向治理层询问： 1. 如何监督管理层对舞弊风险的识别和应对过程以及为降低舞弊风险而建立的内部控制； 2. 是否知悉任何舞弊事实、舞弊嫌疑或舞弊指控。 ……			
向内部审计人员询问： 1. 对舞弊风险的认识； 2. 在本期是否实施了用以发现舞弊的程序； 3. 管理层对通过内部审计程序发现的舞弊是否采取了适当的应对措施； 4. 是否知悉任何舞弊事实、舞弊嫌疑或舞弊指控。 ……			
向内部其他人员询问： 是否知悉任何舞弊事实、舞弊嫌疑或舞弊指控。 [注：在小型企业审计中，提问不局限于业务经理和会计人员，可向被审计单位内部的其他人员，如销售经理、生产经理或其他员工等，询问趋势、异常事项、重大经营风险、内部控制的运行以及任何业主或管理层凌驾于控制之上的情况。] ……			

舞弊风险评估——考虑舞弊风险因素

被审计单位：		索 引 号：	2320
项　　目：	考虑舞弊风险因素	截止日/期间：	
编　　制：		复　　核：	
日　　期：		日　　期：	

提示：以下列示了注册会计师在各种不同情形下可能遇到的舞弊风险因素，以及注册会计师需要考虑的两种舞弊类型——编制虚假财务报告和侵占资产。对于每种舞弊类型，根据舞弊导致的重大错报发生时通常存在的三种情况，其风险因素被进一步分为三类：(1) 动机或压力；(2) 机会；(3) 态度或借口。尽管本工作底稿所列示的风险因素涵盖了多种情形，但它们只是一些举例，注册会计师可能识别出其他不同的风险因素。这些举例并非在所有情况下都相关，对于不同规模、不同所有权特征或情况的被审计单位而言，风险因素的重要性可能不同。此外，风险因素示例的列示顺序并不反映它们的相对重要性或发生频率。

一、与编制虚假财务报告导致的错报相关的舞弊风险因素

舞弊的动机	舞弊的机会	舞弊的借口	评估结果
考虑因素： 1. 偷逃或骗取税款； 2. 骗取外部资金； 3. 业主或管理层个人为被审计单位的债务提供了担保； 3. 牟取以财务业绩为基础的私人报酬最大化； 4. 掩盖侵占资产的事实； ……	考虑因素： 1. 高估或低估收入：被审计单位的业务形式使得收入确认更具灵活性； 2. 高估或低估成本、费用：生产工艺过程复杂，各环节成本核算需要较多的会计估计； 3. 业主或管理层能够控制或干涉财务报告过程或重大事项的会计处理方式； 4. 会计信息系统存在重大缺陷； 5. 管理层由一人或少数人掌控，缺乏共同决策或制衡机制； 6. 治理层的全部成员参与管理，只有一名业主主管被审计单位，其他人员不具有治理职能，不存在独立于管理层的监督； ……	考虑因素： 1. 业主或管理层传递了不适当的价值观或道德标准； 2. 业主或管理层存在通过不恰当方法降低盈利水平的逃税倾向； 3. 税负过重或高于同行业平均水平； 4. 小企业筹资困难，为了避免违反银行契约或满足第三方提出的销售目标； 5. 外部资金对被审计单位的发展或业务开展至关重要； 6. 业主混淆个人业务与公司业务； 7. 非财务主管的管理层过度干涉会计政策的选择或重大会计估计的作出； ……	

二、与侵占资产导致的错报相关的舞弊风险因素

舞弊的动机	舞弊的机会	舞弊的借口	评估结果
考虑因素： 1. 接触现金或其他易被侵占（通过盗窃）资产的员工个人负有债务； 2. 接触现金或其他易被侵占（通过盗窃）资产的员工已知或预期被裁员，或被审计单位的报酬、福利、晋升或奖惩措施与预期不符； ……	考虑因素： 1. 被审计单位的资产具有体积小、价值高、易于销售或不易识别所有权等特性； 2. 不相容职责没有完全分离； 3. 对业主或管理层的费用支出（如差旅费、业务招待费）的审查薄弱； 4. 对资产的记录不充分； 5. 对实物资产保管措施不充分； 6. 对客户或供应商的信息资料保管措施不充分，从而使员工有机会侵占被审计单位的信息资源； ……	考虑因素： 1. 业主或管理层传递了不适当的价值观或道德标准； 2. 忽视与侵占资产相关的内部控制，如凌驾于现有的控制之上或未对已知的内部控制缺陷采取适当的补救措施； 3. 被审计单位员工的行为表明其对被审计单位感到不满，或对被审计单位对待员工的态度感到不满； 4. 管理层认为从被审计单位获得的报酬与其承担的责任及经营规模不相称； 5. 业主混淆个人业务与公司业务； 6. 容忍小额盗窃资产的行为； ……	

舞弊风险评估——分析程序及其他考虑

被审计单位：______	索　引　号：2330
项　　目：分析程序及其他考虑	截止日/期间：______
编　　制：______	复　　核：______
日　　期：______	日　　期：______

1. 在实施分析程序以了解被审计单位及其环境时，是否存在表明舞弊导致的重大错报风险的异常关系或偏离预期的关系？

重大异常关系或偏离	可能导致舞弊的领域	风险因素说明	索引号
……			

此处用于分析的基础资料来源于用作风险评估程序的分析程序工作底稿，应与索引号2120工作底稿交叉索引。

2. 在业务承接或保持阶段、了解被审计单位及其环境过程中所获得的信息以及向被审计单位提供其他服务所获得的经验，是否表明被审计单位存在舞弊导致的重大错报风险？

了解的信息、经验	可能导致舞弊的领域	风险因素说明	索引号
……			

此处用于分析的基础资料来源于初步业务活动及了解被审计单位及其环境的审计工作底稿，应与索引号1100、2110、2210、2220等工作底稿交叉索引。

四、项目组讨论纪要——风险评估

被审计单位：		索 引 号：	2400
项 目：	项目组讨论纪要	期 间：	
编 制：		复 核：	
日 期：		日 期：	

会议日期：

会议地点：

参加人员：

讨论内容记录：

例如：

1. 被审计单位的总体情况和报告要求。
2. 对于连续审计业务，总结上年审计工作情况以识别重要问题。
3. 被审计单位及其环境的重大变化。
4. 财务报表容易发生错报的领域及发生错报的方式。
5. 重要审计事项和风险领域。
6. 由于舞弊导致财务报表重大错报的可能性：

（1）由于舞弊导致财务报表重大错报的领域及方式、管理层可能编制和隐瞒虚假财务报告的方式以及侵占资产的方式等；

（2）遇到哪些情形可能表明存在舞弊；

（3）已知悉的可能产生舞弊动机或压力、提供舞弊机会、营造舞弊行为合理化环境的外部和内部因素；

（4）已注意到的对被审计单位舞弊的指控；

（5）已注意到的管理层或员工在行为或生活方式上出现的异常或无法解释的变化；

（6）业主或管理层凌驾于控制之上的风险；

（7）可能表明管理层操纵利润的迹象以及管理层可能采取的导致虚假财务报告的操纵利润手段；

（8）管理层对接触现金或其他易被侵占资产的员工实施监督的情况；

（9）为应对舞弊导致财务报表重大错报可能性而选择的审计程序以及特定审计程序的有效性；

（10）如何在拟实施审计程序的性质、时间和范围中增加不可预见性。

……

注：许多小型被审计单位的审计工作全部由项目合伙人实施。在这种情况下，亲自计划审计工作的项目合伙人将负责考虑财务报表发生由于舞弊或错误导致的重大错报的可能性。在项目合伙人执行所有审计工作的情况下，审计工作底稿将不包括仅为告知或指导项目组成员，或为项目组中其他成员的复核工作提供证据的事项（如审计工作底稿中可能没有关于项目组讨论或督导事项的记录）。然而，由于审计工作底稿可能因监管或其他目的需由外部机构或人员进行复核，项目合伙人需要按照审计准则的要求编制能够使有经验的专业人士理解的审计工作底稿。

五、风险评估结果和内部控制缺陷汇总表

被审计单位：		索引号：	2500
项目：	风险评估结果和内部控制缺陷汇总表	截止日/期间：	
编制：		复核：	
日期：		日期：	

一、识别的重大错报风险汇总

风险编号	识别的重大错报风险	索引号	属于财务报表层次还是认定层次	是否属于特别风险	是否属于仅通过实质性程序无法应对的重大错报风险	受影响的交易类别、账户余额和披露认定

注：针对本审计工作底稿汇总的各类重大错报风险的应对措施体现于审计计划工作底稿2600中的“六、进一步的审计程序”。

二、识别的缺陷汇总

识别的缺陷	是否属于值得关注的内部控制缺陷*	是否需与被审计单位治理层和管理层沟通

*：表明存在值得关注的内部控制缺陷的情形可能包括：与管理层经济利益相关的重大交易没有得到治理层适当审查；识别出被审计单位内部控制未能防止的管理层舞弊（无论是否重大）；管理层未能对以前已经沟通的值得关注的内部控制缺陷采取适当的纠正措施；被审计单位内部缺乏通常应当建立的风险评估过程；管理层未能识别出注册会计师预期被审计单位的风险评估过程应当识别出的重大错报风险；缺乏针对识别出的特别风险的控制；注册会计师实施程序发现的、被审计单位的内部控制未能防止或发现并纠正的错报；重述以前公布的财务报表，以更正由于错误或舞弊导致的重大错报；管理层无力监督财务报表的编制等。

六、审计计划

被审计单位：	索　引　号：2600
项　　　目：审计计划	财务报表截止日/期间：
编　　　制：	复　　　核：
日　　　期：	日　　　期：

对于小型被审计单位的审计，制定总体审计策略没有必要经过复杂和费时的过程，其详略程度随被审计单位的规模、审计业务的复杂程度及项目组大小的不同而不同。例如，注册会计师可能基于工作底稿的复核结果，在上期审计完成阶段编制简要的备忘录，总结刚刚完成的审计中识别出的事项。如果注册会计师基于与业主兼经理的讨论在本期对备忘录进行更新，并且该备忘录涵盖《中国注册会计师审计准则第 1201 号——计划审计工作》第八条规定的事项，注册会计师就可以将该备忘录作为本期审计业务的总体审计策略。

在小型被审计单位的审计中，全部审计工作可能由一个很小的审计项目组执行，如由项目合伙人和一个审计项目组成员一起执行。在这种情况下，项目组成员之间更容易沟通和协调。

一、审计范围

报告要求	
适用的财务报告编制基础（包括是否需要将财务信息调整至按照其他财务报告编制基础编制）	
适用的审计准则	
特定行业的报告要求（如适用）	例如：某些行业监管机构要求提交的报告

二、审计业务时间安排

（一）报告时间安排

审计工作	时　间
1. 提交审计报告草稿	
2. 签署正式审计报告	
……	

（二）执行审计工作的时间安排

审计工作	时　间
1. 制定审计计划	
2. 项目组会议（包括预备会和总结会）	
3. 存货监盘	
……	

（三）沟通的时间安排

所需沟通	时　　间
与管理层的沟通	
与治理层的沟通	
……	

注：在某些小型被审计单位，可能由一个人承担治理责任，如在没有其他业主情况下的业主兼经理，或单独的一名受托人。

三、影响审计业务的重要因素

（一）重要性（索引号：2610）

重要性	
财务报表整体的重要性	
实际执行的重要性	
特定类别的交易、账户余额或披露的一个或多个重要性水平（如适用）	
特定类别的交易、账户余额或披露的实际执行的重要性（如适用）	
明显微小错报的临界值	

（二）识别重要的交易、账户余额和披露及其相关认定

重要交易、账户余额和披露	相关认定						
	存在/发生	完整性	权利和义务	准确性/计价和分摊	截止	分类	列报和披露

注：重要交易、账户余额和披露是指有可能包含重大错报的某一交易、账户余额和披露（也就是说，对财务报表总体而言，该交易、账户余额和披露是重大的），或与已识别的重大错报风险相关的交易、账户余额和披露。

（三）可能存在较高重大错报风险的领域（索引至第2500号工作底稿）

四、人员安排

（一）项目组成员的责任

姓名	职级	主要职责

注：1. 在分配职责时可以根据被审计单位的不同情况按报表项目划分，或按业务流程划分。

2. 当审计工作主要由一人完成，且涉及非常复杂或异常的事项时，咨询其他具备适当经验的注册会计师或注册会计师协会可能是恰当的。

（二）项目质量控制复核人员（如适用）

姓名	职级	主要职责

五、对专家或其他第三方工作的利用（如适用）

（一）对专家工作的利用（索引号：5010）

利用领域	专家	主要职责及工作范围	利用专家工作的原因	索引号

注：如果项目组计划利用专家的工作，则需要记录其工作的范围和涉及的主要财务报表项目等。另外，项目组还应按照相关审计准则的要求考虑并评估专家的胜任能力、专业素质和客观性。

（二）对被审计单位使用服务机构的考虑（如适用）

注：小型被审计单位可能使用代理记账服务，这些服务的范围从处理某些交易（如工资税金的支付）和维护会计记录到编制财务报表不等。

注册会计师应结合实际情况，考虑服务机构提供服务的性质、服务机构所处理交易的性质和重要性、服务机构与被审计单位活动之间的相互影响程度、被审计单位与服务机构关系的性质来确定是否需要了解与服务机构提供的服务相关的内部控制。

一般情况下，小型被审计单位使用代理记账服务时，服务机构提供的服务性质多数为作为被审计单位的代理机构，生成、记录或处理交易。当服务机构负责被审计单位交易的生成或初始记录、处理并对这些交易进行会计核算时，服务机构与被审计单位活动之间的相互影响程度较低。在这种情况下，被审计单位可能无法或不选择执行与这些交易相关的有效控制，而是依赖服务机构的控制。此时，注册会计师应当考虑是否对服务机构的相关控制进行了解。

六、进一步审计程序

（一）财务报表层次重大错报风险应对措施

财务报表层次重大错报风险	索引号	总体应对措施

（二）特别风险的应对措施

编制说明：

1. “特别风险”一栏填写源自经营风险的特别风险，或在审计过程中发现的并非由经营目标和经营风险导致的特别风险。

注：小型被审计单位的特别风险通常与重大的非常规交易、重大判断事项和舞弊有关。重大的非常规交易可能包括但不限于：不经常发生并且不受系统流程控制的交易；规模和性质异常的交易（例如收购另一企业）；需要管理层干预会计核算方法和数据处理；牵涉复杂的计算和会计原则。重大判断事项可能包括但不限于：涉及作出重大会计估计；会计原则有不同的解释（例如收入确认）；需要管理层作出的判断可能是主观的、复杂的或需要对未来事件的影响作出假设（例如对公允价值、容易很快过时的存货估价的判断等）。舞弊事项涉及的风险评估与应对详见审计工作底稿2300和2330。

如果识别出的特别风险能够对应到重要交易、账户余额和披露及其相关认定，注册会计师需要在相关流程中予以考虑。在判断哪些风险是特别风险时，注册会计师应当遵照《中国注册会计师审计准则第1211号——通过了解被审计单位及其环境识别和评估重大错报风险》第三十一条的规定。如果注册会计师认为存在特别风险，应当了解和评价被审计单位与该风险相应的内部控制。

2. “管理层应对或控制措施”一栏填写管理层认为有助于降低特别风险的控制以及注册会计师对此的评价。如果评价结果显示注册会计师不能依赖这些内部控制，应做相应调整。

3. “财务报表重要交易、账户余额和披露及相关认定”一栏填写受特别风险影响的财务报表项目和认定。

4. “审计措施”一栏填写应对特别风险的审计措施。

（三）认定层次重大错报风险的应对措施（索引号：2620）

认定层次重大错报风险应对措施体现在进一步审计程序中，详见第2620号工作底稿“对重要交易、账户余额和披露采取的进一步审计程序方案（计划矩阵）”。

项目	特别风险	是否由舞弊导致？如是，工作底稿索引号	管理层应对或控制措施	受影响的重要交易、账户余额和披露及相关认定	审计措施	向被审计单位报告的事项
举例	应收账款坏账准备的计提可能不足。	否	（1）总经理批准对新客户的赊销申请； （2）对超过一年未收回的账款由销售部门与客户签订还款协议，其条款须经总经理批准； （3）销售经理定期编制逾期应收账款还款协议签订及执行情况报告，并经总经理复核； （4）财务经理根据该报告并结合账龄分析报告，对有可能难以收回的应收账款计提坏账准备。	应收账款（相关认定：计价和分摊）	（1）与总经理讨论对新客户的信用调查和授信情况、应收账款的回收情况； （2）与财务经理讨论坏账准备的计提； （3）审阅账龄分析报告和还款协议签订及执行情况报告； （4）检查还款协议和账款收回情况。	无或详见与管理层或治理层沟通函。
	被审计单位购买了另一企业的资产，资产价值可能被高估。	否	（1）雇用独立的评估师对所获资产进行评估； （2）购买资产的对价由适当的管理层或业主审核批准； （3）应用适当的会计准则； （4）在财务报表中恰当地披露交易。	固定资产/存货等相关资产账户（相关认定：计价和分摊）	（1）与管理层讨论交易目的、背景和流程； （2）向管理层询问独立的评估师的选择及其工作方法； （3）检查评估师的评估报告，复核其所用评估方法，假设和源数据； （4）检查会计处理是否正确； （5）检查在财务报表中的披露。	无或详见与管理层或治理层沟通函。
	……					

重　要　性

被审计单位：		索　引　号：	2610
项　　　目：	重要性	财务报表截止日/期间：	
编　　　制：		复　　　核：	
日　　　期：		日　　　期：	

一、财务报表整体的重要性

（一）选择基准

选择基准时考虑的因素

在选择基准时，考虑的因素可能包括： 1. 财务报表要素（如资产、负债、所有者权益、收入和费用）； 2. 是否存在特定会计主体的财务报表使用者特别关注的项目（如为了评价财务业绩，使用者可能更关注利润、收入或净资产）； 3. 被审计单位的性质、所处的生命周期阶段以及所处行业和经济环境； 4. 被审计单位的所有权结构和融资方式（例如，如果被审计单位仅通过债务而非权益进行融资，财务报表使用者可能更关注资产及资产的索偿权，而非被审计单位的收益）； 5. 基准的相对波动性。

注：适当的基准取决于被审计单位的具体情况，包括各类报告收益（如税前利润、营业收入、毛利和费用总额）以及所有者权益或净资产。对于以营利为目的的实体，通常以经常性业务的税前利润作为基准。如果经常性业务的税前利润不稳定，选用其他基准可能更加合适，如毛利或营业收入。如果小型被审计单位由所有者管理，所有者以薪酬的形式拿走了大部分的税前利润，其经常性业务的税前利润可能一直很低，在这种情况下，将扣除薪酬和税金之前的利润作为选定的基准可能更加相关。

（二）确定经验百分比

注：为选定的基准确定百分比需要运用职业判断。百分比和选定的基准之间存在一定的联系，如经常性业务的税前利润对应的百分比通常比营业收入对应的百分比要高。对以营利为目的的制造行业实体，经常性业务的税前利润的5%通常是适当的；而对非营利组织，总收入或费用总额的1%通常是适当的。百分比无论是高一些还是低一些，只要符合具体情况，都是适当的。

（三）确定重要性

基准（金额）	
百分比（%）	
重要性金额（适当取整）	

二、实际执行的重要性

财务报表整体的重要性	财务报表整体的实际执行的重要性金额	在确定重要性时考虑的因素
		考虑的因素可能包括： ● 对错报的预期 ● 客户承接/续接环节时的设计 ● 对企业和行业的总体了解 ● 与企业往来的历史情况 ● 对与项目相关的风险的评估 ● 观察企业控制环境的结果及其对财务报表内部控制的影响 ……

注：确定实际执行的重要性并非简单机械的计算，需要注册会计师运用职业判断，并考虑上述因素的影响。一般情况下，设定的实际执行的重要性水平通常为财务报表整体重要性水平的50%—75%。

三、特定类别的交易、账户余额或披露的重要性水平

是否存在一个或多个特定类别的交易、账户余额或披露，其发生的错报金额虽然低于财务报表整体的重要性，但合理预期可能影响财务报表使用者依据财务报表作出的经济决策。		是/否
如是，完成以下内容：		
交易、账户余额或披露	较低的重要性	较低的实际执行的重要性
记录所考虑的因素		

四、明显微小错报的临界值

财务报表整体的重要性	明显微小错报的临界值	说明

注：当确定明显微小错报的临界值时，注册会计师需考虑的影响因素通常与上述“二、实际执行的重要性”中所述的考虑因素相同。一般情况下，设定的明显微小错报的临界值通常为财务报表整体重要性水平的3%—5%。

五、修改重要性

注册会计师应当就审计过程中意识到的，会导致我们确定一个不同于初步阶段财务报表整体的重要性水平金额的信息来考虑更新财务报表整体的重要性水平。例如，实际财务成果与最初确定财务报表整体的重要性时使用的预期财务成果相比存在很大差异，则需要修改财务报表整体的重要性。当修改了财务报表整体的重要性水平时，注册会计师还应重新计算实际执行的重要性和明显微小错报的临界值。

（一）修改财务报表整体的重要性

	最初确定的财务报表整体的重要性	修改后的财务报表整体的重要性	修改原因
基准			
百分比（%）			
重要性金额（适当取整）			

（二）修改财务报表整体的实际执行的重要性

最初确定的财务报表整体的实际执行的重要性	修改后的财务报表整体的实际执行的重要性	修改原因

（三）修改特定类别的交易、账户余额或披露的重要性

交易、账户余额或披露	最初确定的特定类别的交易、账户余额或披露的重要性	修改后的特定类别的交易、账户余额或披露的重要性	说明

（四）修改特定类别的交易、账户余额或披露的实际执行的重要性

交易、账户余额或披露	最初确定的特定类别的交易、账户余额或披露的实际执行的重要性	修改后的特定类别的交易、账户余额或披露的实际执行的重要性	说明

（五）修改明显微小错报的临界值

最初确定的明显微小错报的临界值	修改后的明显微小错报的临界值	说明

六、修改重要性对之前确定的进一步审计程序的性质、时间安排和范围的影响

对重要交易、账户余额和披露采取的进一步审计程序方案（计划矩阵）

被审计单位：		索 引 号：	2620
项 目：	对重要交易、账户余额和披露采取的进一步审计程序方案（计划矩阵）	截止日/期间：	
编 制：		复 核：	
日 期：		日 期：	

编制说明：

1. 本表列示针对识别出的重要交易、账户余额和披露的认定层次的固有风险和控制风险的初步评价结果以及进一步审计程序的总体应对方案。

2. 认定层次重大错报风险是固有风险和控制风险的组合。重大错报风险水平的确定需要注册会计师运用职业判断。下表列示了风险的各种组合对重大错报风险评估的影响，但它不能代替根据具体环境所作的职业判断。下表仅为重大错报风险评估提供参考，不具有强制性。

控制风险 / 固有风险	依赖控制	不依赖控制
低	低	低/中
高	中/高	高/最高

固有风险是在考虑相关的内部控制之前，某类交易、账户余额或披露的某一认定易于发生错报（该错报单独或连同其他错报可能是重大的）的可能性。通常情况下，如果某一财务报表项目超过财务报表整体重要性，那么该项目大多数认定的固有错报风险（在内部控制之前）会较高。特别风险是导致错报发生可能性较大、潜在错报程度较高的固有风险。在设计进一步审计程序时，特别风险需要予以特殊审计考虑。

控制风险是某类交易、账户余额或披露的某一认定发生错报，该错报单独或连同其他错报可能是重大的，但没有被内部控制及时防止或发现并纠正的可能性。在本指南中，控制风险的评估与确定进一步审计程序的策略结合在一起。对于预期运行有效的控制（注册会计师计划依赖该控制以减少实质性程序的范围）以及仅实施实质性程序不能够获取认定层次充分、适当的审计证据的重要交易、账户余额和披露，注册会计师应当考虑将控制风险初步评价为“依赖控制”，并对控制的运行有效性进行测试。当出现以下情况之一时，注册会计师可以将控制风险评价为“不依赖控制”：

- 在了解重要业务流程作出必要的了解之后：
  认为控制没有得到恰当设计或没有得到执行，决定不测试控制；
  认为控制测试没有效率，可以通过实质性程序获取充分、适当的审计证据。
- 在进行控制测试后，控制测试的结果或其他审计证据表明控制没有有效运行，需要修改重大错报风险评估结果。

3. 确定的重要交易、账户余额和披露，包括识别出存在重大错报风险的交易、账户余额和披露，以及本身具有重要性的交易、账户余额和披露。

4. 注册会计师需要根据对重要交易、账户余额和披露的相关认定的固有风险和控制风险的初步评价结果，确定拟实施的进一步审计程序。如果控制测试结果不支持控制风险的初步评价结果，注册会计师需要修改认定层次重大错报风险的评估结果并扩大实质性程序的范围。实施控制测试后，修改后的认定层次重大错报风险的评估结果记录于审计工作底稿3200。

重要交易、账户余额和披露	固有风险的评估结果							控制风险的初步评价结果							重大错报风险评估结果							了解控制索引号	进一步审计程序				
	相关认定							相关认定							相关认定								总体方案	控制测试	控制测试索引号	实质性程序	实质性程序索引号
	存在/发生	完整性	权利和义务	准确性/计价和分摊	截止	分类	列报和披露	存在/发生	完整性	权利和义务	准确性/计价和分摊	截止	分类	列报和披露	存在/发生	完整性	权利和义务	准确性/计价和分摊	截止	分类	列报和披露						

第三部分　进一步审计程序工作底稿

一、控制测试工作底稿

控制测试结果汇总表

被审计单位：		索引号：	3000
项目：	控制测试结果汇总表	截止日/期间：	
编制：		复核：	
日期：		日期：	

一、整体层面控制测试结果

在小型被审计单位，一些广泛的控制（例如控制环境）有助于应对相关认定的特定重大错报风险。在这种情况下，如果测试广泛的控制并发现其运行有效，就不需要测试与所涉及特定风险相关的其他控制（如控制活动）。例如，在小型被审计单位，业主兼经理积极参与经营管理的控制环境可能抵消由于缺乏职责分离导致的特定风险。由于某些控制活动由管理层执行，特定类型的控制活动可能变得并不相关。如果只有管理层拥有批准赊销、重大采购的权力，则可以对重要账户余额和交易实施有力控制，降低或消除实施更具体的控制活动的必要性。在该控制环境运行有效的前提下，不需要测试与职责分离相关的控制活动。

企业整体层面的控制测试通常比较主观（如评价诚信和道德价值观念或专业胜任能力），因此比业务流程层面的控制活动的测试更加难以记录，本审计工作底稿以针对与控制环境要素相关的“管理层对诚信和道德价值观念的沟通和落实”和与信息系统与沟通要素相关的“财务报告编制与披露”为例描述对整体层面内部控制的测试程序。本示例仅为说明如何记录内容，在执行财务报表审计业务时，注册会计师应结合被审计单位的实际情况进行适当修改，不可一概照搬。

编制说明：

1. “拟测试的控制”一列自索引2210“了解整体层面内部控制调查表”中所了解的整体层面的内部控制索引而来。

2. “测试程序”一列填列注册会计师拟采取的控制测试程序，包括观察正在执行的内部控制程序的运行情况、询问控制程序执行的方式和时间、检查控制程序已得到执行的证据和重新执行控制程序的运行过程（例如在信息系统中重新执行）等。

3. “控制运行是否有效”一列填列测试的结论。

控制要素	针对的风险	拟测试的控制	测试程序	测试数量	控制运行是否有效	索引号
控制环境	管理层没有强调对诚信和道德价值观的需求	管理层通过言谈举止不断表现出对高道德标准的重视，并通过与员工的日常沟通，不断强调遵循道德标准的需要。	观察管理层的语言和行动，并询问员工管理层的言行是否表现出对高道德标准的重视。			
		管理层消除或降低可能导致员工从事不诚实、或不道德行为的动机或诱惑，并编写了行为守则，列出期望的员工行为。	阅读该行为守则，检查其是否针对诚信和道德价值观问题。			
		管理层要求所有新进员工签署行为守则，声明其同意企业的基本价值观并且了解违背价值观的后果，并通过惩戒贯彻实施。	检查员工档案是否存在签字的行为守则，询问员工是否有实际践行道德价值观的证据，是否曾因违反价值观而受到惩戒。			
		员工清楚了解什么行为是可接受和不可接受的，知道当他们遇到不当行为时应该做什么。	询问员工是否知悉本企业的价值观文化和相关的企业政策。			
	……					
信息系统与沟通	财务报表决算过程不恰当	记账凭证的编制人员和复核人员职权分离。	询问和检查记账凭证编制人员和复核人员的权限设置。			
		非标准的记账分录由恰当的管理层复核。	检查非标准的记账分录是否经恰当的复核。			
		经复核的记账凭证方能过账。	在计算机财务系统中重新执行记账凭证的过账，测试其在没有复核的情况下能否过账； 抽查记账凭证是否经过复核。			

续表

控制要素	针对的风险	拟测试的控制	测试程序	测试数量	控制运行是否有效	索引号
信息系统与沟通	财务报表决算过程不恰当	启动结账程序后计算机财务系统自动将经审核的会计凭证完整准确地过入明细账，并自动生成总账和试算平衡表。	重新执行并测试会计凭证、明细账和总账应用程序之间进行完整和准确的信息传递的自动控制程序； 抽查记账凭证是否准确地记录于明细账； 抽查明细账各个明细合计金额是否与总账和试算平衡表一致。			
		试算平衡表无误后才能关账，并生成财务报表。	检查试算平衡表是否无误，是否与财务报表金额一致。			
		财务报表经恰当的管理层复核并签字。	检查财务报表是否经恰当的管理层签字。			
		各子公司财务报表、合并工作底稿、合并抵销分录、内部交易对账单等资料经财务部门负责人复核。	检查合并工作底稿等资料是否经恰当人员复核。			
		根据合并工作底稿的合并结果编制合并财务报表。	检查合并工作底稿的合并结果是否与合并财务报表一致。			
		合并财务报表经恰当的管理层复核并签字。	检查合并财务报表是否经恰当的管理层签字。			
	……					

二、业务流程层面控制测试结果

测试的业务流程：采购与付款

编制说明：

1. 当存在下列情形之一时，注册会计师应当设计和实施控制测试，针对相关控制运行的有效性获取充分、适当的审计证据：

（1）在评估认定层次重大错报风险时，预期控制的运行是有效的，控制风险的初步评价结果为“依赖控制”（即在确定实质性程序的性质、时间安排和范围时，注册会计师拟信赖控制运行的有效性）；

（2）仅实施实质性程序并不能够提供认定层次充分、适当的审计证据。

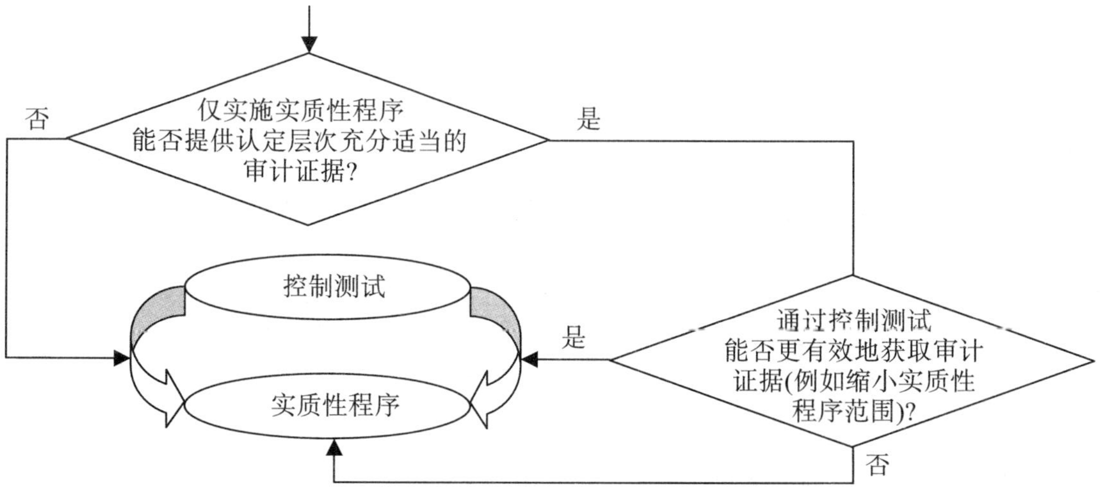

2. 本审计工作底稿的“控制活动”自索引2220而来，只有在2220中“是否测试控制运行有效性”一栏中填写“是”的情况下，才需要相应编制本审计工作底稿。

3. “控制测试程序”一列填列注册会计师拟采取的控制测试程序，包括询问、观察、检查和重新执行等。

4. “执行频率”一列填列拟测试的控制在所审计会计期间执行的次数，主要供确定控制测试样本量用。

5. “测试样本规模”一列填列根据执行频率因素等确定的测试数量。

6. “控制活动是否有效运行”一列填列通过索引3100控制运行有效性测试表进行测试的结论。

7. “控制测试结果是否支持控制风险初步评价结论”一栏，应根据控制测试得出的控制运行有效性结论分析填写。如果注册会计师对控制测试结果不满意，且该结果未能支持控制风险的初步评价结果，则需要对认定层次重大错报风险的评估结果进行修改，修改后的结果应记录于审计工作底稿3200。

8. 本审计工作底稿和3100号工作底稿记录的控制测试的程序及测试过程，系针对索引2220工作底稿中的示例设计，并非是对所有可能情况的全面列示。在执行财务报表审计业务时，注册会计师应运用职业判断，结合被审计单位的实际情况设计和执行控制测试。

序号	控制活动	控制测试程序	执行频率	测试样本规模	控制活动是否有效运行（是/否）	控制测试结果是否支持控制风险初步评价结论（支持/不支持）	索引号
1	采购的申请与审批、采购合同的订立与审批、采购与验收、实物资产的保管与会计记录、付款审批与执行等职务相分离。	检查所抽取的采购申请单、采购订单、采购合同、验收入库单、记账凭证等相关单据的签字是否符合职务分离政策。	每天数次				3100
2	采购交易从采购申请单开始，采购订单与采购申请单一致，并经适当人员审批后签订采购合同。	抽取采购交易记录，检查采购合同及采购订单是否得到适当审批，是否附有采购申请单并且内容与其一致。	每天数次				3100
3	仓储部门收到货物后根据采购订单核对数量和内容并在验收入库单上签字确认，并经质检人员质量检验合格后在验收入库单上签字确认后入库。	抽取验收入库单检查是否与采购订单一致，并检查是否经仓储人员和质检人员签字确认。	每天数次				3100
4	财务人员核对采购订单、采购合同、验收入库单和采购发票一致后编制记账凭证，并经适当人员复核。	抽取记账凭证，检查所附采购发票是否与采购订单、采购合同、验收入库单相符，记账凭证是否经适当人员复核签字。	每天数次				3100
5	验收入库单连续编号。	检查验收入库单是否连续编号。	每天数次				3100
6	月末之前，采购部门将当月收到的所有采购发票及相关单证交财务部门进行相关处理。	观察发票递交过程，检查采购发票及相关单证的日期，采购发票及相关单证是否在当月进行处理。	每月1次				3100
7	付款申请单经财务部门核对并经适当人员批准后，出纳人员方能支付货款，付款后财务人员进行账务处理，并经适当人员复核。	抽取付款凭证，检查所附付款申请单是否经由适当人员审批，相关单证是否加盖“付讫”印戳，记账凭证是否经适当人员复核签字。	每天数次				3100

控制运行有效性测试表

被审计单位：		索　引　号：	3100
项　　　目：	控制运行有效性测试表	截止日/期间：	
编　　　制：		复　　　核：	
日　　　期：		日　　　期：	

测试的业务流程：采购与付款

序号	控制测试程序	测试项目 1	测试项目 2	测试项目 3	测试项目 4	……	测试项目 25
1	检查所抽取的采购申请单、采购订单、采购合同、验收入库单、记账凭证等相关单据的签字是否符合职务分离政策。						
2	抽取采购交易记录，检查采购合同及采购订单是否得到适当审批，是否附有采购申请单并且内容与其一致。						
3	抽取验收入库单检查是否与采购订单一致，并检查是否经仓储人员签字确认。						
4	抽取记账凭证，检查所附采购发票是否与采购订单、采购合同、验收入库单相符，记账凭证是否经适当人员复核签字。						
5	检查验收入库单是否连续编号。						
6	观察发票递交过程，检查采购发票及相关单证的日期，采购发票及相关单证是否在当月进行处理。						
7	抽取付款凭证，检查所附付款申请单是否经由适当人员审批，相关单证是否加盖“付讫”印戳，记账凭证是否经适当人员复核签字。						

控制测试审计抽样

被审计单位：		索　引　号：	3110
项　　　目：	控制测试审计抽样	截止日/期间：	
编　　　制：		复　　　核：	
日　　　期：		日　　　期：	

说明：本审计工作底稿以采购与付款流程中涉及的“采购订单需经适当审批签字”这一控制活动的测试为例，说明控制测试抽样过程中应在审计工作底稿中记录的内容。

一、样本设计

1. 确定测试目标 拟测试的控制：　采购订单需经适当审批签字 测试目标：　确认在本期间内该项控制的运行是有效的 相关交易和账户与认定：　存货、应付账款、预付账款等账户的存在认定 初步评估的控制运行有效性：　有效 初步评估的重大错报风险水平：　低
2. 定义总体与抽样单元 总体：　20×2 年发生的所有采购 代表总体的实物：　20×2 年签订的所有采购订单 抽样单元：　每份采购订单
3. 定义偏差 采购订单上没有适当人员签字。
4. 确定样本规模 控制执行频率：　每天数次 总体规模：　500 样本规模[①]：　25

二、选取样本并实施审计程序

1. 选取样本 选样方法（随机数选样/系统选样/随意选样）：　系统选样 如果选择系统选样，则 计算选样间距（总体规模 ÷ 样本规模）：　20 确定样本起点（在 1 到选样间距之间选择）：　10 样本编号列表：10，30，50，70，90，110，130，150，170，190，210，230，250，271，290，……

① 确定样本规模参见附录。

续表

2. 实施审计程序 工作底稿索引号①： 3100 样本中发现控制偏差的数量： 1

三、评价样本结果

1. 分析控制偏差的原因和性质 原因：总经理无意中漏签。 性质（偶然偏差/系统偏差）：偶然偏差，不构成控制重大缺陷和舞弊
2. 得出总体结论 样本结果是否支持初步风险评估结果： 否 控制是否运行有效：无效 修正后的重大错报风险评估水平：中 是否需要增加样本规模：否 工作底稿索引号： 是否需要增加对相关账户的实质性程序： 是 工作底稿索引号：

附录：

人工控制最低样本规模表

控制执行频率	控制发生总次数	最低样本数量
1 次/年度	1 次	1
1 次/季度	4 次	2
1 次/月度	12 次	3
1 次/每周	52 次	5
1 次/每日	250 次	20
每日数次	大于 250 次	25

注：上表是在预计没有控制偏差的情况下对人工控制进行测试的最低样本数量。

在执行控制测试时，可容忍的偏差水平非常小，通常要求没有偏差或存在偏差极小。控制测试为控制是否有效运行提供证据，因此，当内部控制运行预期可靠时，才使用控制测试。上表是在预计没有控制偏差的情况下对人工控制进行测试的最低样本数量。例如，对全年共发生 500 次的采购批准控制，如果初步评估控制运行有效，注册会计师至少要测试 25 个样本。如果 25 个样本中没有发现偏差，样本结果支持初步风险评估结果。如果 25 个样本中发现了偏差，样本结果不支持初步风险评估结果，此时注册会计师可以得出控制运行无效的结论，或考虑扩大样本量。对于小型被审计单位，如果再次发现偏差的可能性较大时，那么继续实施控制测试的意义不大，

① 索引至控制测试工作底稿。

因为若发现另一偏差，样本规模不得不再次扩大，此时得出控制运行无效的结论，直接实施实质性程序可能更加有效。如果拟测试的控制是针对相关认定的唯一控制时，注册会计师应考虑更大的样本量。

有些控制可能执行次数很多，但不是每天都执行。例如，如果某公司实施一种按月执行的控制，该控制针对多个事项（某人每月对该公司的所有 50 个银行账户编制银行存款余额调节表）。在此情况下，首先把信息换算成对应的控制发生总次数，也就是 12 个月乘以 50 个即 600 个，然后从表格中选择对应的行。此时，600 个是大规模的抽样总体，应采用“每日数次”这一行来确定样本规模。

在确定被审计单位自动控制的测试范围时，如果支持其运行的信息技术一般控制有效，注册会计师测试一次应用程序控制便可能足以获得对控制有效运行的较高的保证水平。

重要交易、账户余额和披露的认定层次重大错报风险评估结果汇总表

被审计单位：________	索 引 号：3200
项　　目：认定层次重大错报风险评估结果汇总表	截止日/期间：________
编　　制：________	复　　核：________
日　　期：________	日　　期：________

编制说明：

本表用于在实施控制测试后，根据控制运行有效性的测试结果对重要交易、账户余额和披露的认定层次的控制风险进行修订，并对重大错报风险水平再次进行评估，将评估后的结果记录于本审计工作底稿，进而确定通过实质性程序获取的保证程度。

1. 重要交易、账户余额和披露的相关认定的固有风险评估结果，与审计计划工作底稿2620“对重要交易、账户余额和披露采取的进一步审计程序方案（计划矩阵）”交叉索引。

2. 对重要交易、账户余额和披露的相关认定的控制风险的评估结果，根据控制测试得出的“控制活动是否有效运行”的测试结果对审计计划工作底稿2620“对重要交易、账户余额和披露采取的进一步审计程序方案（计划矩阵）”中的控制风险初步评估结果进行修改。

3. 根据对固有风险和控制风险的评估结果，按照审计计划工作底稿2620中认定层次的重大错报风险评估方法对重大错报风险进行再次评估，并在本工作底稿中记录评估结果。

4. 根据对重大错报风险水平的重新评估结果，确定将从实质性程序获取的保证程度，并索引至实质性程序工作底稿。

5. 根据审计风险模型，在既定的审计风险水平下，可接受的检查风险水平与认定层次重大错报风险的评估结果呈反向关系。如果评估的某项认定重大错报风险水平为“高”，则该认定可接受的检查风险水平应当为“低”，因而需从实质性程序中获取的保证程度应当为“高”。反之亦然。

审计实务中，某项认定评估的重大错报风险水平与需从实质性程序中获取的保证程度之间的对应关系如下表所示：

评估的重大错报风险水平	需从实质性程序中获取的保证程度
最高	最高
高	高
中	中
低	低

二、实质性程序工作底稿

（一）资产类

1. 货币资金

货币资金实质性程序

被审计单位：	索　引　号：4101
项　　　目：货币资金实质性程序表	截　止　日：
编　　　制：	复　　　核：
日　　　期：	日　　　期：

一、需从实质性程序获取的保证程度

项　　目	财务报表认定				
	存在	完整性	权利和义　务	计价和分　摊	列报
1. 审计目标	A	B	C	D	E
2. 需从实质性程序获取的保证程度					

注："需从实质性程序获取的保证程度"取自审计工作底稿第3200"重要交易、账户余额和披露的认定层次重大错报风险评估结果汇总表"。

二、实质性程序

审计目标	可供选择的实质性程序	是否选择	索引号
D	1. 获取或编制货币资金（包括库存现金、银行存款、其他货币资金）余额明细表： （1）分别复核加计是否正确，并分别与总账金额、日记账合计数核对是否相符，合计数与财务报表核对是否相符； （2）检查非记账本位币的折算汇率及折算金额是否正确。		4101－2
ABCD	2. 实施库存现金监盘程序： （1）制定监盘计划，确定监盘时间； （2）将盘点金额与现金日记账余额进行核对。如有差异应提请被审计单位查明原因并作出调整； （3）在非资产负债表日进行盘点时，应调整至资产负债表日的金额； （4）若有充抵库存现金的借条、未提现支票、未作报销的原始凭证，需在盘点表中注明，如有必要应提请被审计单位作出调整； （5）特别应关注数家公司混用现金保险箱的情况。		4101－3

续表

审计目标	可供选择的实质性程序	是否选择	索引号
AC	3. 编制银行存单检查表，检查银行存单与账面记录的金额是否一致，是否被质押或限制使用，存单是否为被审计单位所拥有。 （1）对已质押的定期存款，检查定期存单复印件和质押合同，如用于质押借款，应关注相应的质押借款有无入账； （2）对未质押的定期存款，应检查开户证实书原件； （3）对审计外勤工作结束日前已提取的定期存款，应核对相应的兑付凭证、银行对账单和定期存款复印件。		4101－4
ABD	4. 获取并检查银行存款、其他货币资金的银行对账单及余额调节表： （1）获取资产负债表日的银行对账单，并与银行日记账余额核对，关注银行对账单账户名是否为被审计单位； （2）对于银行对账单余额与银行日记账余额存在差异的账户，应获取余额调节表，检查调节表中加计数是否正确以及调节项目是否合理，调节后银行日记账余额与银行对账单余额是否一致； （3）检查是否存在未入账的利息收入和利息支出； （4）检查是否存在其他跨期收支事项； （5）对异常的调节项目，确认是否表明存在舞弊。		4101－5 4101－6
B	5. 从主要银行账户中抽取__个月的银行对账单，检查银行对账单中的大额（金额在__元以上）款项是否已经记入银行日记账。		4101－7
ACD	6. 实施货币资金函证程序，如果有充分证据表明某一银行存款信息对财务报表不重要且与之相关的重大错报风险很低，可不对这些项目实施函证程序： （1）编制银行存款函证结果汇总表，检查银行回函； （2）调查不符事项，确定是否表明存在错报； （3）如果未回函，实施替代程序； （4）如果认为回函不可靠，评价对评估的重大错报风险以及其他审计程序的性质、时间安排和范围的影响； （5）如果管理层不允许寄发询证函： ①询问管理层不允许寄发询证函的原因，并就其原因的正当性及合理性收集审计证据； ②评价管理层不允许寄发询证函对评估的重大错报风险（包括舞弊风险）以及其他审计程序的性质、时间安排和范围的影响； ③实施替代审计程序，以获取相关、可靠的审计证据； ④如果认为管理层不允许寄发询证函的原因不合理，或实施替代程序无法获取相关、可靠的审计证据，应与管理层进行沟通，并确定其对审计工作和审计意见的影响。		4101－8 4101－9

续表

审计目标	可供选择的实质性程序	是否选择	索引号
CE	7. 关注是否存在质押、冻结等对变现有限制或存在境外的款项，如有，是否已做必要的调整和披露。		4101－2
E	8. 对不能随时用于支付的银行存款、其他货币资金在审计工作底稿中予以列明，以考虑对现金流量表的影响。		4101－2
AB	9. 检查货币资金（包括库存现金、银行存款、其他货币资金）收支的截止是否正确。选取资产负债表日前后适量样本（__张、__金额以上的凭证）实施截止测试，关注业务内容及对应项目。如有跨期收支事项，考虑提请被审计单位调整。		略
AD	10. 抽查大额货币资金（包括库存现金、银行存款、其他货币资金）收支的原始凭证： （1）检查原始凭证是否齐全、记账凭证与原始凭证是否相符、账务处理是否正确、是否记录于恰当的会计期间等内容； （2）检查是否存在非营业目的的大额货币资金转移，并核对相关账户的进账情况。如有与被审计单位生产经营无关的收支事项，应查明原因并作相应的记录。		略
	11. 针对评估的舞弊风险等因素增加的审计程序。例如： （1）对现金进行突击监盘； （2）从可能存在舞弊风险的银行账户（包括已注销的账户）对账单中选取重大收支金额，追查至被审计单位银行存款日记账，检查是否准确记录； （3）关注是否存在使用个人账户存储货币资金的情况。 ……		略
E	12. 检查货币资金是否按照小企业会计准则的规定恰当列报和披露。		略

货币资金审定表

被审计单位：________ 索引号：4101－1
项目：货币资金 截止日：________
编制：________ 复核：________
日期：________ 日期：________

项目名称	期末未审数	账项调整		重分类调整		期末审定数	上期末审定数	索引号
		借方	贷方	借方	贷方			
库存现金								
银行存款								
其他货币资金								
合　计								

审计结论：

货币资金明细表

被审计单位：＿＿＿＿　　索引号：4101－2
项目：货币资金　　截止日：＿＿＿＿
编制：＿＿＿＿　　复核：＿＿＿＿
日期：＿＿＿＿　　日期：＿＿＿＿

项目	账号	币种	期初数			期末数			备注
			原币金额	汇率	折合本位币	原币金额	汇率	折合本位币	
库存现金									
小　计	—	—				—	—		
银行存款									
小　计	—	—				—	—		
其他货币资金									
小　计	—	—				—	—		
合计	—	—				—	—		

注：对存在质押、冻结等变现有限制或存在境外的款项在“备注”中予以说明。对不能随时用于支付的银行存款、其他货币资金在“备注”中予以说明，并考虑对现金流量表的影响。

审计说明：

库存现金监盘表

被审计单位：		索 引 号：	4101－3
项　　目：	货币资金	截 止 日：	
编　　制：		复　　核：	
日　　期：		日　　期：	

检查盘点记录					
项目		项次	人民币	美元	某外币
上一日账面库存余额		①			
监盘日发生传票收入金额		②			
监盘日发生传票支出金额		③			
监盘日账面应有金额		④＝①＋②－③			
盘点实有库存现金数额		⑤			
监盘日应有与实有差异		⑥＝④－⑤			
差异原因分析	白条抵库				
调整至资产负债表日（报表日）	报表日至监盘日库存现金付出总额				
	报表日至监盘日库存现金收入总额				
	报表日库存现金应有余额				
	报表日账面汇率				
	报表日余额折合本位币金额				
本位币合计					

实有库存现金盘点记录						
面额	人民币		美元		某外币	
	张	金额	张	金额	张	金额
1000 元						
500 元						
100 元						
50 元						
20 元						
10 元						
5 元						
2 元						
1 元						
0.5 元						
0.2 元						
0.1 元						
合计						

出纳员：　　　　会计主管人员：　　　　监盘人：　　　　检查日期：

审计说明：

银行存单检查表

被审计单位：		索 引 号：	4101 -4
项　　目：	货币资金	截 止 日：	
编　　制：		复　　核：	
日　　期：		日　　期：	

开户银行	账号	币种	户名	存入日期	到期日	期末存单余额	期末账面余额	备注

注：备注栏可填写是否被用于质押担保情形，是否存在其他使用限制等情况。

审计说明：

银行存款（其他货币资金）余额调节表汇总

被审计单位：	索　引　号：4101 –5
项　　　目：货币资金	截　止　日：
编　　　制：	复　　　核：
日　　　期：	日　　　期：

开户行	账号	银行日记账余额（原币）	银行已收，企业未入账金额	银行已付，企业未入账金额	调整后银行日记账余额	银行对账单余额（原币）	企业已收，银行未入账金额	企业已付，银行未入账金额	调整后银行对账单余额	调整后是否相符
		①	②	③	④=①+②-③	⑤	⑥	⑦	⑧=⑤+⑥-⑦	

注：1. 若账面余额（原币数）与银行对账单金额不一致，应另行检查银行存款余额调节表（见 4101 –6）；
2. 银行存款、其他货币资金审计时均可使用该表。

审计说明：

对银行存款余额调节表的检查

被审计单位：		索引号：	4101－6
项目：	货币资金	截止日：	
编制：		复核：	
日期：		日期：	

开户银行：__________　银行账号：__________　币种：__________

序号	项目			金额	检查内容			是否需要提请被审计单位调整
					(1)	(2)	(3)	
A	银行对账单余额							
B	企业已收，银行尚未入账合计金额							
	企业收款日期	款项内容	凭证号					
其中1.								
……								
C	企业已付，银行尚未入账合计金额							
其中1.								
……								
D	调整后银行对账单余额（D＝A＋B－C）							
E	企业银行存款日记账余额							
F	银行已收，企业尚未入账合计金额							
其中1.								
……								
G	银行已付，企业尚未入账合计金额							
其中1.								
……								
H	调整后企业银行存款日记账余额（H＝E＋F－G）							
I	差异（I＝H－D）							
检查内容说明：（1）账务处理是否正确；（2）是否记录于恰当的会计期间；（3）……								

注：阴影部分由被审计单位编制，注册会计师对差异调节项目进行检查。

审计说明：

银行对账单大额款项入账情况检查表

被审计单位：	索 引 号：4101 –7
项 目：货币资金	截 止 日：
编 制：	复 核：
日 期：	日 期：

开户行	账号	交易日期	交易内容	金额	是否入账	未入账的原因

审计说明：

银行存款函证结果汇总表

被审计单位：	索　引　号：4101 –8
项　　　目：货币资金	截　止　日：
编　　　制：	复　　　核：
日　　　期：	日　　　期：

开户银行	账号	币种	函证情况						冻结、质押等事项说明	备注
			函证金额	函证日期	回函日期	回函金额	金额差异	询证函索引		

1. 没有实施函证的项目及理由

2. 对询证函保持控制的说明

3. 对以传真或电子邮件形式收到的回函的可靠性的考虑

审计说明：

索引号：4101－9

银行询证函

××银行：

本公司聘请的××会计师事务所正在对本公司20×2年度财务报表进行审计，按照中国注册会计师审计准则的要求，应当询证本公司与贵行相关的信息。下列信息出自本公司记录，如与贵行记录相符，请在本函下端“信息证明无误”处签章证明；如有不符，请在“信息不符”处列明不符项目及具体内容；如存在与本公司有关的未列入本函的其他主要信息，请在“信息不符”处列出其详细资料。回函请直接寄至××会计师事务所。

回函地址：　　　　　　　　　　　　　　　　邮编：

电话：　　　　　　　　　传真：　　　　　　联系人：

截至20×2年12月31日止，本公司银行存款、借款账户余额等列示如下：

1. 银行存款

账户名称	银行账号	币种	利率	余额	起止日期	是否被抵押或质押或其他使用限制	备注

除上述列示的银行存款外，本公司并无在贵行的其他存款。

注：“起止日期”一栏仅适用于定期存款，如为活期或保证金存款，可只填写“活期”或“保证金”字样。

2. 银行借款

账户名称	币种	本息余额	借款日期	还款日期	利率	借款条件	抵（质）押品/担保人	备注

除上述列示的银行借款外，本公司并无在贵行的其他借款。

注：此函仅函证截至资产负债表日本公司尚未归还的借款。

3. 截至函证日之前12个月内注销的账户

账户名称	银行账号	币种	注销账户日

除上述列示的账户外，本公司并无截至函证日之前12个月内在贵行注销的其他账户。

4. 委托存款

账户名称	银行账号	借款方	币种	利率	余额	存款起止日期	备注

除上述列示的委托存款外，本公司并无通过贵行办理的其他委托存款。

5. 委托贷款

账户名称	银行账号	资金使用方	币种	利率	余额	贷款起止日期	备注

除上述列示的委托贷款外，本公司并无通过贵行办理的其他委托贷款。

6. 担保

（1）本公司为其他单位提供的，以贵行为担保受益人的担保

被担保人	担保方式	担保金额	担保期限	担保事由	担保合同编号	被担保人与贵行就担保事项往来的内容（贷款等）	备注

除上述列示的担保外，本公司并无其他以贵行为担保受益人的担保。

注：如采用抵押或质押方式提供担保的，应在备注中说明抵押或质押物情况。

（2）贵行向本公司提供的担保

被担保人	担保方式	担保金额	担保期限	担保事由	担保合同编号	备注

除上述列示的担保外，本公司并无贵行提供的其他担保。

7. 本公司为出票人且由贵行承兑而尚未支付的银行承兑汇票

银行承兑汇票号码	票面金额	出票日	到期日

除上述列示的银行承兑汇票外，本公司并无由贵行承兑而尚未支付的其他银行承兑汇票。

8. 本公司向贵行已贴现而尚未到期的商业汇票

商业汇票号码	付款人名称	承兑人名称	票面金额	票面利率	出票日	到期日	贴现日	贴现率	贴现净额

除上述列示的商业汇票外，本公司并无向贵行已贴现而尚未到期的其他商业汇票。

9. 本公司为持票人且由贵行托收的商业汇票

商业汇票号码	承兑人名称	票面金额	出票日	到期日

除上述列示的商业汇票外，本公司并无由贵行托收的其他商业汇票。

10. 本公司为申请人、由贵行开具的未履行完毕的不可撤销信用证

信用证号码	受益人	信用证金额	到期日	未使用金额

除上述列示的不可撤销信用证外，本公司并无由贵行开具未履行完毕的其他不可撤销信用证。

11. 本公司与贵行之间未履行完毕的外汇买卖合约

类别	合约号码	买卖币种	未履行之合约买卖金额	汇率	交收日期
银行卖予公司					
公司卖予银行					

除上述列示的外汇买卖合约外，本公司并无与贵行未履行完毕的其他外汇买卖合约。

12. 本公司存放于贵行的有价证券或其他产权文件

有价证券或其他产权文件名称	产权文件编号	数量	金额

除上述列示的有价证券或其他产权文件外，本公司并无存放于贵行的其他有价证券或其他产权文件。

13. 其他重大事项

注：此项应填列注册会计师认为重大且应予函证的其他事项，如信托存款等，如无则应填写“不适用”。

（被审计单位盖章）
20×3 年×月×日

以下仅供被函证银行使用

结论：

1. 信息证明无误。 （银行盖章） 年　月　日 经办人：	2. 信息不符，请列明不符项目及具体内容（对于在本函前述第 1 项至第 13 项中漏列的其他重要信息，请列出详细资料）。 （银行盖章） 年　月　日 经办人：

2. 短期投资

短期投资实质性程序

被审计单位：＿＿＿＿＿＿	索　引　号：4102
项　　目：短期投资实质性程序表	截　止　日：＿＿＿＿＿＿
编　　制：＿＿＿＿＿＿	复　　核：＿＿＿＿＿＿
日　　期：＿＿＿＿＿＿	日　　期：＿＿＿＿＿＿

一、需从实质性程序获取的保证程度

项　　目	财务报表认定				
	存在	完整性	权利和义　务	计价和分　摊	列报
1. 审计目标	A	B	C	D	E
2. 需从实质性程序获取的保证程度					

注："需从实质性程序获取的保证程度"取自审计工作底稿第3200"重要交易、账户余额和披露的认定层次重大错报风险评估结果汇总表"。

二、实质性程序

审计目标	可供选择的实质性程序	是否选择	索引号
D	1. 获取或编制短期投资明细表： （1）复核加计正确，与报表数、总账数和明细账合计数核对是否相符； （2）检查非记账本位币短期投资的折算汇率及折算是否正确； （3）检查被审计单位对短期投资的分类是否正确，是否符合小企业会计准则的规定。		4102－2
ACD	2. 检查短期投资是否存在，账面金额是否正确： （1）获取或编制短期投资盘点表，监盘库存有价证券，并与相关账户余额进行核对。如有差异，应查明原因，必要时提请被审计单位调整； （2）获取股票、债券和基金账户对账单，与明细账余额核对，需要时，向证券公司等发函询证，关注期末资金账户余额会计处理是否正确； （3）如短期投资在审计工作日已售出或兑换，应追查至相关原始凭证，以确认其在资产负债表日存在； （4）对在外保管的有价证券，查阅有关保管的证明文件，需要时，向保管人函证。了解在外保管的短期投资实质上是否为委托理财。如是，则应详细记录，分析资金的安全性和可收回性，其会计处理是否正确。		4102－5 4102－3 4102－4 4102－6 4102－7

续表

审计目标	可供选择的实质性程序	是否选择	索引号
ABCD	3. 检查短期投资的会计记录是否完整，短期投资是否归被审计单位所拥有，短期投资的变现是否存在重大限制： （1）取得有关账户流水单，对照检查账面记录是否完整。检查购入短期投资是否为被审计单位所拥有； （2）结合函证程序，确定短期投资的变现是否存在限制。		4102－3 4102－4
D	4. 检查短期投资的计价是否正确： （1）复核短期投资的初始投资成本计价是否正确，短期投资成本是否为取得投资时实际支付的全部价款，包括税金、手续费等相关费用，实际支付的价款中包含的已宣告但尚未领取的现金股利，或已到付息期但尚未领取的债券利息，是否作为应收项目单独核算； （2）在持有期间，对于被投资单位宣告分派的现金股利或在债务人应付利息日按照分期付息、一次还本债券投资的票面利率计算的利息收入，是否计入投资收益；		略
ABCD	5. 抽取短期投资增减变动的相关凭证，检查其原始凭证是否完整合法，会计处理是否正确： （1）抽取短期投资增加的记账凭证，检查其原始凭证是否完整合法，成本、交易费用和相关利息或股利的会计处理是否符合相关规定； （2）抽取短期投资减少的记账凭证，检查其原始凭证是否完整合法，会计处理是否正确；关注出售短期投资时其成本结转是否正确。		略
D	6. 复核与短期投资有关的损益计算是否准确，并与投资收益等项目核对。		略
	7. 针对评估的舞弊风险等因素增加的审计程序。例如： （1）在资产负债表日或接近资产负债表日监盘库存有价证券； （2）……		略
E	8. 检查短期投资是否按照小企业会计准则的规定恰当列报和披露。		略

短期投资审定表

被审计单位：	索　引　号：4102－1
项　　目：短期投资	截　止　日：
编　　制：	复　　核：
日　　期：	日　　期：

项目名称	期　末 未审数	账项调整		重分类调整		期　末 审定数	上期末 审定数	索引号
		借方	贷方	借方	贷方			
1. 股票投资								
2. 债券投资								
3. 基金投资								
4. 其他								
合计								

审计结论：

短期投资明细表

被审计单位：	索　引　号：4102－2
项　　目：短期投资	截　止　日：
编　　制：	复　　核：
日　　期：	日　　期：

项目名称	期初余额	本期增加	本期减少	期末余额	备注
合 计					

审计说明：

短期投资函证汇总表

被审计单位：		索　引　号：	4102－3
项　　目：	短期投资	截　止　日：	
编　　制：		复　　核：	
日　　期：		日　　期：	

项目名称	账面结存证券投资			证券交易账户流水单			函证情况					差异		
	数量	面值单价	面值总计	数量	面值单价	面值总计	函证日期	函证编号	回函日期	回函数量	回函面值	数量	面值	原因

审计说明：

索引号：4102－4

询证函

（适用于证券投资）

××公司：

本公司聘请的××会计师事务所正在对本公司20×2年度的财务报表进行审计，按照中国注册会计师审计准则的要求，应当询证本公司与贵公司的证券投资等事项。下列信息出自本公司账簿记录，如与贵公司记录相符，请在本函下端“信息证明无误”处签章证明；如有不符，请在“信息不符”处列明不符项目；如存在与本公司有关的未列入本函的其他项目，也请在“信息不符”处列出这些项目的金额及详细资料。回函请直接寄至××会计师事务所。

回函地址：　　　　　　　　　　　　　　　　　　邮编：

电话：　　　　　　　　　　传真：　　　　　　　联系人：

1. 截至20×2年×月×日止，本公司的证券投资账项列示如下：

证券名称	证券代码	数量	账面成本

2. 其他事项

（被审计单位盖章）

20×3年×月×日

结论：

1. 信息证明无误。 （被询证单位盖章） 年　月　日 经办人：	2. 信息不符，请列明不符项目及具体内容。 （被询证单位盖章） 年　月　日 经办人：

短期投资监盘表

被审计单位：		索 引 号：	4102 －5
项　　目：	短期投资	截 止 日：	
编　　制：		复　　核：	
日　　期：		日　　期：	

盘点日实存短期投资						资产负债表日至盘点日增加（减少）		资产负债表日实存短期投资					账面结存短期投资			差异	备注
项目名称	数量	面值	总计	票面利率	到期日	数量	面值	数量	面值	总计	票面利率	到期日	数量	面值	总计		

保管人员：　　会计主管：　　监盘地点：　　监盘时间：　　监盘人员：

注：1. 盘点时，需要与现金盘点同时进行，审计人员不要单独接触短期投资。

2. 对放置在不同位置的短期投资要同时进行检查，以免短期投资被移置影响检查的正确性。

审计说明：

索引号：4102－6

询证函

（适用于由证券经纪商之外第三方保管的短期投资）

××公司：

本公司聘请的××会计师事务所正在对本公司20×2年度的财务报表进行审计，按照中国注册会计师审计准则的要求，应当询证本公司在贵公司代保管的短期投资等事项。以下是根据本公司会计记录列出的信息，请与贵公司20×2年×月×日代本公司保管的短期投资进行核对，如与贵公司代保管记录相符，请在本函下端“信息证明无误”处签章证明；如有不符，请在“信息不符”处列明不符项目。如存在与本公司有关的未列入本函的其他项目，也请在“信息不符”处列出这些项目的金额及详细资料。回函请直接寄至××会计师事务所。

回函地址：　　　　　　　　　　　　　　　　邮编：
电话：　　　　　　　　传真：　　　　　　　联系人：

1. 以下列示的拥有短期投资于20×2年×月×日归本公司拥有，并委托贵公司保管。本公司在贵公司代保管的短期投资账项列示如下：

证券名称	安全识别码	本金或面值	数量	总计

2. 其他事项

（被审计单位盖章）
20×3年×月×日

结论：

1. 信息证明无误。 （被询证单位盖章） 年　月　日 经办人：	2. 信息不符，请列明不符项目及具体内容。 （被询证单位盖章） 年　月　日 经办人：

索引号：4102－7

询证函

（适用于证券经纪商保管的短期投资）

××公司：

本公司聘请的××会计师事务所正在对本公司20×2年度的财务报表进行审计，按照中国注册会计师审计准则的要求，应当询证本公司在贵公司代保管的短期投资等事项。以下是根据本公司会计记录列出的信息，请与贵公司20×2年×月×日代本公司保管的短期投资进行核对，如与贵公司代保管记录相符，请在本函下端“信息证明无误”处签章证明；如有不符，请在“信息不符”处列明不符项目；如存在与本公司有关的未列入本函的其他项目，也请在“信息不符”处列出这些项目的金额及详细资料。回函请直接寄至××会计师事务所。

回函地址：　　　　　　　　　　　　　　　邮编：

电话：　　　　　　　　传真：　　　　　　联系人：

1. 以下列示的拥有短期投资于20×2年×月×日归本公司拥有，并委托贵公司保管。本公司在贵公司代保管的短期投资账项列示如下：

证券名称	本金或面值	数量	总计

2. 委托理财事项

3. 未结算账款

4. 其他事项

（被审计单位盖章）

20×3年×月×日

结论：

1. 信息证明无误。	2. 信息不符，请列明不符项目及具体内容。
（被询证单位盖章） 年　月　日 经办人：	（被询证单位盖章） 年　月　日 经办人：

3. 应收票据

应收票据实质性程序

被审计单位：	索　引　号：**4103**
项　　　目：应收票据实质性程序表	截　止　日：
编　　　制：	复　　　核：
日　　　期：	日　　　期：

一、需从实质性程序获取的保证程度

项　　目	财务报表认定				
	存在	完整性	权利和义务	计价和分摊	列报
1. 审计目标	A	B	C	D	E
2. 需从实质性程序获取的保证程度					

注："需从实质性程序获取的保证程度"取自审计工作底稿第3200"重要交易、账户余额和披露的认定层次重大错报风险评估结果汇总表"。

二、实质性程序

审计目标	可供选择的实质性程序	是否选择	索引号
D	1. 获取或编制应收票据明细表： （1）复核加计是否正确，并与报表数、总账数和明细账合计数核对是否相符； （2）检查非记账本位币应收票据的折算汇率及折算是否正确； （3）检查付款人无力支付或已经逾期的票据是否已转为应收账款。		4103－2
A	2. 对在资产负债表日至审计时已经到期兑现或贴现的应收票据，检查资产负债表日之后的相关收款凭证等资料，确认其真实性。		略
B	3. 检查被审计单位"应收票据备查簿"，核对是否与账面记录一致。对于在资产负债表日之前已经贴现并且终止确认的尚未到期的票据，关注符合小企业会计准则关于终止确认的条件。		4103－2
ABCD	4. 监盘库存票据，并与"应收票据备查簿"的有关内容核对：检查库存票据，关注票据的种类、号数、出票日、签收日、到期日、票面金额、合同交易号、付款人、承兑人、背书人姓名或单位名称以及利率、贴现率、收款日期、收回金额等是否与应收票据备查簿记录相符；关注是否存在已作质押的票据和银行退回的票据。		略

续表

审计目标	可供选择的实质性程序	是否选择	索引号
A	5. 对于大额票据，应取得相应销售合同或协议、销售发票和出库单等原始交易资料并进行核对，以证实是否存在真实交易背景。		略
D	6. 复核带息票据的利息计算及其会计处理是否正确。		略
ABCDE	7. 标明应收关联方的票据，执行关联方及其交易审计程序。		5030
	8. 针对评估的舞弊风险等因素增加的审计程序。		略
E	9. 检查应收票据是否按照小企业会计准则的规定恰当列报和披露。		略

应收票据审定表

被审计单位：		索 引 号：	**4103－1**
项　　目：	应收票据	截 止 日：	
编　　制：		复　　核：	
日　　期：		日　　期：	

项目	期末未审数	账项调整		重分类调整		期末审定数	上期末审定数	索引号
		借方	贷方	借方	贷方			
1. 关联方								
小计								
2. 非关联方								
小计								
合计								

审计结论：

应收票据明细表

被审计单位：		索　引　号：	4103－2
项　　目：	应收票据	截　止　日：	
编　　制：		复　　核：	
日　　期：		日　　期：	

类别	票种	出票/背书单位	承兑单位	期末数	出票日	到期日	是否逾期	是否质押	期后转销情况	监盘情况	备注
关联方：											
小计											
非关联方：											
小计											
合计											

审计说明：

4. 应收账款

应收账款实质性程序

被审计单位：		索 引 号：	4104
项　　目：	应收账款实质性程序表	截 止 日：	
编　　制：		复　　核：	
日　　期：		日　　期：	

一、需从实质性程序获取的保证程度

项　目	财务报表认定				
	存在	完整性	权利和义务	计价和分摊	列报
1. 审计目标	A	B	C	D	E
2. 需从实质性程序获取的保证程度					

注："需从实质性程序获取的保证程度"取自审计工作底稿第3200"重要交易、账户余额和披露的认定层次重大错报风险评估结果汇总表"。

二、实质性程序

审计目标	可供选择的实质性程序	是否选择	索引号
D	1. 获取或编制应收账款明细表（含账龄分析）： （1）复核加计是否正确，并与报表数、总账数和明细账合计数核对是否相符； （2）检查非记账本位币应收账款的折算汇率及折算是否正确； （3）分析有贷方余额的项目，查明原因，必要时，提请被审计单位作重分类调整； （4）结合其他应收款、预收账款等往来项目的明细余额，调查有无同一客户多处挂账、异常余额或与销售无关的其他款项（如代销账户、关联方账户或雇员账户）。如有，作出记录，必要时作出调整。		4104－2
AB	2. 计算赊销比例、应收账款周转率及应收账款周转天数等指标，与被审计单位以前年度指标、同行业同期相关指标对比分析，检查是否存在重大异常。		略
ACD	3. 实施函证程序，除非有充分证据表明应收账款对财务报表不重要或函证很可能无效。如果不对应收账款进行函证，应在工作底稿中说明理由。 （1）编制应收账款函证结果汇总表，检查回函；		

续表

审计目标	可供选择的实质性程序	是否选择	索引号
ACD	（2）调查不符事项，确定是否表明存在错报； （3）如果未回函，实施替代程序（包括检查相关支持性文件，例如销售合同、销售订单、销售发票副本、发运凭证及汇款单据，确定会计处理是否正确）； （4）如果认为回函不可靠，评价对评估的重大错报风险以及其他审计程序的性质、时间安排和范围的影响； （5）如果管理层不允许寄发询证函： ①询问管理层不允许寄发询证函的原因，并就其原因的正当性及合理性收集审计证据； ②评价管理层不允许寄发询证函对评估的重大错报风险（包括舞弊风险）以及其他审计程序的性质、时间安排和范围的影响； ③实施替代审计程序，以获取相关、可靠的审计证据； ④如果认为管理层不允许寄发询证函的原因不合理，或实施替代程序无法获取相关、可靠的审计证据，应与管理层进行沟通，并确定其对审计工作和审计意见的影响。		4104－3 4104－4 4104－5 4104－6 4104－7 4104－8
A	4. 检查自资产负债表日起至__日止被审计单位授予欠款单位的、金额大于__的减免应收账款的支持性文件以及资产负债表日前后销售退回和赊销水平，确定应收账款是否真实存在。		略
E	5. 浏览应收账款发生额，关注有无不属于结算业务的债权。如有，检查至支持性文件，确定债权性质。		略
D	6. 检查应收账款中是否存在小企业会计准则第十条所列情形，如有，应提请被审计单位处理。		略
D	7. 实际发生坏账损失的，检查转销依据是否符合有关规定，会计处理是否正确。		略
ABCDE	8. 标明应收关联方的款项，执行关联方及其交易审计程序。		5030
C	9. 检查银行存款和银行借款等询证函回函、会议纪要、借款协议和其他文件，确定应收账款是否已被质押或出售。		略
	10. 针对评估的舞弊风险等因素增加的审计程序。		略
E	11. 检查应收账款是否按照小企业会计准则的规定恰当列报和披露。		略

应收账款审定表

被审计单位：		索 引 号：	**4104－1**
项　　目：	应收账款	截 止 日：	
编　　制：		复　　核：	
日　　期：		日　　期：	

项　　目	期　末 未审数	账项调整		重分类调整		期　末 审定数	上期末 审定数	索引号
		借方	贷方	借方	贷方			
1 年以内								
1－2 年								
2－3 年								
3 年以上								
……								
合计								

审计结论：

应收账款明细表

被审计单位：		索　引　号：	4104－2
项　　　目：	应收账款	截　止　日：	
编　　　制：		复　　　核：	
日　　　期：		日　　　期：	

单位名称（项目）	期初余额		本期增加		本期减少		期末余额		账龄				备注
	原币	折合人民币	原币	折合人民币	原币	折合人民币	原币	折合人民币	1年以内	1－2年	2－3年	3年以上	
一、关联方													
小计													
二、非关联方													
小计													
合计													

审计说明：

一、积极式询证函（格式一）

索引号：4104－3

询证函

××公司：

本公司聘请的××会计师事务所正在对本公司20×2年度财务报表进行审计，按照中国注册会计师审计准则的要求，应当询证本公司与贵公司的往来账项等事项。下列信息出自本公司账簿记录，如与贵公司记录相符，请在本函下端“信息证明无误”处签章证明；如有不符，请在“信息不符”处列明不符项目。如存在与本公司有关的未列入本函的其他项目，也请在“信息不符”处列出这些项目的金额及详细资料。回函请直接寄至××会计师事务所。

回函地址：　　　　　　　　　　　　　　　　邮编：

电话：　　　　　　　　传真：　　　　　　　联系人：

1. 本公司与贵公司的往来账项列示如下：

单位：元

截止日期	贵公司欠本公司	本公司欠贵公司	备　注

2. 其他事项

本函仅为复核账目之用，并非催款结算。若款项在上述日期之后已经付清，仍请及时函复为盼。

（被审计单位盖章）

20×3年×月×日

结论：

1. 信息证明无误。 （被询证单位盖章） 年　月　日 经办人：	2. 信息不符，请列明不符项目及具体内容。 （被询证单位盖章） 年　月　日 经办人：

二、积极式询证函（格式二）

索引号：4104－4

询证函

××公司：

本公司聘请的××会计师事务所正在对本公司20×2年度财务报表进行审计，按照中国注册会计师审计准则的要求，应当询证本公司与贵公司的往来账项等事项。请列示截至20×2年×月×日贵公司与本公司往来款项余额。回函请直接寄至××会计师事务所。

回函地址：　　　　　　　　　　　　　　邮编：

电话：　　　　　　　　传真：　　　　　　　联系人：

本函仅为复核账目之用，并非催款结算。若款项在上述日期之后已经付清，仍请及时函复为盼。

（被审计单位盖章）

20×3年×月×日

1. 贵公司与本公司的往来账项列示如下：

单位：元

截止日期	贵公司欠本公司	本公司欠贵公司	备　　注

2. 其他事项

（被询证单位盖章）

20×3年×月×日

经办人：

三、消极式询证函（格式三）

索引号：4104－5

询　证　函

××公司：

本公司聘请的××会计师事务所正在对本公司20×2年度财务报表进行审计，按照中国注册会计师审计准则的要求，应当询证本公司与贵公司的往来账项等事项。下列信息出自本公司账簿记录，如与贵公司记录相符，则无需回复；如有不符，请直接回函寄至××会计师事务所，并在空白处列明贵公司认为正确的信息。

回函地址：　　　　　　　　　　　　　邮编：

电话：　　　　　　传真：　　　　　　联系人：

1. 本公司与贵公司的往来账项列示如下：

单位：元

截止日期	贵公司欠本公司	本公司欠贵公司	备　注

2. 其他事项

本函仅为复核账目之用，并非催款结算。若款项在上述日期之后已经付清，仍请及时函复为盼。

（被审计单位盖章）

20×3年×月×日

××会计师事务所：

上面的信息不正确，差异如下：

（被询证单位盖章）

20×3年×月×日

经办人：

应收账款函证结果汇总表

被审计单位：		索　引　号：	4104－6
项　　　目：	应收账款	截　止　日：	
编　　　制：		复　　　核：	
日　　　期：		日　　　期：	

一、应收账款函证情况列表

项目 单位名称	询证函编号	账面余额	回函确认金额	差异	差异调节表索引号	回函形式				函证日期		回函日期	替代测试索引
						纸质原件	传真件	电子邮件	其他介质	第一次	第二次		
甲													
乙													
丙													
……													

二、审计说明：

1. 选样方法及样本量说明：

2. 对询证函保持控制的说明：

3. 对以传真件或电子邮件形式收到的回函的可靠性的考虑：

4. 对误差的分析选样方法及样本量说明：

	金　　额
（1）已识别的误差	
（2）推断出的总体误差（扣除已识别的误差）	

应收账款函证差异调节表检查

被审计单位：		索　引　号：	4104－7
项　　目：	应收账款	截　止　日：	
编　　制：		复　　核：	
日　　期：		日　　期：	

被询证单位：________________回函日期：__________

序号	项　　目				金额	检查内容		
						①	②	③
A	被询证方回函余额							
B	本公司已记录增加而被询证尚未确认的款项							
	本公司发货日期	本公司确认款项增加的日期	款项内容	记账凭证号				
①								
…								
C	本公司已记录收回而被询证尚未确认的款项							
	本公司收款日期	本公司确认款项减少的日期	款项内容	记账凭证号				
①								
…								
D	调节后的被询证方余额（D＝A＋B－C）							
E	本公司账面记录余额							
F	被询证方已记录增加而本公司尚未确认的款项							
	本公司发货日期	本公司确认款项增加的日期	款项内容	记账凭证号				
①								
…								
G	被询证方已记录支付而本公司尚未收到的款项							
	本公司收款日期	本公司确认款项减少的日期	款项内容	记账凭证号				
①								
…								
H	调节后本公司账面余额（E＋F－G）							
I	差异（I＝H－D）							
检查内容说明：①账务处理是否正确；②是否记录于恰当的会计期间；③…								

提示：阴影部分由被审计单位编制，注册会计师对差异调节项目进行检查。

应收账款替代测试表

被审计单位：	索　引　号：**4104－8**
项　　目：应收账款	截　止　日：
编　　制：	复　　核：
日　　期：	日　　期：

一、资产负债表日前借方金额检查

单位名称	期末余额	测试内容				占余额比例%①	检查内容②				
		日期	凭证号	摘要	金额		①	②	③	④	⑤
检查内容说明：①检查相关的合同；②原始凭证是否齐全；③记账凭证与原始凭证是否相符；④账务处理是否正确；⑤是否记录于恰当的会计期间。											

二、资产负债表日后的收款检查

单位名称	期末余额	测试内容				占余额比例%	检查内容③			
		日期	凭证号	摘要	金额		①	②	③	④
检查内容说明：①原始凭证是否齐全；②记账凭证与原始凭证是否相符；③账务处理是否正确；④是否记录于恰当的会计期间。										

审计说明：

① 根据替代测试的审计目标，替代测试金额应能够涵盖该单位期末余额，即占余额比例不低于100%；一般不需要对贷方发生额进行替代测试。

② 根据审计目标，检查内容主要包括支持被审计单位取得向被询证单位收取款项权利的审计证据，如销售发票、出库单、被询证单位签收单或验收单等，并关注上述单据日期。

③ 根据审计目标，检查内容主要包括支持被询证单位已于期后支付询证款项的审计证据，如银行进账单等。

5. 预付账款

预付账款实质性程序

被审计单位：		索 引 号：	**4105**
项 目：	预付账款实质性程序表	截 止 日：	
编 制：		复 核：	
日 期：		日 期：	

一、需从实质性程序获取的保证程度

项 目	财务报表认定				
	存在	完整性	权利和义务	计价和分摊	列报
1. 审计目标	A	B	C	D	E
2. 需从实质性程序获取的保证程度					

注："需从实质性程序获取的保证程度"取自审计工作底稿第3200"重要交易、账户余额和披露的认定层次重大错报风险评估结果汇总表"。

二、实质性程序

审计目标	可供选择的实质性程序	是否选择	索引号
D	1. 获取或编制预付账款明细表： （1）复核加计是否正确，并与报表数、总账数和明细账合计数核对是否相符； （2）结合应付账款等往来项目的明细余额审计，查核有无重复付款的情况或在收到由预付账款购买的商品或劳务时未冲减预付账款而增加应付账款的情况； （3）分析出现贷方余额的项目，查明原因，必要时提请被审计单位进行重分类调整。		4105－2
ACDE	2. 分析预付账款账龄及余额构成，检查大额款项是否根据有关购货合同支付，是否存在不符合预付款项性质而需要提请被审计单位调整的款项。		略
ACD	3. 实施函证程序（步骤见"应收账款"实质性程序）。		略
AB	4. 检查资产负债表日后的预付账款、存货及在建工程等科目明细账，并检查相关凭证，核实期后是否已收到商品或劳务并转销预付账款，分析资产负债表日预付账款是否存在和完整。		略

续表

审计目标	可供选择的实质性程序	是否选择	索引号
D	5. 检查预付账款中是否存在小企业会计准则第十条所列情形，如有，应提请被审计单位处理。		略
D	6. 实际发生坏账损失的，检查转销依据是否符合有关规定，会计处理是否正确。		
ABCDE	7. 标明预付关联方的款项，执行关联方及其交易审计程序。		略 5030
	8. 针对评估的舞弊风险等因素增加的审计程序。		略
E	9. 检查预付账款是否按照小企业会计准则的规定恰当列报和披露。		略

预付账款审定表

被审计单位：＿＿＿＿＿＿＿＿　　索 引 号：4105－1
项　　目：预付账款　　截 止 日：＿＿＿＿＿＿＿＿
编　　制：＿＿＿＿＿＿＿＿　　复　　核：＿＿＿＿＿＿＿＿
日　　期：＿＿＿＿＿＿＿＿　　日　　期：＿＿＿＿＿＿＿＿

项　目	期　末 未审数	账项调整		重分类调整		期　末 审定数	上期末 审定数	索引号
		借方	贷方	借方	贷方			
1 年以内								
1—2 年								
2—3 年								
3 年以上								
……								

审计结论：

预付账款明细表

被审计单位：________　　索引号：4105－2
项　　目：预付账款　　截止日：________
编　　制：________　　复　核：________
日　　期：________　　日　期：________

单位名称（项目）	期初余额		本期增加		本期减少		期末余额		账龄				备注
	原币	折合人民币	原币	折合人民币	原币	折合人民币	原币	折合人民币	1年以内	1－2年	2－3年	3年以上	
一、关联方													
小计													
二、非关联方													
小计													
合计													

审计说明：

6. 应收股利

应收股利实质性程序

被审计单位：		索 引 号：	4106
项 目：	应收股利实质性程序表	截 止 日：	
编 制：		复 核：	
日 期：		日 期：	

一、需从实质性程序获取的保证程度

项 目	财务报表认定				
	存在	完整性	权利和义务	计价和分摊	列报
1. 审计目标	A	B	C	D	E
2. 需从实质性程序获取的保证程度					

注："需从实质性程序获取的保证程度"取自审计工作底稿第3200"重要交易、账户余额和披露的认定层次重大错报风险评估结果汇总表"。

二、实质性程序

审计目标	可供选择的实质性程序	是否选择	索引号
D	1. 获取或编制应收股利明细表： （1）复核加计正确，并与报表数、总账数和明细账合计数核对是否相符； （2）检查非记账本位币应收股利的折算汇率及折算是否正确。		4106－2
ABCD	2. 对本期应收股利的增减变动，结合相关账项的审计，检查至相关支持性文件，确定应收股利的计算和会计处理是否正确。必要时，实施函证程序并记录；		4106－3
ABCD	3. 检查期后收款情况： （1）对至审计时已收回金额较大的款项进行检查，如核对收款凭证、银行对账单、股利分配方案等； （2）关注长期未收回且金额较大的应收股利，询问被审计单位管理人员及相关职员或者查询被投资单位的情况。必要时，向被投资单位函证股利支付情况，复核并记录函证结果。		略
CE	4. 结合投资审计，确定境外投资应收股利汇回不存在重大限制，如果存在，被审计单位是否已充分披露。		略

续表

审计目标	可供选择的实质性程序	是否选择	索引号
	5. 针对识别的舞弊风险等因素增加的审计程序。		略
E	6. 检查应收股利是否按照小企业会计准则的规定恰当列报和披露。		略

应收股利审定表

被审计单位：	索　引　号：4106－1
项　　　目：应收股利	截　止　日：
编　　　制：	复　　　核：
日　　　期：	日　　　期：

项目名称	期　末 未审数	账项调整		重分类调整		期　末 审定数	上期末 审定数	索引号
		借方	贷方	借方	贷方			
合计								

审计结论：

应收股利明细表

被审计单位：＿＿＿＿＿＿＿＿　索　引　号：4106－2
项　　目：应收股利　截　止　日：＿＿＿＿＿＿＿＿
编　　制：＿＿＿＿＿＿＿＿　复　　核：＿＿＿＿＿＿＿＿
日　　期：＿＿＿＿＿＿＿＿　日　　期：＿＿＿＿＿＿＿＿

项目名称	期初余额	本期增加	本期减少	期末余额	备注
合　计					

审计说明：

应收股利检查表

被审计单位：		索 引 号：	4106－3
项　　目：	应收股利	截 止 日：	
编　　制：		复　　核：	
日　　期：		日　　期：	

一、增加项目检查

项目名称	持股比例	被投资项目股利分配总额	应计股利	已计股利	差异	差异原因	股利分配文件索引号	是否在期后收回
合计								

注：如果在投资项目中已对应收股利进行测算，索引至投资项目即可。

二、减少项目检查

项目名称	本期减少①	收回金额②	其他原因减少			
			金额③＝①－②	对应科目	原因	相关资料索引号
合计						

注：检查应收股利减少是否为已收回股利，并已记录在银行存款中。如不是，则应详查原始单据以确定其减少的正确性。

审计说明：

7. 应收利息

应收利息实质性程序

被审计单位：		索 引 号：	4107
项 目：	应收利息实质性程序表	截 止 日：	
编 制：		复 核：	
日 期：		日 期：	

一、需从实质性程序获取的保证程度

项 目	财务报表认定				
	存在	完整性	权利和义务	计价和分摊	列报
1. 审计目标	A	B	C	D	E
2. 需从实质性程序获取的保证程度					

注："需从实质性程序获取的保证程度"取自审计工作底稿第3200"重要交易、账户余额和披露的认定层次重大错报风险评估结果汇总表"。

二、实质性程序

审计目标	可供选择的实质性程序	是否选择	索引号
D	1. 获取或编制应收利息明细表： （1）复核加计正确，并与报表数、总账数和明细账合计数核对是否相符； （2）检查非记账本位币应收利息的折算汇率及折算是否正确。		4107－2
ABCD	2. 对本期应收利息的增减变动，结合相关账项的审计，检查至相关支持性文件，确定应收利息的计算和会计处理是否正确。必要时，实施函证程序。		4107－3
ABCD	3. 检查期后收款情况： （1）对至审计时已收回的金额较大的款项检查至支持性文件，如核对收款凭证、银行对账单等； （2）关注长期未收回及金额较大的应收利息，询问被审计单位管理人员及相关职员，必要时，向被投资单位函证利息支付情况，复核并记录函证结果。		略
ABCDE	4. 标明应收关联方的应收利息，执行关联方及其交易审计程序。		略 5030
	5. 针对评估的舞弊风险等因素增加的审计程序。		略
E	6. 检查应收利息是否按照小企业会计准则的规定恰当列报和披露。		略

应收利息审定表

被审计单位：　　　　　　　　索　引　号：4107－1
项　　　目：应收利息　　　　截　止　日：
编　　　制：　　　　　　　　复　　　核：
日　　　期：　　　　　　　　日　　　期：

项目名称	期末未审数	账项调整		重分类调整		期末审定数	上期末审定数	索引号
		借方	贷方	借方	贷方			
合计								

审计结论：

应收利息明细表

被审计单位：	索 引 号：4107－2
项　　目：应收利息	截 止 日：
编　　制：	复　　核：
日　　期：	日　　期：

项目名称	期初余额	本期增加	本期减少	期末余额	备注
合　计					

审计说明：

应收利息检查表

被审计单位：		索 引 号：	4107－3
项　　目：	应收利息	截 止 日：	
编　　制：		复　　核：	
日　　期：		日　　期：	

一、增加项目检查

项目名称	票面金额 ①	票面利率 ②	计息月数 ③	应计利息 ④＝①×②×③	已计利息 ⑤	差异 ⑥＝④－⑤	差异原因
合计							

注：如果相关的财务报表项目工作底稿已对应收利息进行测算，则与相关的工作底稿索引即可。

二、减少项目检查

项目名称	本期减少 ①	收回金额 ②	其他原因减少			
			金额 ③＝①－②	对应科目	原因	相关资料 索引号
合计						

注：检查应收利息减少是否为已收回利息，并已记录在银行存款中。如不是，则应详查原始单据以确定其减少的正确性。

审计说明：

8. 其他应收款

其他应收款实质性程序

被审计单位：______	索　引　号：4108
项　　目：其他应收款实质性程序表	截　止　日：______
编　　制：______	复　　核：______
日　　期：______	日　　期：______

一、需从实质性程序获取的保证程度

项　　目	财务报表认定				
	存在	完整性	权利和义务	计价和分摊	列报
1. 审计目标	A	B	C	D	E
2. 需从实质性程序获取的保证程度					

注："需从实质性程序获取的保证程度"取自审计工作底稿第3200"重要交易、账户余额和披露的认定层次重大错报风险评估结果汇总表"。

二、实质性程序

审计目标	可供选择的实质性程序	是否选择	索引号
D	1. 获取或编制其他应收款明细表（含账龄分析）： （1）复核加计正确，并与报表数、总账数和明细账合计数核对是否相符； （2）了解重大项目的其他应收款内容及性质，进行类别分析，重点关注是否存在资金被关联企业（或实际控制人）大量占用、变相拆借资金、隐形投资、误用会计科目、或有损失等现象； （3）结合应收账款、其他应付款等明细余额，检查是否有同时挂账的项目，核算内容是否重复，必要时作出适当调整； （4）检查非记账本位币其他应收款的折算汇率及折算是否正确； （5）分析有贷方余额的项目，查明原因，必要时，提请被审计单位作重分类调整。		4108－2
ACD	2. 实施函证程序（步骤见"应收账款"实质性程序）。		4108－3
AB	3. 对其他应收款的增减变动，检查至支持性文件，确定会计处理是否正确。		略

续表

审计目标	可供选择的实质性程序	是否选择	索引号
D	4. 检查其他应收款中是否存在小企业会计准则第十条所列情形，如有，应提请被审计单位处理。		略
D	5. 实际发生坏账损失的，检查转销依据是否符合有关规定，会计处理是否正确。		略
ABCDE	6. 标明应收关联方的款项，执行关联方及其交易审计程序。		略 5030
	7. 针对评估的舞弊风险等因素增加的审计程序。		略
E	8. 检查其他应收款是否按照小企业会计准则的规定恰当列报和披露。		略

其他应收款审定表

被审计单位：　　　　　　　　索　引　号：4108－1
项　　　目：其他应收款　　　截　止　日：
编　　　制：　　　　　　　　复　　　核：
日　　　期：　　　　　　　　日　　　期：

项　　目	期　末 未审数	账项调整		重分类调整		期　末 审定数	上期末 审定数	索引号
		借方	贷方	借方	贷方			
1 年以内								
1—2 年								
2—3 年								
3 年以上								
……								
合计								

审计结论：

其他应收款明细表

被审计单位：　　　　　　索　引　号：4108－2
项　　　目：其他应收款　　截　止　日：
编　　　制：　　　　　　复　　　核：
日　　　期：　　　　　　日　　　期：

单位名称（项目）	期初余额		本期增加		本期减少		期末余额		账龄				性质或内容
	原币	折合人民币	原币	折合人民币	原币	折合人民币	原币	折合人民币	1年以内	1－2年	2－3年	3年以上	
一、关联方													
小计													
二、非关联方													
小计													
合计													

审计说明：

其他应收款替代测试表

被审计单位：	索　引　号：4108－3
项　　目：其他应收款	截　止　日：
编　　制：	复　　核：
日　　期：	日　　期：

一、资产负债表日前借方金额检查

单位名称	期末余额	测试内容				占余额比例%	检查内容				
		日期	凭证号	摘要	金额		①	②	③	④	⑤
检查内容说明：①检查相关的合同；②原始凭证是否齐全；③记账凭证与原始凭证是否相符；④账务处理是否正确；⑤是否记录于恰当的会计期间。											

二、资产负债表日后的收款检查

单位名称	期末余额	测试内容				占余额比例%	检查内容			
		日期	凭证号	摘要	金额		①	②	③	④
检查内容说明：①原始凭证是否齐全；②记账凭证与原始凭证是否相符；③账务处理是否正确；④是否记录于恰当的会计期间。										

审计说明：

9. 存　货

存货实质性程序

被审计单位：	索　引　号：4109
项　　　目：存货实质性程序表	截　止　日：
编　　　制：	复　　　核：
日　　　期：	日　　　期：

一、需从实质性程序获取的保证程度

项　　目	财务报表认定				
	存在	完整性	权利和义　务	计价和分　摊	列报
1. 审计目标	A	B	C	D	E
2. 需从实质性程序获取的保证程度					

注：“需从实质性程序获取的保证程度”取自审计工作底稿第3200“重要交易、账户余额和披露的认定层次重大错报风险评估结果汇总表”。

二、实质性程序

审计目标	可供选择的实质性程序	是否选择	索引号
D	1. 获取或编制存货明细表，复核加计是否正确，并与报表数、总账数、明细账核对是否相符。检查存货明细表中是否有异常或负余额（包括数量为负或金额为负）的项目。		4109－2
AB	2. 实施实质性分析程序： （1）考虑可获取信息的来源、可比性、性质和相关性以及与信息编制有关的控制，评价在对记录的金额或比率作出预期时使用数据的可靠性； （2）对已记录的金额作出预期，评价预期值是否足够精确以识别重大错报风险； （3）确定已记录金额与预期值之间可接受的、无须作进一步调查的可接受的差异额； （4）将已记录金额与期望值进行比较，识别需要进一步调查的差异； （5）调查差异： ① 询问管理层，针对管理层的答复获取适当的审计证据； ② 根据具体情况在必要时实施其他审计程序。		略

续表

审计目标	可供选择的实质性程序	是否选择	索引号
ABD	3. 实施存货监盘程序： （1）取得被审计单位存货盘点计划。了解并询问盘点范围、方法、人员分工及时间安排等，在存货盘点计划问卷等工作底稿中记录和评价； （2）在被审计单位盘点存货前，确定应纳入盘点范围的存货是否已经适当整理和排列，并附有盘点标识。对未纳入盘点范围的存货，应当查明未纳入的原因； （3）对所有权不属于被审计单位的存货，应当取得其规格、数量等有关资料，并确定这些存货是否已分别存放、标明，且未被纳入盘点范围； （4）观察被审计单位盘点人员是否遵守盘点计划并准确地记录存货的数量和状况； （5）执行抽盘程序： ①从存货盘点记录中选取项目追查至存货实物，以测试盘点记录的存在和准确性； ②从存货实物中选取项目追查至存货盘点记录，以测试存货盘点记录的完整性。 （6）监盘后复核监盘结果，编制存货监盘报告。		4109－3 4109－4 4109－5－1 4109－5－2
ABD	4. 如果由于不可预见的情况，无法在存货盘点现场实施监盘，存货盘点在财务报表日以外的其他日期进行，除实施存货监盘程序外，实施其他审计程序，以获取审计证据，确定存货盘点日与财务报表日之间的存货变动是否已得到恰当的记录。		略
ABD	5. 如果在存货盘点现场实施存货监盘不可行，实施替代审计程序，以获取有关存货的存在和状况的充分、适当的审计证据。如果不能实施替代审计程序，考虑对审计意见的影响。 （1）检查进货交易凭证或生产记录以外的其他相关资料； （2）检查资产负债表日后发生的销货交易凭证； （3）向顾客或供应商函证。		略
ABD	6. 如果由第三方保管或控制的存货对财务报表是重要的，实施下列一项或两项审计程序，以获取有关该存货存在和状况的充分、适当的审计证据： （1）向持有被审计单位存货的第三方函证存货的数量和状况； （2）实施检查或其他适合具体情况的审计程序。		4109－6

续表

审计目标	可供选择的实质性程序	是否选择	索引号
AB	7. 对存货明细表实施审计程序，确定其是否准确反映实际的存货盘点结果： （1）从各类存货明细账中选取具有代表性的样本，与盘点记录的数量核对； （2）从盘点记录中抽取有代表性的样本，与存货明细账的数量核对； （3）若在上述（1）、（2）中发现不符，检查相关的支持性文件，复核调账分录的正确性，并考虑扩大样本量。		4109－4
D	8. 测试期末存货计价（以被审计单位采用先进先出法并以实际成本计价为例）： （1）自存货明细表中选取样本： ①对原材料等外购存货，检查与期末存货数量相同的最近期的采购发票，核实单位成本，并重新计算存货成本。 ②对产成品和在产品，获取资产负债表日前最近的成本计算单，检查成本计算单的正确性，将直接材料与材料耗用汇总表、直接工资总额与工资分配表、制造费用总额与制造费用明细表及相关账项核对一致，作交叉索引，执行下列测试程序： A. 对原材料和其他直接费用，检查至支持性文件和相关账项，确定是否与生产成本计算表中的数量、金额一致； B. 对人工和间接费用，获取被审计单位人工和间接费用的分配方法，评估分配方法和假设的合理性； C. 检查成本计算表中各项间接费用的总额与相关的支持性文件和账项记录是否一致； D. 重新计算人工和间接费用分配，确认生产成本计算表中人工与间接费用的正确性。 （2）检查生产成本的分配： ①获取完工产品与在产品的生产成本分配标准和计算方法，检查生产成本在完工产品与在产品之间、以及完工产品之间的分配是否正确，分配标准和方法是否适当； ②重新计算生产成本在在产品与完工产品之间的分配，确认成本计算表的正确性。		4109－7 4109－8 4109－9

续表

审计目标	可供选择的实质性程序	是否选择	索引号
D	9. 测试期末存货计价（以被审计单位采用标准成本计价为例）： （1）评价标准成本的合理性，检查标准成本在本期有无重大变动。 （2）自存货明细表中选取样本，检查其单位成本是否与标准成本相符。 （3）对原材料等外购存货，结合采购测试，检查采购价格与标准成本的差异是否已经得到正确的归集。 （4）对产成品和在产品，检查成本差异计算表，确定实际成本与标准成本的差异是否已正确归集到成本差异账户。 （5）测试成本差异的分摊是否正确： ①对原材料和其他直接费用，检查至支持性文件和相关账项，确定是否与生产成本计算表中的数量、金额一致； ②对人工和间接费用，获取被审计单位人工和间接费用的分配方法，评估分配方法和假设的合理性； ③检查成本计算表中各项间接费用的总额与相关的支持性文件和账项记录是否一致； ④重新计算人工和间接费用分配，确认生产成本计算表中人工与间接费用的正确性。 （6）检查生产成本的分配： ①获取完工产品与在产品的生产成本分配标准和计算方法，检查生产成本在完工产品与在产品之间以及完工产品之间的分配是否正确，分配标准和方法是否适当； ②重新计算生产成本在在产品与完工产品之间的分配，确认成本计算表的正确性。		4109－7 4109－8 4109－9
D	10. 对应计入生产成本的借款费用，结合对长、短期借款等负债项目的审计，检查借款费用资本化的计算方法和资本化金额以及会计处理是否正确。		略
AB	11. 截止测试： （1）存货入库截止测试： 根据采购合同中与存货所有权转移有关的主要条款，确定存货确认的关键条件，据此进一步执行以下程序：		

续表

审计目标	可供选择的实质性程序	是否选择	索引号
AB	①在存货明细账借方发生额中选取资产负债表日前后__张、__金额以上的凭证，与入库记录（如入库单、购货发票或运输单据）或其他表明所有权转移的单据核对，以确定存货入库被记录在正确的会计期间； ②在入库记录（如入库单、购货发票或运输单据）或其他表明所有权转移的单据中选取资产负债表日前后__张、__金额以上的凭据，与存货明细账的借方发生额进行核对，以确定存货入库被记录在正确的会计期间； ③检查入库记录编号是否与执行存货监盘程序中获取的截止性资料编号存在序列冲突。 （2）存货出库截止测试： ①在存货明细账的贷方发生额中选取资产负债表日前后__张、__金额以上的凭证，与出库记录（如原材料领用单、出库单、销货发票或运输单据）核对，以确定存货出库被记录在正确的会计期间； ②在出库记录（如原材料领用单、出库单，或销货发票，或运输单据）中各选取资产负债表日前后__张、__金额以上的凭据，与存货明细账的贷方发生额进行核对，以确定存货出库被记录在正确的会计期间； ③检查出库记录编号是否与执行存货监盘程序中获取的截止性资料编号存在序列冲突。		4109－11 4109－12
AD	12. 结合存货监盘程序，检查有无发生损毁和长期挂账的存货，如有，应提请被审计单位作出恰当处理。		略
CE	13. 结合长、短期借款等负债项目的审计，了解是否存在用于债务担保的存货。如有，则应取证并作相应的记录，同时提请被审计单位恰当披露。		略
	14. 针对评估的舞弊风险等因素增加的审计程序。例如： （1）在不预先通知被审计单位的情况下，突击监盘或抽查存货，必要时，利用专家的工作； （2）……		略
E	15. 检查存货是否按照小企业会计准则的规定恰当列报和披露。		略

存货审定表

被审计单位：	索　引　号：4109－1
项　　　目：存货	截　止　日：
编　　　制：	复　　　核：
日　　　期：	日　　　期：

存货项目	期　末 未审数	账项调整		重分类调整		期　末 审定数	上期末 审定数	索引号
		借方	贷方	借方	贷方			
材料采购								
在途物资								
原材料								
材料成本差异								
库存商品								
商品进销差价								
委托加工物资								
周转材料								
消耗性生物资产								
在产品								
合计								

审计结论：

主要存货（　　　　）明细表

被审计单位：		索　引　号：	4109－2
项　　　目：	存货	截　止　日：	
编　　　制：		复　　　核：	
日　　　期：		日　　　期：	

类别	名称及规格	计量单位	期初余额			本期增加		本期减少		期末余额			备注
			数量	单价	金额	数量	金额	数量	金额	数量	单价	金额	

注：本表也是对表4109－1中“期末余额”栏按数量金额格式的进一步列示。

审计说明：

存货监盘结果汇总表

被审计单位：________	索　引　号：4109－3
项　　目：存货	截　止　日：________
编　　制：________	复　　核：________
日　　期：________	日　　期：________

存货类别	存货名称	单位	监盘数量	未经确认盘点报告数量	差异数量	差异原因	索引号	审计确认盘点报告数量

监盘人员签名：________

____

____

____

注：本表适用于监盘日（盘点日）为财务报表截止日的情况。

审计说明：

存货明细账与盘点报告（记录）核对表

（适用于监盘日为资产负债表日）

被审计单位：	索　引　号：4109－4
项　　目：存货	截　止　日：
编　　制：	复　　核：
日　　期：	日　　期：

一、从明细账中选取具有代表性的样本与经确认盘点报告的数量核对：

序号	地点	样本描述		期末存货明细账记录			获取的被审计单位的存货清单		经确认的期末存货盘点表	数量差异④=①－②或②－③	差异分析及处理
		存货类别	存货型号	单价	数量①	金额	数量②	索引号	数量③		

二、从经确认的盘点报告中抽取有代表性的样本与存货明细账核对：

序号	地点	样本描述		索引号	经确认的期末存货盘点表	期末存货明细账记录			被审计单位提供的存货清单的数量③	数量差异④=①－②或①－③	差异分析及处理
		存货类别	存货型号		数量①	单价	数量	金额②			

审计说明：

存货抽盘核对表

（适用于监盘日不是资产负债表日）

被审计单位：＿＿＿＿＿＿	索　引　号：**4109－5－1**
项　　目：存货	截　止　日：＿＿＿＿＿＿
编　　制：＿＿＿＿＿＿	复　　核：＿＿＿＿＿＿
日　　期：＿＿＿＿＿＿	日　　期：＿＿＿＿＿＿

一、资产负债表日前抽盘核对表

序号	品名及规格	单位	抽盘日实存数量	加：抽盘日至资产负债表日入库数量	减：抽盘日至资产负债表日发出数量	资产负债表日实存数量	资产负债表日账面数量	差异	原因分析

二、资产负债表日后抽盘核对表

序号	品名及规格	单位	抽盘日实存数量	加：资产负债表日至抽盘日发出数量	减：资产负债表日至抽盘日入库数量	资产负债表日实存数量	资产负债表日账面数量	差异	原因分析

审计说明：

存货抽盘核对表

被审计单位：		索 引 号：	4109 –5 –2
项 目：	存货	截 止 日：	
编 制：		复 核：	
日 期：		日 期：	

一、从存货盘点记录中选取项目追查至存货实物，以测试盘点记录的存在和准确性

序号	存货盘点表索引	存货编码	存货名称	被审计单位盘点数量	审计人员盘点数量	差异	差异原因

二、从存货实物中选取项目追查至存货盘点记录，以测试存货盘点记录的完整性

序号	存货编码	存货名称	审计人员盘点数量	被审计单位盘点数量	存货盘点表索引	差异	差异原因

注：（1）应对原材料、在产品、产成品等每类存货分别编制存货抽查核对表。

（2）离开盘点现场前，应对所有盘点差异予以调查并获得相应的原始凭证。

审计说明：

索引号：4109－6

委托代管存货询证函

××公司：

本公司聘请的××会计师事务所正在对本公司20×2年度财务报表进行审计。按照中国注册会计师审计准则的要求应当询证截至20×2年×月×日由贵公司持有，代本公司加工、销售或保管的存货的详细资料。下列数据出自本公司账簿记录，如与贵公司记录相符，请在本函下端“信息证明无误”处签章证明；如有不符，请在“信息不符，请列明不符项目及具体内容”处列明不符情况。回函请直接寄至××会计师事务所。

回函地址：　　　　　　　　　　　　　　　　邮编：

电话：　　　　　　　　　　传真：　　　　　联系人：

截至20×2年×月×日由贵公司持有，代本公司加工、销售或保管的存货列示如下：

类别	品名	数量	是否有留置权	状况	备注
1. 代加工存货					
2. 代销售存货					
3. 代保管存货					

本函仅为复核账目之用，请及时函复为盼。

（被审计单位盖章）

20×3年×月×日

--------------------以下仅供被询证单位使用--------------------

结论：

1. 信息证明无误。 （被询证单位盖章） 年　月　日 经办人：	2. 信息不符，请列明不符项目及具体内容。 （被询证单位盖章） 年　月　日 经办人：

存货计价测试表

被审计单位：______	索　引　号：4109－7
项　　　目：存货	截　止　日：______
编　　　制：______	复　　　核：______
日　　　期：______	日　　　期：______

品名及规格：______

月份	本期增加			本期减少（计价方法：__）			结存		
	数量	单价	金额	数量	单价	金额	数量	单价	金额
期初数									
1月									
2月									
3月									
4月									
5月									
6月									
7月									
8月									
9月									
10月									
11月									
12月									
合计									

注：本表适用于原材料、库存商品、发出商品等。

审计说明：

________产品生产成本计算测试表

被审计单位：________　　索　引　号：4109－8

项　　目：存货　　截　止　日：________

编　　制：________　　复　　核：________

日　　期：________　　日　　期：________

月份	投产数量（单位：　）	成本项目				完工转出（结转方法：______）			在产品余额
		直接材料	直接人工	制造费用	合　计	数　量	单位成本	总成本	
期初余额									
1月									
2月									
3月									
4月									
5月									
6月									
7月									
8月									
9月									
10月									
11月									
12月									
生产成本合计									
占总成本比例					100%	—	—	—	—
上年同期发生额									
增减比例									

审计说明：

制造费用明细表

被审计单位：	索　引　号：4109－9
项　　　目：存货	截　止　日：
编　　　制：	复　　　核：
日　　　期：	日　　　期：

月份	制造费用明细项目											
	合计											
1 月												
2 月												
3 月												
4 月												
5 月												
6 月												
7 月												
8 月												
9 月												
10 月												
11 月												
12 月												
合计												
上期同期												
变动额												
变动比例												

制造费用分配标准：

注：记录制造费用的分配标准及测算过程，或者获取被审计单位的制造费用分配表进行详细检查和测试，并在此处索引。

审计说明：

委托加工物资检查表（如适用）

被审计单位：______________	索 引 号：**4109－10**
项　　目：存货－委托加工物资	截 止 日：______________
编　　制：______________	复　　核：______________
日　　期：______________	日　　期：______________

加工单位名称	合同或协议号	发出时间	发出材料成本	加工费	收回材料成本	未收回原因及是否需函证	索引号

审计说明：

存货入库截止测试

被审计单位：	索　引　号：4109－11
项　　　目：存货	截　止　日：
编　　　制：	复　　　核：
日　　　期：	日　　　期：

一、从存货明细账的借方发生额中抽取样本与入库记录核对，以确定存货入库被记录在正确的会计期间

序号	摘要	明细账凭证			入库单*			是否跨期
		编号	日期	数量/金额	编号	日期	数量/金额	
截止日前								
截止日期：20×2年×月×日								
截止日后								

二、从存货入库记录中抽取样本与明细账的借方发生额核对，以确定存货入库被记录在正确的会计期间

序号	摘要	入库单*			明细账凭证			是否跨期
		编号	日期	数量/金额	编号	日期	数量/金额	
截止日前								
截止日期：20×2年×月×日								
截止日后								

＊ 根据存货所有权转移的主条款而定，可能是入库单、购货发票、运输单据或其他表明所有权转移的单据，应根据实际情况修订。

注：本表适用于材料采购/在途物资、原材料、在产品、库存商品等。

审计说明：

存货出库截止测试

被审计单位：		索引号：	4109－12
项目：	存货	截止日：	
编制：		复核：	
日期：		日期：	

一、从存货明细账的贷方发生额中抽取样本与出库记录核对，以确定存货出库被记录在正确的会计期间

序号	摘要	明细账凭证			出库单*			是否跨期
		编号	日期	数量/金额	编号	日期	数量/金额	
截止日前								
截止日期：20×2年×月×日								
截止日后								

二、从存货出库记录中抽取样本与明细账的贷方发生额核对，以确定存货出库被记录在正确的会计期间

序号	摘要	出库单*			明细账凭证			是否跨期
		编号	日期	数量/金额	编号	日期	数量/金额	
截止日前								
截止日期：20×2年×月×日								
截止日后								

* 根据存货所有权转移的主条款而定，可能是出库单、领料单、销货发票、运输单据或其他表明所有权转移的单据，应根据实际情况修订。

注：本表适用于材料采购/在途物资、原材料、在产品等。

审计说明：

10. 长期债券投资

长期债券投资实质性程序

被审计单位：		索 引 号：	4110
项　　目：	长期债券投资实质性程序表	截 止 日：	
编　　制：		复　　核：	
日　　期：		日　　期：	

一、需从实质性程序获取的保证程度

项　目	财务报表认定				
	存在	完整性	权利和义务	计价和分摊	列报
1. 审计目标	A	B	C	D	E
2. 需从实质性程序获取的保证程度					

注："需从实质性程序获取的保证程度"取自审计工作底稿第3200"重要交易、账户余额和披露的认定层次重大错报风险评估结果汇总表"。

二、实质性程序

审计目标	可供选择的实质性程序	是否选择	索引号
D	1. 获取或编制长期债券投资明细表，复核加计是否正确，并与报表数、总账数和明细账合计数核对是否相符；		4110－2
ACD	2. 检查本期增加长期债券投资是否存在，是否归被审计单位所有，分类及其计价方法是否符合小企业会计准则的规定，期末余额是否正确： （1）查阅与长期债券投资有关的合同和文件，核实投资名称、数量、票面价值、票面利率等内容，检查会计处理是否正确。必要时，应向被投资单位函证被投资单位的投资额、回报率（利率）及发放利息等情况； （2）检查长期债券投资的溢价或折价，是否按照直线法摊销转账； （3）检查应计利息的计算和会计处理是否正确入账。		4110－3
ABD	3. 检查本期减少的长期债券投资，追查至原始凭证，确认长期债券投资的处理有合理的理由及授权批准手续，会计处理是否正确。		略

续表

审计目标	可供选择的实质性程序	是否选择	索引号
CE	4. 结合长、短期借款等负债项目的审计，了解长期债券投资是否存在质押等担保情况。如有，则应详细记录，并提请被审计单位进行充分披露。		略
D	5. 检查长期债券投资是否存在小企业会计准则第十条所列情形，如有，应提请被审计单位处理。		略
D	6. 实际发生损失的，检查转销依据是否符合有关规定，会计处理是否正确。		略
	7. 针对评估的舞弊风险等因素增加的审计程序。		略
E	8. 检查长期债券投资是否按照小企业会计准则的规定恰当列报和披露。		略

长期债券投资审定表

被审计单位：　　　　　　　　　　索　引　号：4110－1
项　　　目：长期债券投资　　　　截　止　日：
编　　　制：　　　　　　　　　　复　　　核：
日　　　期：　　　　　　　　　　日　　　期：

项目	期末未审数	账项调整		重分类调整		期末审定数	上期末审定数	索引号
		借方	贷方	借方	贷方			
合计								

审计结论：

长期债券投资明细表

被审计单位：
项　　目：长期债券投资
编　　制：
日　　期：

索 引 号：4110－2
截 止 日：
复　　核：
日　　期：

项目	到期日	票面利率	期初余额	本期增加	本期减少	期末余额	备注
合计							

审计说明：

长期债券投资余额测算表

被审计单位：＿＿＿＿＿＿＿＿　　索　引　号：**4110－3**

项　　目：长期债券投资　　截　止　日：＿＿＿＿＿＿

编　　制：＿＿＿＿＿＿　　复　　核：＿＿＿＿＿＿

日　　期：＿＿＿＿＿＿　　日　　期：＿＿＿＿＿＿

项目名称	到期日	票面利率	期初余额			本期增加			本期减少			期末余额			备注
			本金（面值）	溢（折）价	应计利息	本金（面值）	溢（折）价	应计利息	本金（面值）	溢（折）价摊销	应计利息	本金（面值）	溢（折）价	应计利息	

审计说明：

11. 长期股权投资

长期股权投资实质性程序

被审计单位：	索 引 号： 4111
项 目：长期股权投资实质性程序表	截 止 日：
编 制：	复 核：
日 期：	日 期：

一、需从实质性程序获取的保证程度

项 目	财务报表认定				
	存在	完整性	权利和义务	计价和分摊	列报
1. 审计目标	A	B	C	D	E
2. 需从实质性程序获取的保证程度					

注：“需从实质性程序获取的保证程度”取自审计工作底稿第3200“重要交易、账户余额和披露的认定层次重大错报风险评估结果汇总表”。

二、实质性程序

审计目标	可供选择的实质性程序	是否选择	索引号
D	1. 获取或编制长期股权投资明细表，复核加计是否正确，并与报表数、总账数和明细账合计数核对是否相符；		4111－2
ACE	2. 获取投资合同协议、被投资单位的章程、营业执照、组织机构代码证等资料；关注长期股权投资的股权比例、表决权比例，检查长期股权投资核算方法是否正确；对被投资企业，考虑是否以控制为基础恰当纳入合并财务报表的合并范围（如适用）。		略
ABCD	3. 对本期发生的长期股权投资增减变动，检查至支持性文件，确定其会计处理是否正确。		略
D	4. 检查股利分配的原始凭证及分配决议等资料，确定会计处理是否正确。		略
CE	5. 结合长、短期借款等负债项目的审计，了解长期股权投资是否存在质押等情况。如有，则应详细记录，并提请被审计单位充分披露。		略

续表

审计目标	可供选择的实质性程序	是否选择	索引号
CE	6. 与被审计单位人员讨论确定是否存在被投资单位由于所在国家和地区及其他方面的影响，向被审计单位转移资金的能力受到限制的情况。如存在，应详细记录受限情况，并提请被审计单位充分披露。		略
D	7. 检查长期股权投资是否存在小企业会计准则第二十六条所列情形，如有，应提请被审计单位处理。		略
D	7. 对于实际发生损失的长期股权投资，检查转销依据是否符合有关规定，会计处理是否正确。		略
	8. 针对评估的舞弊风险等因素增加的审计程序。		略
E	9. 检查长期股权投资是否按照小企业会计准则的规定恰当列报和披露。		略

长期股权投资审定表

被审计单位：		索　引　号：	4111－1
项　　　目：	长期股权投资	截　止　日：	
编　　　制：		复　　　核：	
日　　　期：		日　　　期：	

被投资单位名称	期末未审数	账项调整		重分类调整		期末审定数	上期末审定数	索引号
		借方	贷方	借方	贷方			
合计								

审计结论：

长期股权投资明细表

被审计单位：		索　引　号：	**4111－2**
项　　　目：	长期股权投资	截　止　日：	
编　　　制：		复　　　核：	
日　　　期：		日　　　期：	

被投资单位名称	持股比例	投资时间	投资方式	初始投资成本	期初余额	本期增加	本期减少	期末余额	投资文件索引号	备注
合计										

注：

1. 投资方式指现金出资、发行权益性证券、投资者投入、非货币性资产交换、债务重组、企业合并等；
2. 投资文件指产权登记表、投资协议、出资证明、验资报告等；
3. 备注可填写本年新增加、处置投资是否有授权批准或其他说明事项。

审计说明：

12. 固定资产/累计折旧

固定资产/累计折旧实质性程序

被审计单位：		索　引　号：	4112
项　　　目：	固定资产/累计折旧实质性程序表	截　止　日：	
编　　　制：		复　　　核：	
日　　　期：		日　　　期：	

一、需从实质性程序获取的保证程度

项　　目	财务报表认定				
	存在	完整性	权利和义务	计价和分摊	列报
1. 审计目标	A	B	C	D	E
2. 需从实质性程序获取的保证程度					

注："需从实质性程序获取的保证程度"取自审计工作底稿第3200"重要交易、账户余额和披露的认定层次重大错报风险评估结果汇总表"。

二、实质性程序

审计目标	可供选择的实质性程序	是否选择	索引号
D	1. 获取或编制固定资产/累计折旧明细表，复核加计是否正确，与报表数、总账数和明细账合计数核对是否相符。		4112－2
A	2. 实地检查重要固定资产，确定其是否存在，关注是否存在已报废但仍未核销的固定资产。		4112－3
CE	3. 检查固定资产的所有权或控制权： （1）对外购的机器设备等固定资产，审核采购发票、采购合同等； （2）对于房地产类固定资产，查阅有关的合同、产权证明、财产税单、抵押借款的还款凭据、保险单等书面文件； （3）对融资租入的固定资产，检查有关融资租赁合同； （4）对汽车等运输设备，检查有关运营证件等； （5）结合长、短期借款等有关负债项目的审计，了解固定资产是否存在重大的抵押等担保情况。		略

续表

审计目标	可供选择的实质性程序	是否选择	索引号
ABCD	4. 检查本期增加的固定资产的入账价值： （1）对于外购固定资产，检查采购合同、发票、保险单、发运凭证等支持性文件，确定入账价值是否正确，授权批准手续是否齐备，会计处理是否正确，是否按规定履行了政府采购手续（如适用）； （2）对于自行建造的固定资产，检查竣工结算资料，确定固定资产确认时点和入账价值是否正确； （3）对于投资者投入的固定资产，检查出资协议、评估报告等支持性文件，确认入账价值是否正确； （4）对于融资租入的固定资产，检查是否按照租赁合同约定的付款总额和在签订租赁合同过程中发生的相关税费等确定； （5）对于盘盈的固定资产，是否按照同类或类似固定资产的市场价格或评估价格，扣除按照该项固定资产新旧程度估计的折旧后的余额确定。		4112－4
D	5. 检查固定资产的日常修理费，是否在发生时根据固定资产的受益对象计入相关资产成本或当期损益；检查固定资产的改建支出，是否计入固定资产成本（已提足折旧的固定资产和经营租入的固定资产发生的改建支出应当计入长期待摊费用）。		略
ABD	6. 检查本期固定资产的处置： （1）结合固定资产清理科目，抽查固定资产账面转销额是否正确； （2）检查出售、盘亏、转让、报废或毁损的固定资产是否经授权批准，会计处理是否正确； （3）检查进行改扩建的固定资产的会计处理是否正确； （4）检查投资转出固定资产的会计处理是否正确； （5）检查债务重组或非货币性资产交换转出固定资产的会计处理是否正确； （6）检查其他减少固定资产的会计处理是否正确。		4112－5

续表

审计目标	可供选择的实质性程序	是否选择	索引号
ABCD	7. 检查固定资产的租赁： （1）获取被审计单位融资租入固定资产的租赁合同、租约，检查被审计单位对经营租入和融资租入的划分是否正确； （2）临时租入和经营租入固定资产是否已登记备查簿；融资租入的固定资产是否已确认为资产； （3）必要时，向出租人函证租赁合同及执行情况。		4112－6
DE	8. 获取暂时闲置固定资产的相关证明文件，并观察其实际状况，检查是否已按规定计提折旧，相关的会计处理是否正确。		略
D	9. 检查累计折旧： （1）检查被审计单位的折旧政策和方法是否符合小企业会计准则的规定，前后期是否一致；预计使用寿命和预计净残值的确定是否合理； （2）（实施实质性分析程序）重新计算各类固定资产本期应计提的折旧额；将被审计单位账面计提折旧额与上年同期金额、测算折旧额进行比较，根据可接受的差异额分析评估测试结果； （3）（实施细节测试）检查本期折旧费用的计提是否正确； （4）检查折旧费用的分配方法是否合理，与上期是否一致；分配计入各项目的金额占本期全部折旧计提额的比例与上期比较是否有重大差异；将本期计提折旧额与成本费用中折旧费金额进行核对； （5）关注固定资产增减变动时，相应的累计折旧账户的会计处理是否符合规定。		4112－7
	10. 针对评估的舞弊风险等因素增加的审计程序。		略
E	11. 检查固定资产是否按照小企业会计准则的规定恰当列报和披露。		略

固定资产/累计折旧审定表

被审计单位：______ 索 引 号：4112－1

项　　　目：固定资产/累计折旧 截 止 日：______

编　　　制：______ 复　　　核：______

日　　　期：______ 日　　　期：______

项目名称	期　末 未审数	账项调整		重分类调整		期　末 审定数	上期末 审定数	索引号
		借方	贷方	借方	贷方			
一、固定资产合计								
其中：房屋、建筑物								
机器设备								
运输工具								
……								
二、累计折旧合计								
其中：房屋、建筑物								
机器设备								
运输工具								
……								
三、固定资产账面价值合计								
其中：房屋、建筑物								
机器设备								
运输工具								
……								

审计结论：

固定资产/累计折旧明细表

被审计单位：________	索　引　号：4112－2
项　　　目：固定资产/累计折旧	截　止　日：________
编　　　制：________	复　　　核：________
日　　　期：________	日　　　期：________

项目名称	期初余额	本期增加	本期减少	期末余额	备注
一、固定资产合计					
其中：房屋、建筑物					
机器设备					
运输工具					
……					
二、累计折旧合计					
其中：房屋、建筑物					
机器设备					
运输工具					
……					
三、固定资产账面价值合计					
其中：房屋、建筑物					
机器设备					
运输工具					
……					

注：备注栏可填列固定资产的使用年限、剩余使用年限、残值率和年折旧率等情况。

审计说明：

固定资产监盘检查情况表

被审计单位：		索 引 号：	4112 －3
项 目：	固定资产/累计折旧	截 止 日：	
编 制：		复 核：	
日 期：		日 期：	

序号	名称	规格型号	计量单位	单价	账面结存		被审计单位盘点			实际检查			备注
					数量	金额	数量	金额	盈亏（+、-）	数量	金额	盈亏（+、-）	

检查时间： 检查地点： 检查人：

审计说明：

固定资产增加检查表

被审计单位：		索引号：	4112－4
项目：	固定资产/累计折旧	截止日：	
编制：		复核：	
日期：		日期：	

固定资产名称	取得日期	取得方式	固定资产类别	增加情况		凭证号	核对内容（用“√”、“×”表示）							
				数量	原价		①	②	③	④	⑤	⑥	⑦	⑧

核对内容说明：①与发票是否一致；②与付款单据是否一致；③与购买/建造合同是否一致；④与验收报告或评估报告等是否一致；⑤审批手续是否齐全；⑥与在建工程转出数核对是否一致；⑦会计处理是否正确（入账日期和入账金额）；⑧……

审计说明：

固定资产减少检查表

被审计单位：	索引号：4112－5
项目：固定资产/累计折旧	截止日：
编制：	复核：
日期：	日期：

固定资产名称	取得日期	处置方式	处置日期	固定资产原价	累计折旧	账面价值	处置费用	处置收入	利得（损失）	索引号	核对内容（用“√”、“×”表示）				
											①	②	③	④	⑤
核对内容说明：①与收款单据是否一致；②与合同是否一致；③审批手续是否完整；④会计处理是否正确；⑤……															

审计说明：

索引号：4112－6

租赁询证函

××公司：

本公司聘请的××会计师事务所正在对本公司20×2年度财务报表进行审计，按照中国注册会计师审计准则的要求，应当询证本公司与贵公司的固定资产租赁情况。请根据×年×月×日签订的有关租入贵公司［租赁资产名称］租赁协议向××会计师事务所确认以下事项，回函请直接寄至××会计师事务所。

通信地址：

邮编：　　　电话：　　　　　　传真：　　　　　　联系人：

一、租赁合同（协议）信息

1. 租赁期开始日与到期日：从　　　　　　到

2. 月付租金额：

3. 租赁保证金数额：

4. 如有续租选择权，请列示：

A. 续租期间：从　　　　　　到

B. 续租月付租金额：

5. 如有购买租赁资产的选择权，请列示：

（1）购买价：

（2）行使该选择权的有效期间：从　　　　到

（3）月付租金额占购买价的百分比：

二、与租赁相关的信息

请贵公司提供如下与租赁相关的信息：

1. 若上述租赁协议已修改部分条款或签订补充协议，请注明相应日期及条款：

2. 尚未支付金额：

3. 尚未支付原因：

4. 上述询证事项尚未涉及的负债和或有事项：

［被审计单位名称］
（公司盖章）
20×3年×月×日

［回函经办人员签字］
（公司盖章）
20×3年×月×日

折旧计算检查表

被审计单位：	索 引 号：4112 –7
项　　目：固定资产/累计折旧	截 止 日：
编　　制：	复　　核：
日　　期：	日　　期：

固定资产	取得时间	使用年限	固定资产原值	残值率	折旧方法	累计折旧期初余额	本期应提折旧	本期已提折旧	差异

审计说明：

13. 在建工程

在建工程实质性程序

被审计单位：______	索　引　号：　4113
项　　目：在建工程实质性程序表	截　止　日：______
编　　制：______	复　　核：______
日　　期：______	日　　期：______

一、需从实质性程序获取的保证程度

项　目	财务报表认定				
	存在	完整性	权利和义务	计价和分摊	列报
1. 审计目标	A	B	C	D	E
2. 需从实质性程序获取的保证程度					

注："需从实质性程序获取的保证程度"取自审计工作底稿第3200"重要交易、账户余额和披露的认定层次重大错报风险评估结果汇总表"。

二、实质性程序

审计目标	可供选择的实质性程序	是否选择	索引号
D	1. 获取或编制在建工程明细表，复核加计是否正确，并与报表数、总账数和明细账合计数核对是否相符。		4113－2
ABCD	2. 检查本期增加的在建工程： （1）询问管理层在建工程本期增加情况，并与在建工程明细表核对； （2）查阅资本支出预算、相关会议决议等，检查本期增加的在建工程是否全部得到记录； （3）检查本期增加在建工程的原始凭证是否完整，如立项申请、工程借款合同、施工合同、发票、工程物资请购申请、付款单据、运单、验收报告等是否完整，计价是否正确。		4113－3
ABD	3. 检查本期减少的在建工程： （1）检查购入需要安装的固定资产，是否在安装完成后转入固定资产；检查自营工程是否在办理竣工结算后转入固定资产； （2）检查在建工程其他减少的情况，入账依据是否齐全，会计处理是否正确。		4113－4

续表

审计目标	可供选择的实质性程序	是否选择	索引号
D	4. 结合长、短期借款等负债项目的审计，复核资本化的借款费用、资本化率、实际支出数以及资本化的开始、暂停和停止时间，检查借款费用资本化是否正确。		略
A	5. 实施在建工程监盘程序，关注在建项目的形象进度。		略
	6. 针对评估的舞弊风险等因素增加的审计程序。		略
E	7. 检查在建工程是否按照小企业会计准则的规定恰当列报和披露。		略

在建工程审定表

被审计单位：______	索 引 号：4113－1
项　　目：在建工程	截 止 日：______
编　　制：______	复　　核：______
日　　期：______	日　　期：______

项目	期　末 末审数	账项调整		重分类调整		期　末 审定数	上期末 审定数	索引号
		借方	贷方	借方	贷方			
合计								

审计结论：

在建工程明细表

被审计单位：	索　引　号：4113－2
项　　　目：在建工程	截　止　日：
编　　　制：	复　　　核：
日　　　期：	日　　　期：

工程项目名称	预算数	工程进度	完工日期/竣工结算日期	批准文号	资金来源	期初余额		本期增加		本期转入固定资产		其他减少		期末余额		期末余额
						金额	其中：借款费用资本化金额	金额	其中：借款费用资本化金额	金额	其中：借款费用资本化金额	金额	其中：借款费用资本化金额	金额	其中：借款费用资本化金额	
合计																

审计说明：

在建工程增加检查表

被审计单位：＿＿＿＿＿＿　　索　引　号：4113－3
项　　　目：在建工程　　截　止　日：＿＿＿＿＿＿
编　　　制：＿＿＿＿＿＿　　复　　　核：＿＿＿＿＿＿
日　　　期：＿＿＿＿＿＿　　日　　　期：＿＿＿＿＿＿

工程项目名称	记账日期	凭证编号	业务内容	本期增加金额	核对内容（用“√”、“×”表示）					
					①	②	③	④	⑤	⑥

核对内容说明：①是否与立项文件一致；②与施工合同是否一致；③与发票是否一致；④工程进度与监理报告是否一致；⑤与资本支出预算是否一致；⑥……

审计说明：

在建工程减少检查表

被审计单位：	索　引　号：4113－4
项　　　目：在建工程	截　止　日：
编　　　制：	复　　　核：
日　　　期：	日　　　期：

工程项目名称	记账日期	凭证编号	业务内容	转入固定资产		其他减少		核对内容（用“√”、“×”表示）				
				账面余额	其中：借款费用资本化金额	账面余额	其中：借款费用资本化金额	①	②	③	④	⑤

核对内容说明：①与验收交接单核对一致；②结转固定资产时点正确；③与竣工有关文件核对一致；④会计处理正确；⑤……

审计说明：

14. 工程物资

工程物资实质性程序

被审计单位：	索　引　号：4114
项　　目：工程物资实质性程序表	截　止　日：
编　　制：	复　　核：
日　　期：	日　　期：

一、需从实质性程序获取的保证程度

项　目	财务报表认定				
	存在	完整性	权利和义务	计价和分摊	列报
1. 审计目标	A	B	C	D	E
2. 需从实质性程序获取的保证程度					

注："需从实质性程序获取的保证程度"取自审计工作底稿第3200"重要交易、账户余额和披露的认定层次重大错报风险评估结果汇总表"。

二、实质性程序

审计目标	可供选择的实质性程序	是否选择	索引号
D	1. 获取或编制工程物资明细表，复核加计是否正确，并与报表数、总账数和明细账合计数核对是否相符。		4114－2
ABD	2. 实地监盘工程物资，确定其是否存在，并观察是否有呆滞、积压物资。		略
ABCD	3. 对本期发生工程物资的增减变动，检查至支持性文件，确定其会计处理是否正确。		略
ABD	4. 获取并检查被审计单位编制的工程物资盘点表，检查对盘盈、盘亏的会计处理是否正确。		略
	5. 针对评估的舞弊风险等因素增加的审计程序。		略
E	6. 检查工程物资是否按照小企业会计准则的规定恰当列报和披露。		略

工程物资审定表

被审计单位：		索　引　号：	4114－1
项　　　目：	工程物资	截　止　日：	
编　　　制：		复　　　核：	
日　　　期：		日　　　期：	

项目名称	期　末 未审数	账项调整		重分类调整		期　末 审定数	上期末 审定数	索引号
		借方	贷方	借方	贷方			

审计结论：

工程物资明细表

被审计单位：	索　引　号：4114－2
项　　　目：工程物资	截　止　日：
编　　　制：	复　　　核：
日　　　期：	日　　　期：

项目名称	名称及规格	计量单位	数量	单价	期末余额	备注

审计说明：

15. 固定资产清理

固定资产清理实质性程序

被审计单位：		索 引 号：	4115
项　　目：	固定资产清理实质性程序表	截 止 日：	
编　　制：		复　　核：	
日　　期：		日　　期：	

一、需从实质性程序获取的保证程度

项　目	财务报表认定				
	存在	完整性	权利和义务	计价和分摊	列报
1. 审计目标	A	B	C	D	E
2. 需从实质性程序获取的保证程度					

注：“需从实质性程序获取的保证程度”取自审计工作底稿第3200“重要交易、账户余额和披露的认定层次重大错报风险评估结果汇总表”。

二、实质性程序

审计目标	可供选择的实质性程序	是否选择	索引号
D	1. 获取或编制固定资产清理明细表，复核加计是否正确，并与报表数、总账数和明细账合计数核对是否相符。		4115－2
ACD	2. 结合固定资产等账项的审计，检查本期处置的固定资产、累计折旧账面转入额是否正确；固定资产清理收入和清理费用的发生是否真实，清理净损益的计算是否正确，会计处理是否正确。检查国有企业固定资产清理收支是否按“收支两条线”处理（如适用）。		4115－2
ABCD	3. 因对外投资、非货币性资产交换、债务重组等原因转出产生固定资产清理的，检查相关的合同协议以及股东会或董事会的决议，确定会计处理是否正确。		略
A	4. 关注固定资产清理是否存在长期挂账的情况。如有，在底稿中作出记录，必要时，提请被审计单位调整。		略
	5. 针对评估的舞弊风险等因素增加的审计程序。		略
E	6. 检查固定资产清理是否按照小企业会计准则的规定恰当列报和披露。		略

固定资产清理审定表

被审计单位：	索　引　号：4115－1
项　　目：固定资产清理	截　止　日：
编　　制：	复　　核：
日　　期：	日　　期：

项目名称	期　末 未审数	账项调整		重分类调整		期　末 审定数	上期末 审定数
		借方	贷方	借方	贷方		
合计							

审计结论：

固定资产清理明细表

被审计单位：		索引号：	4115－2
项目：	固定资产清理	截止日：	
编制：		复核：	
日期：		日期：	

项目名称	清理原因	批准人	固定资产			清理费用	清理收入	结转营业外收支	期末余额	备注
			原值	已提折旧	净值					
			①	②	③＝①－②	④	⑤	⑥	⑦＝③＋④－⑤－⑥	

审计说明：

16. 无形资产

无形资产实质性程序

被审计单位：		索　引　号：	4116
项　　　目：	无形资产实质性程序表	截　止　日：	
编　　　制：		复　　　核：	
日　　　期：		日　　　期：	

一、需从实质性程序获取的保证程度

项　　目	财务报表认定				
	存在	完整性	权利和义务	计价和分摊	列报
1. 审计目标	A	B	C	D	E
2. 需从实质性程序获取的保证程度					

注："需从实质性程序获取的保证程度"取自审计工作底稿第3200"重要交易、账户余额和披露的认定层次重大错报风险评估结果汇总表"。

二、实质性程序

审计目标	可供选择的实质性程序	是否选择	索引号
D	1. 获取或编制无形资产明细表，复核加计是否正确，并与报表数、总账数和明细账合计数核对是否相符。		4116－2
AC	2. 检查无形资产的权属证书原件、非专利技术的持有和保密状况等，并获取有关协议和董事会纪要等文件、资料，检查无形资产的性质、构成内容、计价依据、使用状况和受益期限，确定无形资产是否存在，并由被审计单位拥有或控制。		略
ACD	3. 检查本期增加的无形资产： （1）检查投资者投入的无形资产是否按照评估价值和相关税费确定； （2）对自行研发取得、购入或接受捐赠的无形资产，检查其原始凭证，确认计价是否正确，法律程序是否完备（如依法登记、注册及变更登记的批准文件和有效期），会计处理是否正确； （3）对债务重组或非货币性资产交换取得的无形资产，检查有关协议等资料，确认其计价和会计处理是否正确； （4）检查本期购入土地使用权相关税费的计算清缴情况，与购入土地使用权相关的会计处理是否正确。		略

续表

审计目标	可供选择的实质性程序	是否选择	索引号
ABD	4. 检查本期减少的无形资产： （1）取得无形资产处置的相关合同、协议，检查其会计处理是否正确； （2）检查房地产开发企业取得的土地用于建造对外出售的房屋建筑物，相关的土地使用权是否转入所建造房屋建筑物的成本。在土地上自行开发建造厂房等建筑物的，土地使用权和地上建筑物是否分别进行摊销和计提折旧。		略
D	5. 检查被审计单位确定无形资产使用寿命的依据，分析其合理性。		略
D	6. 检查无形资产的摊销： （1）检查无形资产各项目的摊销政策是否符合有关规定，是否与上期一致，若改变摊销政策，检查其依据是否充分；对于不能可靠估计无形资产使用寿命的，摊销期是否不低于10年。 （2）复核本期摊销是否正确，与相关科目核对是否相符。		4116－3
CE	7. 结合长、短期借款等负债项目的审计，了解是否存在用于债务担保的无形资产。如有，提请被审计单位作恰当披露。		略
	8. 针对评估的舞弊风险等因素增加的审计程序。		略
E	9. 检查无形资产是否按照小企业会计准则的规定恰当列报和披露。		略

无形资产审定表

被审计单位：		索　引　号：	4116－1
项　　　目：	无形资产	截　止　日：	
编　　　制：		复　　　核：	
日　　　期：		日　　　期：	

项目名称	期末未审数	账项调整		重分类调整		期末审定数	上期末审定数	索引号
		借方	贷方	借方	贷方			
一、无形资产成本合计								
……								
二、累计摊销额合计								
……								
三、账面价值合计								
……								

审计结论：

无形资产明细表

被审计单位：	索　引　号：4116－2
项　　　目：无形资产	截　止　日：
编　　　制：	复　　　核：
日　　　期：	日　　　期：

项目名称	期初余额	本期增加	本期减少	期末余额	备注
一、无形资产成本合计					
……					
二、累计摊销额合计					
……					
三、账面价值合计					
……					

审计说明：

无形资产累计摊销计算表

被审计单位：	索　引　号：4116－3
项　　　目：无形资产	截　止　日：
编　　　制：	复　　　核：
日　　　期：	日　　　期：

无形资产名称	发生日期	无形资产原价	残值（通常为0）	摊销期限	应摊销金额	累计摊销期初余额	本期摊销额	累计摊销期末余额	剩余摊销年限	备注
合计										

注：1. 无形资产的摊销期限应根据被审计单位分析的无形资产使用寿命确定，并关注使用寿命和摊销年限是否合理；

2. 对使用寿命不确定的无形资产，应关注相应的判断依据。

审计说明：

17. 开发支出

开发支出实质性程序

被审计单位：________	索　引　号：4117
项　　　目：开发支出实质性程序表	截　止　日：________
编　　　制：________	复　　　核：________
日　　　期：________	日　　　期：________

一、需从实质性程序获取的保证程度

项　　目	财务报表认定				
	存在	完整性	权利和义　务	计价和分　摊	列报
1. 审计目标	A	B	C	D	E
2. 需从实质性程序获取的保证程度					

注："需从实质性程序获取的保证程度"取自审计工作底稿第 3200 "重要交易、账户余额和披露的认定层次重大错报风险评估结果汇总表"。

二、实质性程序

审计目标	可供选择的实质性程序	是否选择	索引号
D	1. 获取或编制研发支出明细表，复核加计是否正确，并与研发支出总账数和明细账合计数核对是否相符，并将研发支出明细账期末余额与报表数核对是否相符。		4117－2
ACD	2. 检查本期增加的研发支出： （1）获取有关协议和董事会纪要等文件、资料，检查开发支出的性质、构成内容、计价依据，检查其是否归被审计单位拥有或控制； （2）索取相关会议纪要、无形资产研究开发的可行性研究报告等相关资料，确定研究开发项目处于研究阶段还是开发阶段；不同阶段的资本化和费用化处理是否正确，会计处理是否正确； （3）检查研发支出中的职工薪酬、折旧费等，并与相关科目核对是否相符。		略
ABD	3. 检查本期减少的研发支出： （1）检查研发支出明细表，结合管理费用科目的审计，检查费用化支出的结转处理是否正确； （2）审查已经在用或已经达到预定用途的研究开发项目是否已结转至相关资产项目。		略

续表

审计目标	可供选择的实质性程序	是否选择	索引号
AB	4. 对研发支出实施截止测试，检查资产负债表日前后____天内开发支出明细账和凭证，确定有无跨期现象。		略
	5. 针对评估的舞弊风险等因素增加的审计程序。		略
E	6. 检查开发支出是否按照小企业会计准则的规定恰当列报和披露。		略

开发支出审定表

被审计单位：		索引号：	4117－1
项目：	开发支出	截止日：	
编制：		复核：	
日期：		日期：	

项目名称	期末未审数	账项调整		重分类调整		期末审定数	上期末审定数	索引号
		借方	贷方	借方	贷方			
合计								

审计结论：

研发支出明细表

被审计单位：______　　索引号：4117－2

项　　目：研发支出　　截止日：______

编　　制：______　　复　　核：______

日　　期：______　　日　　期：______

研究开发项目	期初余额	本期增加	本期减少	期末余额	备注
一、费用化支出合计				—	
……				—	
				—	
				—	
				—	
				—	
二、资本化支出合计					
……					
合计					

审计说明：

18. 长期待摊费用

长期待摊费用实质性程序

被审计单位：______	索引号：4118
项目：长期待摊费用实质性程序表	截止日：______
编制：______	复核：______
日期：______	日期：______

一、需从实质性程序获取的保证程度

项目	财务报表认定				
	存在	完整性	权利和义务	计价和分摊	列报
1. 审计目标	A	B	C	D	E
2. 需从实质性程序获取的保证程度					

注："需从实质性程序获取的保证程度"取自审计工作底稿第3200"重要交易、账户余额和披露的认定层次重大错报风险评估结果汇总表"。

二、实质性程序

审计目标	可供选择的实质性程序	是否选择	索引号
D	1. 获取或编制长期待摊费用明细表，复核加计是否正确，并与报表数、总账数和明细账合计数核对是否相符。		4118－2
ACD	2. 抽查长期待摊费用的原始凭证，查阅有关合同、协议等资料，检查是否真实存在，会计处理是否正确。		略
D	3. 检查摊销政策是否符合小企业会计准则的规定，复核计算摊销额及相关的会计处理是否正确，前后期是否保持一致，是否存在随意调节利润的情况。		4118－2
AD	4. 对于已提足折旧和经营租赁方式租入的固定资产发生的改建支出，检查相关的原始资料（如承租合同、装修合同和决算书等），确定改建支出是否正确，摊销期限是否合理，摊销额的计算及会计处理是否正确。		略
	5. 针对评估的舞弊风险等因素增加的审计程序。		略
E	6. 检查长期待摊费用是否按照小企业会计准则的规定恰当列报和披露。		略

长期待摊费用审定表

被审计单位：________　　索 引 号：4118－1

项　　目：长期待摊费用　　截 止 日：________

编　　制：________　　复　　核：________

日　　期：________　　日　　期：________

项目名称	期末未审数	账项调整		重分类调整		期末审定数	上期末审定数	索引号
		借方	贷方	借方	贷方			
合计								

审计结论：

长期待摊费用明细表

被审计单位：________　　索 引 号：**4118－2**
项　　目：长期待摊费用　　截 止 日：________
编　　制：________　　复　　核：________
日　　期：________　　日　　期：________

项目名称	发生日期	初始成本	摊销期限	期初余额	本期增加	本期减少	期末余额	剩余摊销年限	备注
合计									

审计说明：

（二）负债类

1. 短期借款/长期借款

短期借款/长期借款实质性程序

被审计单位：		索 引 号：	4201
项 目：	短期借款/长期借款实质性程序表	截 止 日：	
编 制：		复 核：	
日 期：		日 期：	

一、需从实质性程序获取的保证程度

项 目	财务报表认定				
	存在	完整性	权利和义务	计价和分摊	列报
1. 审计目标	A	B	C	D	E
2. 需从实质性程序获取的保证程度					

注："需从实质性程序获取的保证程度"取自审计工作底稿第3200"重要交易、账户余额和披露的认定层次重大错报风险评估结果汇总表"。

二、实质性程序

审计目标	可供选择的实质性程序	是否选择	索引号
D	1. 获取或编制短期借款/长期借款明细表： （1）复核加计是否正确，并与报表数、总账数和明细账合计数核对是否相符； （2）检查非记账本位币短期借款/长期借款的折算汇率及折算金额是否正确，折算方法是否前后期一致。		4201－2
BE	2. 检查被审计单位企业信用报告，核实账面记录是否完整。对被审计单位企业信用报告上列示的信息与账面记录的差异进行分析，并关注贷款卡中列示的被审计单位对外担保的信息。		略
ABCD	3. 对借款实施函证程序（步骤见"货币资金"实质性程序）。		略
ACD	4. 对本期内增加的借款，检查借款合同，了解借款本金、借款用途、借款条件、借款日期、还款期限、借款利率等信息，检查会计处理是否正确。		4201－2
ABD	5. 对本期内减少的借款，检查相关记录和原始凭证，检查会计处理是否正确。		4201－2

续表

审计目标	可供选择的实质性程序	是否选择	索引号
E	6. 检查期末逾期借款，至外勤工作日是否归还或办理了展期手续。同时关注逾期借款对被审计单位的财务状况影响（如罚息、诉讼事项、查封资产等）。		略
D	7. 根据借款合同相关条款、用途、利率和期限等，检查被审计单位借款利息的计算和会计处理是否正确，利息资本化与费用化的依据是否合理，必要时重新计算利息资本化与费用化的金额，并与相关报表项目的工作底稿交叉索引。		4201－2 4201－3
	8. 针对评估的舞弊风险等因素增加的审计程序。		略
E	9. 检查短期借款/长期借款是否按照小企业会计准则的规定恰当列报和披露。		略

短期借款/长期借款审定表

被审计单位：		索 引 号：	4201－1
项　　目：	短期借款/长期借款	截 止 日：	
编　　制：		复　　核：	
日　　期：		日　　期：	

项目名称	期末未审数	账项调整		重分类调整		期末审定数	上期末审定数	索引号
		借方	贷方	借方	贷方			
信用借款								
抵押借款								
质押借款								
保证借款								
短期借款小计								
信用借款								
抵押借款								
质押借款								
保证借款								
长期借款小计								

审计结论：

短期借款/长期借款明细表

被审计单位：		索 引 号：	4201－2
项　　目：	短期借款/长期借款	截 止 日：	
编　　制：		复　　核：	
日　　期：		日　　期：	

贷款银行	贷款类型	利率	合同约定借款期限		期初余额	本期增加		本期归还		期末余额	本期应计利息	本期实计利息	差异	借款合同索引	银行询证函索引	企业信用报告索引
			借款日	还款日		日期	本金	日期	本金							

注：外币短期借款应列明原币金额及折算汇率。

审计说明：

利息分配情况检查表

被审计单位：		索　引　号：	4201－3
项　　　目：	短期借款/长期借款	截　止　日：	
编　　　制：		复　　　核：	
日　　　期：		日　　　期：	

项目名称	实际利息	利息（实际利息）分配数						核对是否正确	差异原因
		财务费用	在建工程	制造费用	研发支出	……	合计		
合计									

注：项目名称按短期借款/长期借款的明细科目列示。

审计说明：

2. 应付票据

应付票据实质性程序

被审计单位：		索 引 号：	4202
项　　目：	应付票据实质性程序表	截 止 日：	
编　　制：		复　　核：	
日　　期：		日　　期：	

一、需从实质性程序获取的保证程度

项　目	财务报表认定				
	存在	完整性	权利和义务	计价和分摊	列报
1. 审计目标	A	B	C	D	E
2. 需从实质性程序获取的保证程度					

注："需从实质性程序获取的保证程度"取自审计工作底稿第3200"重要交易、账户余额和披露的认定层次重大错报风险评估结果汇总表"。

二、实质性程序

审计目标	可供选择的实质性程序	是否选择	索引号
D	1. 获取或编制应付票据明细表： （1）复核加计正确，并与报表数、总账数和明细账合计数核对是否相符； （2）检查非记账本位币应付票据的折算汇率及折算是否正确。		4202－2
ABCD	2. 检查应付票据备查簿： （1）与应付票据明细表核对以下有关内容是否相符：应付票据的种类、号数和出票日期、到期日、票面金额、交易合同号和收款人姓名或单位名称以及付款日期和金额等； （2）检查债务的合同、发票和收货单等资料，核实交易、事项真实性，复核其应存入银行的承兑保证金，并与其他货币资金科目勾稽。 （3）抽查资产负债表日后已偿付的应付票据，检查有无未入账的应付票据，核实其是否已付款并转销。 （4）针对资产负债表日之前到期的应付票据，确定是否已在资产负债表日前偿付。 （5）询问管理层，审查有关文件并结合购货截止测试，检查应付票据的完整性。 （6）获取并阅读被审计单位的企业信用报告，检查其中与应付票据有关的信息。		略

续表

审计目标	可供选择的实质性程序	是否选择	索引号
ABCD	3. 实施函证程序（步骤见“货币资金”实质性程序）。		略
A	4. 查明逾期未兑付票据的原因，检查相关的会计处理是否符合小企业会计准则。		略
D	5. 复核带息应付票据利息是否足额计提，其会计处理是否正确。		略
ABCDE	6. 标明应付关联方的票据，执行关联方及其交易审计程序，关注与关联方的应付票据是否存在真实交易背景。		5030
	7. 针对评估的舞弊风险等因素增加的审计程序。		略
E	8. 检查应付票据是否按照小企业会计准则的规定恰当列报和披露。		略

应付票据审定表

被审计单位：		索　引　号：	4202－1
项　　　目：	应付票据	截　止　日：	
编　　　制：		复　　　核：	
日　　　期：		日　　　期：	

票据类别	期　末 未审数	账项调整		重分类调整		期　末 审定数	上期末 审定数	索引号
		借方	贷方	借方	贷方			
合计								

审计结论：

应付票据明细表

被审计单位：________________　　　索 引 号：4202－2

项　　目：应付票据　　　截 止 日：________________

编　　制：________________　　　复　　核：________________

日　　期：________________　　　日　　期：________________

票据类别	票据关系人			合同号	出票日期	票面金额	已计利息	到期日期	利息率	到期应计利息	付息条件	备注
	出票人	承兑人	收款人									

注：

1. 票据类别应按商业承兑汇票、银行承兑汇票分别列示；
2. 与收款人是否存在关联关系，在“备注”栏中说明；
3. 如果涉及非记账本位币的应付票据，应注明外币金额和折算汇率。

审计说明：

3. 应付账款

应付账款实质性程序

被审计单位：		索 引 号：	4203
项　　目：	应付账款实质性程序表	截 止 日：	
编　　制：		复　　核：	
日　　期：		日　　期：	

一、需从实质性程序获取的保证程度

项　目	财务报表认定				
	存在	完整性	权利和义务	计价和分摊	列报
1. 审计目标	A	B	C	D	E
2. 需从实质性程序获取的保证程度					

注：“需从实质性程序获取的保证程度”取自审计工作底稿第3200“重要交易、账户余额和披露的认定层次重大错报风险评估结果汇总表”。

二、实质性程序

审计目标	可供选择的实质性程序	是否选择	索引号
D	1. 获取或编制应付账款明细表： （1）复核加计正确，并与报表数、总账数和明细账合计数核对是否相符； （2）检查非记账本位币应付账款的折算汇率及折算是否正确； （3）分析出现借方余额的项目，查明原因，必要时，提请被审计单位进行重分类调整； （4）结合预付账款等往来项目的明细余额，检查有无针对同一交易在应付账款和预付账款同时记账的情况、异常余额或与购货无关的其他款项（如关联方账户或雇员账户）。		4203－2
BD	2. 获取并检查被审计单位与其供应商之间的对账单以及被审计单位编制的差异调节表，确定应付账款金额的准确性。		略
ABCD	3. 对本期发生的应付账款增减变动，检查至相关支持性文件，确定会计处理是否正确。		略
A	4. 检查应付账款长期挂账的原因并作出记录，对确实无需支付的应付账款的会计处理是否正确。		略

续表

审计目标	可供选择的实质性程序	是否选择	索引号
ABCD	5. 实施函证程序（步骤见“货币资金”实质性程序）		4203－3
B	6. 针对资产负债表日后付款项目，检查银行对账单及有关付款凭证（如银行划款通知、供应商收据等），询问被审计单位内部或外部的知情人员，查找有无未及时入账的应付账款。		略
B	7. 复核截至审计现场工作日的全部未处理的供应商发票，并询问是否存在其他未处理的供应商发票，确认所有的负债都记录在正确的会计期间内。		略
B	8. 检查资产负债表日后应付账款明细账贷方发生额的相应凭证，关注其购货发票的日期，确认其入账时间是否合理。		略
AB	9. 结合存货监盘程序，检查被审计单位在资产负债日前后的存货入库资料（验收报告或入库单），检查应付账款是否计入了正确的会计期间。		略
ABCDE	10. 标明应付关联方的款项，执行关联方及其交易审计程序。		5030
	11. 针对评估的舞弊风险等因素增加的审计程序。		略
E	12. 检查应付账款是否按照小企业会计准则的规定恰当列报和披露。		略

应付账款审定表

被审计单位：______　　索 引 号：**4203－1**
项　　目：应付账款　　截 止 日：______
编　　制：______　　复　　核：______
日　　期：______　　日　　期：______

项目名称	期末未审数	账项调整		重分类调整		期末审定数	上期末审定数	索引号
		借方	贷方	借方	贷方			
一、关联方：								
小计								
二、非关联方：								
小计								
合计								

审计结论：

应付账款明细表

被审计单位：		索 引 号：	4203－2
项　　目：	应付账款	截 止 日：	
编　　制：		复　　核：	
日　　期：		日　　期：	

单位名称（项目）	期初余额		本期增加		本期减少		期末余额		账龄				备注
	原币	折合人民币	原币	折合人民币	原币	折合人民币	原币	折合人民币	1年以内	1—2年	2—3年	3年以上	
一、关联方													
小计													
二、非关联方													
小计													
合计													

审计说明：

应付账款替代测试表

被审计单位：	索 引 号：4203－3
项 目：应付账款	截 止 日：
编 制：	复 核：
日 期：	日 期：

一、资产负债表日前贷方金额检查

单位名称	期末余额	测试内容				占余额比例[①]	检查内容[②]			
		日期	凭证号	摘要	金额		①	②	③	④
检查内容说明：①原始凭证是否齐全（包括入库单、采购发票等）；②记账凭证与原始凭证信息（包括货物名称、入库数量、采购数量和金额等信息）是否相符；③账务处理是否正确；④是否记录于恰当的会计期间。										

二、资产负债表日后的付款检查

单位名称	期末余额	测试内容				占余额比例%	检查内容[③]			
		日期	凭证号	摘要	金额		①	②	③	④
检查内容说明：①原始凭证（包括银行回单等）是否齐全；②记账凭证与原始凭证信息（包括付款日期和金额等）是否相符；③账务处理是否正确；④是否记录于恰当的会计期间。										

审计说明：

① 根据替代测试的审计目标，替代测试金额应能够涵盖该单位期末余额，即占余额比例不低于100%；一般不需要对借方发生额进行替代测试。

② 根据审计目标，检查内容主要包括支持被审计单位应向被询证单位支付款项义务的审计证据。

③ 根据审计目标，检查内容主要包括支持已于期后向被询证单位支付询证款项的审计证据。

4. 预收账款

预收账款实质性程序

被审计单位：		索 引 号：	4204
项　　目：	预收账款实质性程序表	截 止 日：	
编　　制：		复　　核：	
日　　期：		日　　期：	

一、需从实质性程序获取的保证程度

项　　目	财务报表认定				
	存在	完整性	权利和义务	计价和分摊	列报
1. 审计目标	A	B	C	D	E
2. 需从实质性程序获取的保证程度					

注："需从实质性程序获取的保证程度"取自审计工作底稿第3200"重要交易、账户余额和披露的认定层次重大错报风险评估结果汇总表"。

二、实质性程序

审计目标	可供选择的实质性程序	是否选择	索引号
D	1. 获取或编制预收账款明细表。 （1）复核加计是否正确，并与报表数、总账数和明细账合计数核对是否相符； （2）以非记账本位币结算的预收账款，检查其采用的折算汇率及折算是否正确； （3）检查是否存在借方余额，必要时提请被审计单位进行重分类调整； （4）结合应收账款等往来款项目的明细余额，检查是否存在应收、预收两方挂账的项目，必要时提请被审计单位作出调整。		4204－2
A	2. 检查预收账款长期挂账的原因，必要时提请被审计单位予以调整。		略
ABCD	3. 抽查预收账款有关的销货合同、仓库发货记录、货运单据和收款凭证，检查已实现销售的商品是否及时转销预收账款，确定预收账款期末余额是否正确。		略
ABCD	4. 实施函证程序（步骤见"应收账款"实质性程序）。		4204－3
AB	5. 结合货币资金的期后测试，以确定预收账款是否已计入恰当期间。		略

续表

审计目标	可供选择的实质性程序	是否选择	索引号
ABCDE	6. 标明预收关联方的款项，执行关联方及其交易审计程序。		5030
	7. 针对评估的舞弊风险等因素增加的审计程序。		略
E	8. 检查预收账款是否按照小企业会计准则的规定恰当列报和披露。		略

预收账款审定表

被审计单位：	索　引　号：4204－1
项　　目：预收账款	截　止　日：
编　　制：	复　　核：
日　　期：	日　　期：

项目名称	期末未审数	账项调整		重分类调整		期末审定数	上期末审定数	索引号
		借方	贷方	借方	贷方			
一、关联方								
小计								
二、非关联方								
小计								
合计								

审计结论：

预收账款明细表

被审计单位：________ 索　引　号：4204－2
项　　　目：预收账款 截　止　日：________
编　　　制：________ 复　　　核：________
日　　　期：________ 日　　　期：________

单位名称（项目）	期初余额		本期增加		本期减少		期末余额		账　龄				备注
	原币	折合人民币	原币	折合人民币	原币	折合人民币	原币	折合人民币	1年以内	1—2年	2—3年	3年以上	
一、关联方													
小计													
二、非关联方													
小计													
合计													

审计说明：

预收账款替代测试表

被审计单位：	索　引　号：4204－3
项　　目：预收账款	截　止　日：
编　　制：	复　　核：
日　　期：	日　　期：

一、资产负债表日前贷方金额检查

单位名称	期末余额	测试内容				占余额比例%①	检查内容②			
		日期	凭证号	摘要	金额		①	②	③	④

检查内容说明：①原始凭证（包括销货合同、银行收款凭证等）是否齐全；②记账凭证与原始凭证信息（包括预收条款，银行回单金额和日期等）是否相符；③账务处理是否正确；④是否记录于恰当的会计期间。

二、资产负债表日后的转销情况检查

单位名称	期末余额	测试内容				占余额比例%	检查内容③			
		日期	凭证号	摘要	金额		①	②	③	④

检查内容说明：①原始凭证（包括出库单、销售发票等）是否齐全；②记账凭证与原始凭证信息（包括货物名称、出库数量、销售数量和金额等信息）是否相符；③账务处理是否正确；④是否记录于恰当的会计期间。

审计说明：

① 根据替代测试的审计目标，替代测试金额应能够涵盖该单位期末余额，即占余额比例不低于100%；一般不需要对借方发生额进行替代测试。

② 根据审计目标，检查内容主要包括支持被审计单位预收被询证单位款项的审计证据。

③ 根据审计目标，检查内容主要包括支持已于期后转销预收账款的审计证据。

5. 应付职工薪酬

应付职工薪酬实质性程序

被审计单位：		索 引 号：	4205
项　　　目：	应付职工薪酬实质性程序表	截 止 日：	
编　　　制：		复　　核：	
日　　　期：		日　　期：	

一、需从实质性程序获取的保证程度

项　　目	财务报表认定				
	存在	完整性	权利和义务	计价和分摊	列报
1. 审计目标	A	B	C	D	E
2. 需从实质性程序获取的保证程度					

注："需从实质性程序获取的保证程度"取自审计工作底稿第3200"重要交易、账户余额和披露的认定层次重大错报风险评估结果汇总表"。

二、实质性程序

审计目标	可供选择的实质性程序	是否选择	索引号
D	1. 获取或编制应付职工薪酬明细表，复核加计是否正确，并与报表数、总账数和明细账合计数核对是否相符。		4205－2
AB	2. 实施实质性分析程序（步骤见"存货"实质性程序）。		略
ABCD	3. 检查应付职工薪酬的本期发生： （1）对按照职工提供服务情况和工资标准计算的职工薪酬（如工资），获取工资计算表，将工资标准与有关规定进行核对，选取样本进行测试。 （2）对国家规定了计提基础和计提比例的职工薪酬（如失业保险金、工伤保险金等），检查是否按照规定的计提基础和比例计提。		4205－3
ABD	4. 检查应付职工薪酬的确认，与生产成本、制造费用、在建工程等相关账项进行核对，确定会计处理是否正确。		4205－4
BD	5. 对本期应付职工薪酬的减少，检查至支持性文件，确定会计处理是否正确。		略
ABCD	6. 检查应付职工薪酬的期后付款情况，并关注在资产负债表日至财务报表批准报出日之间，是否有确凿证据表明需要调整资产负债表日原确认的应付职工薪酬事项。		略
	7. 针对评估的舞弊风险等因素增加的审计程序。		略
E	8. 检查应付职工薪酬是否按照小企业会计准则的规定恰当列报和披露。		略

应付职工薪酬审定表

被审计单位：		索 引 号：	4205－1
项 目：	应付职工薪酬	截 止 日：	
编 制：		复 核：	
日 期：		日 期：	

项目名称	期末未审数	账项调整		重分类调整		期末审定数	上期审定数	索引号
		借方	贷方	借方	贷方			
1. 工资（包括奖金、津贴、补贴等）								
2. 职工福利								
3. 社会保险费								
（1）医疗保险费								
（2）养老保险费								
（3）失业保险费								
（4）工伤保险费								
（5）生育保险费								
4. 住房公积金								
5. 工会经费								
6. 职工教育经费								
7. 非货币性福利								
8. 辞退福利								
……								
合计								

审计结论：

应付职工薪酬明细表

被审计单位：________ 索 引 号：4205－2

项　　目：应付职工薪酬 截 止 日：________

编　　制：________ 复　　核：________

日　　期：________ 日　　期：________

项目名称	期初数	本期增加	本期减少	期末数	备注
1. 工资（包括奖金、津贴、补贴等）					
2. 职工福利					
3. 社会保险费					
（1）医疗保险费					
（2）养老保险费					
（3）失业保险费					
（4）工伤保险费					
（5）生育保险费					
4. 住房公积金					
5. 工会经费					
6. 职工教育经费					
7. 非货币性福利					
8. 辞退福利					
……					
合计					

审计说明：

应付职工薪酬计提情况检查表

被审计单位：______　　索引号：4205－3

项　　目：应付职工薪酬　　截止日：______

编　　制：______　　复　　核：______

日　　期：______　　日　　期：______

项目名称	已计提金额	应计提基数	计提比率	应计提金额	应提与已提的差异	备注
1. 工资（包括奖金、津贴、补贴等）						
2. 职工福利						
3. 社会保险费						
（1）医疗保险费						
（2）养老保险费						
（3）失业保险费						
（4）工伤保险费						
（5）生育保险费						
4. 住房公积金						
5. 工会经费						
6. 职工教育经费						
7. 非货币性福利						
8. 辞退福利						
……						
合计						

审计说明：

应付职工薪酬分配情况检查表

被审计单位：		索　引　号：	**4205－4**
项　　目：	应付职工薪酬	截　止　日：	
编　　制：		复　　核：	
日　　期：		日　　期：	

项目名称	产品成本	管理费用	在建工程	…	合计	核对是否正确	差异原因
1. 工资（包括奖金、津贴、补贴等）							
2. 职工福利							
3. 社会保险费							
（1）医疗保险费							
（2）养老保险费							
（3）失业保险费							
（4）工伤保险费							
（5）生育保险费							
4. 住房公积金							
5. 工会经费							
6. 职工教育经费							
7. 非货币性福利							
8. 辞退福利							
……							
合计							

审计说明：

6. 应交税费

应交税费实质性程序

被审计单位：＿＿＿＿＿＿	索　引　号：　4206
项　　　目：应交税费实质性程序表	截　止　日：＿＿＿＿＿＿
编　　　制：＿＿＿＿＿＿	复　　　核：＿＿＿＿＿＿
日　　　期：＿＿＿＿＿＿	日　　　期：＿＿＿＿＿＿

一、需从实质性程序获取的保证程度

项　　目	财务报表认定				
	存在	完整性	权利和义务	计价和分摊	列报
1. 审计目标	A	B	C	D	E
2. 需从实质性程序获取的保证程度					

注："需从实质性程序获取的保证程度"取自审计工作底稿第3200"重要交易、账户余额和披露的认定层次重大错报风险评估结果汇总表"。

二、实质性程序

审计目标	可供选择的实质性程序	是否选择	索引号
D	1. 获取或编制应交税费明细表： （1）复核加计是否正确，并与报表数、总账数和明细账合计数核对是否相符； （2）检查不需要预计应缴数的税金有无误入应交税费项目； （3）分析存在借方余额的项目，查明原因，判断是否由被审计单位预缴税款引起。		4206－2
BD	2. 核对期初未交税金与税务机关受理的纳税申报资料是否一致，检查缓期纳税及延期纳税事项是否经过有权税务机关批准。		略
BCD	3. 取得税务部门汇算清缴或其他确认文件、有关政府部门的专项检查报告、税务代理机构专业报告、被审计单位纳税申报资料等，分析其有效性，并与上述明细表及账面数据进行核对。对于超过法定交纳期限的税费，应取得主管税务机关的批准文件。		略
ABCD	4. 检查应交增值税： （1）获取或编制应交增值税明细表，加计复核其正确性，并与明细账核对相符；		4206－3 4206－4

续表

审计目标	可供选择的实质性程序	是否选择	索引号
ABCD	（2）将应交增值税明细表与被审计单位增值税纳税申报表进行核对，比较两者是否总体相符，并分析差异的原因； （3）通过“原材料”等相关科目匡算进项税是否合理； （4）抽查一定期间的进项税抵扣汇总表，与应交增值税明细表相关金额合计数核对，如有差异，查明原因并作适当处理； （5）抽查重要进项税发票、海关完税凭证、收购凭证或运费发票，并与网上申报系统进行核对，并注意进口货物、购进的免税农产品或废旧物资、支付运费、接受投资或捐赠、接受应税劳务等应计的进项税额是否按规定进行了会计处理；因存货发生非常损失应计的进项税额转出数的计算是否正确，是否按规定进行了会计处理； （6）根据与增值税销项税额相关账户审定的有关数据，复核存货销售，或将存货用于投资、无偿馈赠他人、分配给股东（或投资者）应计的销项税额，以及将自产、委托加工的产品用于非应税项目的计税依据确定是否正确以及应计的销项税额是否正确计算，是否按规定进行会计处理； （7）检查适用税率是否符合税法规定； （8）取得《出口货物退（免）税申报表》及办理出口退税有关凭证，复核出口货物退税的计算是否正确，是否按规定进行了会计处理； （9）对经主管税务机关批准实行核定征收率征收增值税的被审计单位，应检查其是否按照有关规定正确执行，如果申报增值税金额小于核定征收率计算的增值税金额，应注意超过申报额部分的会计处理是否正确； （10）抽查本期已交增值税资料，确定已交数的正确性。		4206－3 4206－4
ABCD	5. 检查应交营业税的计算是否正确。结合营业税金及附加等项目的审计，根据审定的当期营业额，检查营业税的计税依据是否正确，适用税率是否符合税法规定，是否按规定进行了会计处理，并分项复核本期应交数；抽查本期已交营业税资料，确定已交数的正确性。		4206－2
ABCD	6. 检查应交消费税的计算是否正确。结合营业税金及附加等项目的审计，根据审定的应税消费品销售额（或数量），检查消费税的计税依据是否正确。适用税率（或单位税额）是否符合税法规定，是否按规定进行了会计处理，并分项复核本期应交消费税税额；抽查本期已交消费税资料，确定已交数的正确性。		4206－2

续表

审计目标	可供选择的实质性程序	是否选择	索引号
ABCD	7. 检查应交资源税的计算是否正确，是否按规定进行了会计处理。		4206－2
ABCD	8. 检查应交土地增值税的计算是否正确，是否按规定进行了会计处理： （1）根据审定的预售房地产的预收账款，复核预交税款是否准确； （2）对符合项目清算条件的房地产开发项目，检查被审计单位是否按规定进行土地增值税清算；如果被审计单位已聘请中介机构办理土地增值税清算鉴证的，应检查、核对相关鉴证报告； （3）如果被审计单位被主管税务机关核定征收土地增值税的，应检查、核对相关的手续。		4206－2
ABCD	9. 检查应交城市维护建设税的计算是否正确。结合营业税金及附加等项目的审计，根据审定的计税基础和按规定适用的税率，复核被审计单位本期应交城市维护建设税的计算是否正确，是否按规定进行了会计处理；抽查本期已交城市维护建设税资料，确定已交数的正确性。		4206－2
ABCD	10. 检查应交车船税和房产税的计算是否正确。获取被审计单位自有车船数量、吨位（或座位）及自有房屋建筑面积、用途、造价（购入原价）、购建年月等资料，并与固定资产（含融资租入固定资产）明细账复核一致；了解其使用、停用时间及其原因等情况；通过审核本期完税单，检查其是否如实申报和按期缴纳，是否按规定进行了会计处理。		4206－2
ABCD	11. 检查应交土地使用税的计算是否正确，是否按规定进行了会计处理。		4206－2
ABCD	12. 获取或编制应交所得税测算表，结合所得税费用项目的审计，确定应纳税所得额及企业所得税税率，复核应交企业所得税的计算是否正确，是否按规定进行了会计处理；抽查本期已交所得税资料，确定已交数的正确性。		4410－1
ABCD	13. 检查教育费附加、矿产资源补偿费等的计算是否正确，是否按规定进行了会计处理。		4206－2
ABCD	14. 检查除上述税项外的其他税项及代扣税项（如代扣代缴个人所得税）的计算是否正确，是否按规定进行了会计处理。		略

续表

审计目标	可供选择的实质性程序	是否选择	索引号
BD	15. 检查被审计单位获得税费减免或返还时的依据是否充分、合法和有效，会计处理是否正确。		略
AD	16. 抽查____笔税费缴纳相关的凭证，检查是否有合法依据，会计处理是否正确。		略
	17. 针对评估的舞弊风险等因素增加的审计程序。		略
E	18. 检查应交税费是否按照小企业会计准则的规定恰当列报和披露。		略

应交税费审定表

被审计单位：	索　引　号：4206－1
项　　　目：应交税费	截　止　日：
编　　　制：	复　　　核：
日　　　期：	日　　　期：

项目名称	期　末 未审数	账项调整		重分类调整		期　末 审定数	上期末 审定数	索引号
		借方	贷方	借方	贷方			
1. 企业所得税								
2. 增值税								
3. 营业税								
4. 消费税								
5. 资源税								
6. 土地增值税								
7. 土地使用税								
8. 房产税								
9. 车船税								
10. 城市维护建设税								
11. 教育费附加								
12. 矿产资源补偿费								
13. 代扣代缴个人所得税								
……								
合计								

审计结论：

应交税费明细表

被审计单位：		索 引 号：	4206－2
项　　目：	应交税费	截 止 日：	
编　　制：		复　　核：	
日　　期：		日　　期：	

项目名称	期初余额	本期应交税费	本期已交税费	期末余额	备注
企业所得税					4410－1
增值税					4206－3 4206－4
营业税					
消费税					
资源税					
土地增值税					
土地使用税					
房产税					
车船税					
城市维护建设税					
教育费附加					
矿产资源补偿费					
代扣代缴个人所得税					
……					
合计					

审计说明：

注：记录对除增值税和企业所得税以外的各项税费应交金额的测算过程和对各项税费已交金额的检查过程等。

应交增值税明细表

被审计单位：		索　引　号：	4206－3
项　　　目：	应交税费	截　止　日：	
编　　　制：		复　　　核：	
日　　　期：		日　　　期：	

项　　目	本期数	备注
一、应交增值税		
1. 年初未抵扣数（用“－”反映）		
2. 销项税额		
出口退税		
进项税额转出		
转出多交增值税		
3. 进项税额		
已交税金		
减免税款		
出口抵减内销产品应纳税额		
转出未交增值税		
4. 期末未抵扣数（多交数用“－”反映）		
二、未交增值税		
1. 年初未交数（多交数以“－”反映）		
2. 本期转入数（多交数以“－”反映）		
3. 本期已交数		
4. 期末未交数（多交数以“－”反映）		

审计说明：

应交增值税销项税额测算表

被审计单位：		索　引　号：	4206－4
项　　　目：	应交税费	截　止　日：	
编　　　制：		复　　　核：	
日　　　期：		日　　　期：	

<table>
<tr><th>项目</th><th>销售品种</th><th>收入</th><th>税率</th><th>应交增值税——销项税金</th></tr>
<tr><td colspan="5">一、测算数</td></tr>
<tr><td rowspan="5">1. 主营业务收入</td><td>产品 1</td><td></td><td>17%</td><td></td></tr>
<tr><td>……</td><td></td><td></td><td></td></tr>
<tr><td>产品 2</td><td></td><td>13%</td><td></td></tr>
<tr><td>……</td><td></td><td></td><td></td></tr>
<tr><td colspan="3">小计</td><td></td></tr>
<tr><td rowspan="3">2. 其他业务收入</td><td>原料 1</td><td></td><td>17%</td><td></td></tr>
<tr><td>……</td><td></td><td></td><td></td></tr>
<tr><td colspan="3">小计</td><td></td></tr>
<tr><td rowspan="3">3. 其他</td><td></td><td></td><td></td><td></td></tr>
<tr><td>……</td><td></td><td></td><td></td></tr>
<tr><td colspan="3">小计</td><td></td></tr>
<tr><td>4. 减：免税收入</td><td></td><td></td><td></td><td></td></tr>
<tr><td colspan="4">合　计</td><td></td></tr>
<tr><td colspan="4">二、未审数</td><td></td></tr>
<tr><td colspan="4">三、差异额</td><td></td></tr>
<tr><td colspan="4">四、差异率</td><td></td></tr>
<tr><td colspan="4">差异分析：</td><td></td></tr>
</table>

审计说明：

7. 应付利息

应付利息实质性程序

被审计单位：		索　引　号：	4207
项　　　目：	应付利息实质性程序表	截　止　日：	
编　　　制：		复　　　核：	
日　　　期：		日　　　期：	

一、需从实质性程序获取的保证程度

项　　目	财务报表认定				
	存在	完整性	权利和义务	计价和分摊	列报
1. 审计目标	A	B	C	D	E
2. 需从实质性程序获取的保证程度					

注："需从实质性程序获取的保证程度"取自审计工作底稿第3200"重要交易、账户余额和披露的认定层次重大错报风险评估结果汇总表"。

二、实质性程序

审计目标	可供选择的实质性程序	是否选择	索引号
D	1. 获取或编制应付利息明细表： （1）复核加计是否正确，并与报表数、总账数和明细账合计数核对是否相符； （2）检查非记账本位币应付利息的折算汇率及折算是否正确。		4207－2
CD	2. 结合长短期借款、财务费用等相关项目审计，检查应付利息余额是否正确。		略
ABD	3. 检查利息支付原始凭证的内容和金额是否正确。		略
ABCD	4. 结合分期付息到期还本的长期借款、应付债券的审计，检查应付利息有无漏记，必要时，对应付利息进行函证。		略
	5. 针对评估的舞弊风险等因素增加的审计程序。		略
E	6. 检查应付利息是否按照小企业会计准则的规定恰当列报和披露。		略

应付利息审定表

被审计单位：		索引号：	4207－1
项目：	应付利息	截止日：	
编制：		复核：	
日期：		日期：	

项目名称	期末未审数	账项调整		重分类调整		期末审定数	上期末审定数	索引号
		借方	贷方	借方	贷方			
合计								

审计结论：

应付利息明细表

被审计单位：	索　引　号：4207－2
项　　　目：应付利息	截　止　日：
编　　　制：	复　　　核：
日　　　期：	日　　　期：

项目名称	期初余额	本期增加	本期减少	期末余额	备注
合计					

注：如果涉及非记账本位币的应付利息，应注明外币金额和折算汇率。

审计说明：

8. 应付利润

应付利润实质性程序

被审计单位：		索引号：	4208
项目：	应付利润实质性程序表	截止日：	
编制：		复核：	
日期：		日期：	

一、需从实质性程序获取的保证程度

项目	财务报表认定				
	存在	完整性	权利和义务	计价和分摊	列报
1. 审计目标	A	B	C	D	E
2. 需从实质性程序获取的保证程度					

注："需从实质性程序获取的保证程度"取自审计工作底稿第3200"重要交易、账户余额和披露的认定层次重大错报风险评估结果汇总表"。

二、实质性程序

审计目标	可供选择的实质性程序	是否选择	索引号
D	1. 获取或编制应付利润明细表，复核加计是否正确，并与报表数、总账数及明细账合计数核对相符。		4208－2
ABC	2. 审阅公司章程、股东会和董事会会议纪要中有关利润分配的规定或决定，了解利润分配标准和发放方式是否符合有关规定并经法定程序批准。		略
ABD	3. 对本期发生的应付利润的增减变动，检查支持性文件，确定会计处理是否正确。		略
ABCD	4. 向主要投资者函证（步骤见"应收账款"实质性程序）。		略
ABCE	5. 检查董事会或类似机构通过的利润分配方案中拟分配的现金股利或利润，是否按规定进行会计处理和披露。		略
	6. 针对评估的舞弊风险等因素增加的审计程序。		略
E	7. 检查应付利润是否按照小企业会计准则的规定恰当列报和披露。		略

应付利润审定表

被审计单位：	索　引　号：4208－1
项　　　目：应付利润	截　止　日：
编　　　制：	复　　　核：
日　　　期：	日　　　期：

投资者名称	期　末 未审数	账项调整		期　末 审定数	上期末 审定数	索引号
		借方	贷方			
甲						
乙						
丙						
……						
合计						

审计结论：

应付利润明细表

被审计单位：	索 引 号：4208－2
项　　目：应付利润	截 止 日：
编　　制：	复　　核：
日　　期：	日　　期：

投资者名称	期初余额	本期增加	本期减少	期末余额	备注
甲					
乙					
丙					
……					

审计说明：

9. 其他应付款

其他应付款实质性程序

被审计单位：________	索 引 号：4209
项　　目：其他应付款实质性程序表	截 止 日：________
编　　制：________	复　　核：________
日　　期：________	日　　期：________

一、需从实质性程序获取的保证程度

项　目	财务报表认定				
	存在	完整性	权利和义务	计价和分摊	列报
1. 审计目标	A	B	C	D	E
2. 需从实质性程序获取的保证程度					

注："需从实质性程序获取的保证程度"取自审计工作底稿第3200"重要交易、账户余额和披露的认定层次重大错报风险评估结果汇总表"。

二、实质性程序

审计目标	可供选择的实质性程序	是否选择	索引号
D	1. 获取或编制其他应付款明细表： （1）复核加计是否正确，并与报表数、总账数和明细账合计数核对是否相符； （2）检查非记账本位币其他应付款的折算汇率及折算是否正确； （3）分析有借方余额的项目，查明原因，必要时，提请被审计单位进行重分类调整； （4）结合应付账款、其他应收款等往来项目的明细余额，查核有无针对同一交易在其他应付款和其他往来科目同时记账的情况、异常余额或与本项目核算无关的其他款项； （5）标识重要明细项目。		4209－2
ABCD	2. 实施函证程序（步骤见"应收账款"实质性程序）。		4209－3
ABD	3. 对本期其他应付款的增减变动，检查至支持性文件，确定会计处理是否正确。		略
AB	4. 检查于资产负债表日至审计现场工作日已支付的金额较大的其他应付款项，确定有无未及时入账的其他应付款。检查付款凭证、银行对账单等，并注意入账日期的合理性。		略

续表

审计目标	可供选择的实质性程序	是否选择	索引号
A	5. 检查其他应付款长期挂账的原因并作出记录，对确实无需支付的其他应付款的会计处理是否正确。		略
ABCDE	6. 标明应付关联方的款项，执行关联方及其交易审计程序。		5030
	7. 针对评估的舞弊风险等因素增加的审计程序。		略
E	8. 检查其他应付款是否按照小企业会计准则的规定恰当列报和披露。		略

其他应付款审定表

被审计单位：	索　引　号：4209－1
项　　目：其他应付款	截　止　日：
编　　制：	复　　核：
日　　期：	日　　期：

项目名称	款项性质或内容	期　末未审数	账项调整		重分类调整		期　末审定数	上期末审定数	索引号
			借方	贷方	借方	贷方			
一、关联方									
小计									
二、非关联方									
小计									
合计									

审计结论：

其他应付款明细表

被审计单位：________ 索引号：4209－2

项目：其他应付款 截止日：________

编制：________ 复核：________

日期：________ 日期：________

单位名称（项目）	期初余额		本期增加		本期减少		期末余额		账龄				性质或内容
	原币	折合人民币	原币	折合人民币	原币	折合人民币	原币	折合人民币	1年以内	1—2年	2—3年	3年以上	
一、关联方													
小计													
二、非关联方													
小计													
合计													

审计说明：

其他应付款替代测试表

被审计单位：		索　引　号：	4209－3
项　　目：	其他应付款	截　止　日：	
编　　制：		复　　核：	
日　　期：		日　　期：	

一、资产负债表日前贷方金额检查

单位名称	期末余额	测试内容				占余额比例%[①]	检查内容[②]			
		日期	凭证号	摘要	金额		①	②	③	④
检查内容说明：①原始凭证是否齐全；②记账凭证与原始凭证是否相符；③账务处理是否正确；④是否记录于恰当的会计期间。										

二、资产负债表日后的付款检查

单位名称	期末余额	测试内容				占余额比例%	检查内容[③]			
		日期	凭证号	摘要	金额		①	②	③	④
检查内容说明：①原始凭证是否齐全；②记账凭证与原始凭证是否相符；③账务处理是否正确；④是否记录于恰当的会计期间。										

审计说明：

① 根据替代测试的审计目标，替代测试金额应能够涵盖该单位期末余额，即占余额比例不低于100%；一般不需要对借方发生额进行替代测试。

② 根据审计目标，检查内容主要包括支持被审计单位应向被询证单位支付款项义务的审计证据。

③ 根据审计目标，检查内容主要包括支持已于期后向被询证单位支付询证款项的审计证据。

10. 长期应付款

长期应付款实质性程序

被审计单位：		索 引 号：	4210
项　　目：	长期应付款实质性程序表	截 止 日：	
编　　制：		复　　核：	
日　　期：		日　　期：	

一、需从实质性程序获取的保证程度

项　　目	财务报表认定				
	存在	完整性	权利和义务	计价和分摊	列报
1. 审计目标	A	B	C	D	E
2. 需从实质性程序获取的保证程度					

注："需从实质性程序获取的保证程度"取自审计工作底稿第3200"重要交易、账户余额和披露的认定层次重大错报风险评估结果汇总表"。

二、实质性程序

审计目标	可供选择的实质性程序	是否选择	索引号
D	1. 获取或编制长期应付款明细表： （1）复核加计是否正确，并与报表数、总账数和明细账合计数核对是否相符； （2）检查非记账本位币长期应付款的折算汇率及折算是否正确； （3）检查长期应付款的内容是否符合企业会计准则的规定（主要包括应付融资租入固定资产的租赁费、以分期付款方式购入固定资产等发生的应付款项等）。		4210－2
ABD	2. 对本期发生的长期应付款明细项目的增减变动，检查至支持性文件，确定会计处理是否正确。		略
B	3. 结合相关账项的审计，检查有无未入账的长期应付款。		略
ABCD	4. 实施函证程序（步骤见"应收账款"实质性程序）。		略
D	5. 检查各项长期应付款本息的计算是否准确，会计处理是否正确。		略
ABCDE	6. 标明应付关联方的款项，执行关联方及其交易审计程序。		5030
	7. 针对评估的舞弊风险等因素增加的审计程序。		略
E	8. 检查长期应付款是否按照小企业会计准则的规定恰当列报和披露。		略

长期应付款审定表

被审计单位：	索 引 号：4210－1
项 目：长期应付款	截 止 日：
编 制：	复 核：
日 期：	日 期：

单位名称	款项性质或内容	期末未审数	账项调整		重分类调整		期末审定数	上期末审定数	索引号
			借方	贷方	借方	贷方			
一、关联方									
小计									
二、非关联方									
小计									
合计									

审计结论：

长期应付款明细表

被审计单位：________	索 引 号：4210－2
项 目：长期应付款	截 止 日：________
编 制：________	复 核：________
日 期：________	日 期：________

单位名称（项目）	期初余额		本期增加		本期减少		期末余额		账龄				性质或内容
	原币	折合人民币	原币	折合人民币	原币	折合人民币	原币	折合人民币	1 年以内	1—2 年	2—3 年	3 年以上	
一、关联方													
小计													
二、非关联方													
小计													
合计													

审计说明：

（三）所有者权益类

1. 实收资本（股本）

实收资本（股本）实质性程序

被审计单位：		索 引 号：	4301
项　　目：	实收资本（股本）实质性程序表	截 止 日：	
编　　制：		复　　核：	
日　　期：		日　　期：	

一、需从实质性程序获取的保证程度

项　　目	财务报表认定				
	存在	完整性	权利和义务	计价和分摊	列报
1. 审计目标	A	B	C	D	E
2. 需从实质性程序获取的保证程度					

注："需从实质性程序获取的保证程度"取自审计工作底稿第3200"重要交易、账户余额和披露的认定层次重大错报风险评估结果汇总表"。

二、实质性程序

审计目标	可供选择的实质性程序	是否选择	索引号
D	1. 获取或编制实收资本（股本）明细表： （1）复核加计是否正确，并与报表数、总账数和明细账合计数核对是否相符； （2）以非记账本位币出资的，检查其折算汇率是否符合规定。		4301－2
AB	2. 获取并阅读公司章程、股东（大）会、董事会会议纪要中有关实收资本（股本）的规定。获取与实收资本（股本）变动有关的董事会会议纪要、股东（大）会决议、合同、协议、公司章程及营业执照，公司设立批文、验资报告等法律性文件，更新永久性档案。		略
ABD	3. 对本期发生的实收资本（股本）的增减变动，查阅股东（大）会、董事会会议纪要、协议、政府批准文件、验资报告及其他支持性文件，结合相关账项的审计，检查其会计处理是否正确。注意是否存在抽资或变相抽资的情况。		略
	4. 针对评估的舞弊风险等因素增加的审计程序。		略
E	5. 检查实收资本（股本）是否按照小企业会计准则的规定恰当列报和披露。		略

实收资本（股本）审定表

被审计单位：		索 引 号：	4301－1
项　　目：	实收资本（股本）	截 止 日：	
编　　制：		复　　核：	
日　　期：		日　　期：	

股东名称	期末未审数	账项调整		期末审定数	上期末审定数	索引号
		借方	贷方			
合计						

审计结论：

实收资本（股本）明细表

被审计单位：	索　引　号：4301－2
项　　　目：实收资本（股本）	截　止　日：
编　　　制：	复　　　核：
日　　　期：	日　　　期：

股东名称	期初余额		本期增加		本期减少		期末余额		
	外币	人民币	外币	人民币	外币	人民币	外币	人民币	比例（%）
合计									

审计说明：

2. 资本公积

资本公积实质性程序

被审计单位：	索　引　号：4302
项　　　目：资本公积实质性程序表	截　止　日：
编　　　制：	复　　　核：
日　　　期：	日　　　期：

一、需从实质性程序获取的保证程度

项　　目	财务报表认定				
	存在	完整性	权利和义　务	计价和分　摊	列报
1. 审计目标	A	B	C	D	E
2. 需从实质性程序获取的保证程度					

注："需从实质性程序获取的保证程度"取自审计工作底稿第3200"重要交易、账户余额和披露的认定层次重大错报风险评估结果汇总表"。

二、实质性程序

审计目标	可供选择的实质性程序	是否选择	索引号
D	1. 获取或编制资本公积明细表，复核加计是否正确，并与报表数、总账数和明细账合计数核对是否相符。		4302－2
AB	2. 获取并检查与资本公积变动有关的股东（大）会会议、董事会会议纪要、资产评估报告等文件资料，更新永久性档案。若本期发生资本公积转增资本事项，检查是否具备资本公积转增资本的条件。		略
ABD	3. 对本期发生的资本公积的增减变动，查阅股东（大）会决议、董事会会议纪要、协议、政府批准文件、验资报告及其他支持性文件，结合相关科目的审计，检查会计处理是否正确。		略
	4. 针对评估的舞弊风险等因素增加的审计程序。		略
E	5. 检查资本公积是否按照小企业会计准则的规定恰当列报和披露。		略

资本公积审定表

被审计单位：		索　引　号：	4302－1
项　　　目：	资本公积	截　止　日：	
编　　　制：		复　　　核：	
日　　　期：		日　　　期：	

项目名称	期　末 未审数	账项调整		期　末 审定数	上期末 审定数	索引号
		借方	贷方			
合计						

审计结论：

资本公积明细表

被审计单位：	索 引 号：4302－2
项　　目：资本公积	截 止 日：
编　　制：	复　　核：
日　　期：	日　　期：

项目名称	期初余额	本期增加	本期减少	期末余额	备注
合计					

审计说明：

3. 盈余公积

盈余公积实质性程序

被审计单位：		索　引　号：	4303
项　　目：	盈余公积实质性程序表	截　止　日：	
编　　制：		复　　核：	
日　　期：		日　　期：	

一、需从实质性程序获取的保证程度

项　　目	财务报表认定				
	存在	完整性	权利和义　务	计价和分　摊	列报
1. 审计目标	A	B	C	D	E
2. 需从实质性程序获取的保证程度					

注："需从实质性程序获取的保证程度"取自审计工作底稿第3200"重要交易、账户余额和披露的认定层次重大错报风险评估结果汇总表"。

二、实质性程序

审计目标	可供选择的实质性程序	是否选择	索引号
D	1. 获取或编制盈余公积明细表，复核加计是否正确，并与报表数、总账数及明细账合计数核对是否相符。		4303－2
AB	2. 获取并阅读与盈余公积变动有关的董事会会议纪要、股东（大）会决议以及政府主管部门、财政部门批复等文件资料，更新永久性档案。		略
ABD	3. 对本期发生的盈余公积的增减变动，查阅股东（大）会决议、董事会会议纪要、协议、政府批准文件、验资报告及其他支持性文件，结合相关科目的审计，检查会计处理是否正确。		略
	4. 针对评估的舞弊风险等因素增加的审计程序。		略
E	5. 检查盈余公积是否按照小企业会计准则的规定恰当列报和披露。		略

盈余公积审定表

被审计单位：	索 引 号：4303－1
项　　目：盈余公积	截 止 日：
编　　制：	复　　核：
日　　期：	日　　期：

项目名称	期　末 未审数	账项调整		期　末 审定数	上期末 审定数	索引号
		借方	贷方			
法定盈余公积						
任意盈余公积						
储备基金						
企业发展基金						
……						
合计						

审计结论：

盈余公积明细表

被审计单位：	索　引　号：　4303－2
项　　　目：盈余公积	截　止　日：
编　　　制：	复　　　核：
日　　　期：	日　　　期：

项目名称	期初余额	本期增加	本期减少	期末余额	备注
法定盈余公积					
任意盈余公积					
储备基金					
企业发展基金					
……					
合计					

审计说明：

4. 未分配利润

未分配利润实质性程序

被审计单位：	索 引 号：4304
项　　目：未分配利润实质性程序表	截 止 日：
编　　制：	复　　核：
日　　期：	日　　期：

一、需从实质性程序获取的保证程度

项　　目	财务报表认定				
	存在	完整性	权利和义务	计价和分摊	列报
1. 审计目标	A	B	C	D	E
2. 需从实质性程序获取的保证程度					

注："需从实质性程序获取的保证程度"取自审计工作底稿第3200"重要交易、账户余额和披露的认定层次重大错报风险评估结果汇总表"。

二、实质性程序

审计目标	可供选择的实质性程序	是否选择	索引号
D	1. 获取或编制未分配利润明细表，复核加计是否正确，与报表数、总账数及明细账合计数核对是否相符。		略
AB	2. 获取并阅读与未分配利润变动有关的董事会会议纪要、股东（大）会决议以及政府部门批文及有关合同、协议、公司章程等文件资料，更新永久性档案。		略
ABD	3. 对本期发生的未分配利润的增减变动，查阅股东（大）会决议、董事会会议纪要、协议及其他支持性文件，结合相关科目的审计，检查会计处理是否正确。注意有无抽逃资金或变相抽逃资金的情况。若本期发生未分配利润转增资本的事项，关注被审计单位是否履行个人所得税代扣代缴手续（如适用）。		略
	4. 针对评估的舞弊风险等因素增加的审计程序。		略
E	5. 检查未分配利润是否按照小企业会计准则的规定恰当列报和披露。		略

未分配利润审定表

被审计单位：	索　引　号：4304－1
项　　　目：未分配利润	截　止　日：
编　　　制：	复　　　核：
日　　　期：	日　　　期：

项目名称	期　末 未审数	账项调整		期　末 审定数	上期末 审定数	索引号
		借方	贷方			
一、本年年初余额（年初未分配利润）						
二、本期净利润						
三、利润分配						
1. 提取盈余公积						
2. 对所有者（股东）的分配						
3. 其他						
四、所有者权益内部结转						
1. 盈余公积弥补亏损						
2. 其他						
六、本年年末余额						
合计						

审计结论：

（四）损益类

1. 营业收入

营业收入实质性程序

被审计单位：		索 引 号：	4401
项　　目：	营业收入实质性程序表	期　　间：	
编　　制：		复　　核：	
日　　期：		日　　期：	

一、需从实质性程序获取的保证程度

项　　目	财务报表认定					
	发生	完整性	准确性	截止	分类	列报
1. 审计目标	A	B	C	D	E	F
2. 需从实质性程序获取的保证程度						

注："需从实质性程序获取的保证程度"取自审计工作底稿第3200"重要交易、账户余额和披露的认定层次重大错报风险评估结果汇总表"。

二、实质性程序

审计目标	可供选择的实质性程序	是否选择	索引号
（一）主营业务收入			
C	1. 获取或编制主营业务收入明细表： （1）复核加计是否正确，并与总账数和明细账合计数核对是否相符，结合其他业务收入科目与报表数核对是否相符； （2）检查以非记账本位币结算的主营业务收入的折算汇率及折算金额是否正确。		4401－2
ABC	2. 实施实质性分析程序（步骤见"存货"实质性程序）。		4401－2
ABC	3. 对主营业务收入进行分析，对有异常情况的项目做进一步调查： （1）按收入类别或产品名称对销售数量、毛利率等进行比较分析； （2）按月度对本期和上期毛利率进行比较分析。		4401－4 4401－5
AB	4. 结合在了解被审计单位及其环境时获取的信息，检查主营业务收入的确认条件、方法是否符合小企业会计准则的规定并保持前后期一致；关注周期性、偶然性的收入是否符合既定的收入确认方法。		略

续表

审计目标	可供选择的实质性程序	是否选择	索引号
B	5. 抽取____张发货单，审查出库日期、品名、数量等是否与发票、销售合同、记账凭证等一致。		4401－6
AC	6. 抽取____张记账凭证，审查入账日期、品名、数量、单价、金额等是否与发票、发货单、销售合同等一致。		4401－7
AC	7. 结合对应收账款项目的审计，选择主要客户函证本期销售额。		略
AC	8. 对于出口销售，应当将销售记录与出口报关单、货运提单、销售发票等出口销售单据进行核对，必要时向海关函证。		略
D	9. 实施对销售的截止测试： （1）通过测试资产负债表日前后____天且金额大于____的发货单据，将应收账款和主营业务收入明细账进行核对；同时，从应收账款和主营业务收入明细账选取在资产负债表日前后____天且金额大于____的凭证，与发货单据核对，以确定销售是否存在跨期现象； （2）复核资产负债表日前后的销售和发货水平，确定业务活动水平是否异常（如与正常水平相比），并考虑是否有必要追加截止测试程序； （3）取得资产负债表日后所有的销售退回记录，检查是否存在提前确认收入的情况； （4）结合对资产负债表日应收账款的函证程序，检查有无未取得对方认可的大额销售。		4401－8－1 4401－8－2
A	10. 存在销货退回的，检查手续是否符合规定，结合原始销售凭证检查其会计处理是否正确。结合存货项目审计关注其真实性。		略
C	11. 销售折扣与折让： （1）获取或编制折扣与折让明细表，复核加计正确，并与明细账合计数核对相符； （2）取得被审计单位有关折扣与折让的具体规定和其他文件资料，并抽查较大的折扣与折让发生额的授权批准情况，与实际执行情况进行核对，检查其是否经授权批准，是否合法、真实； （3）检查折扣与折让的会计处理是否正确。		略
ABCDE	12. 检查有无特殊的销售行为，如委托代销、分期收款销售、商品需要安装和检验的销售、附有退回条件的销售、售后租回、售后回购、以旧换新、出口销售等，选择恰当的审计程序进行审核。		略

续表

审计目标	可供选择的实质性程序	是否选择	索引号
ABCDEF	13. 标明对关联方销售金额，执行关联方及其交易审计程序。		5030
	14. 针对评估的舞弊风险等因素增加的审计程序，如： （1）按月份或分部门从更细致的数据层面上实施分析程序； （2）通过函证或更直接的沟通方式向被审计单位的客户证实销售合同的部分或全部条款，以及是否存在附加协议； （3）就审计期间的销售和发货情况，特别是异常交易，询问除财务人员以外的其他人员； （4）于期末或接近期末，现场观察被审计单位的销售及发货情况，同时实施适当的截止测试，关注被审计单位对退货情形的处理及会计记录； （5）识别并分析异常的销售折扣，确证其得到批准； （6）针对大宗或异常销售，就销售价格、付款方式、信用条件、批准过程及合同其他条款分析其合理性。 ……		略
（二）其他业务收入			
C	15. 获取或编制其他业务收入明细表，复核加计是否正确，并与总账数和明细账合计数核对是否相符，结合主营业务收入科目与营业收入报表数核对是否相符。		4401－3
ACDE	16. 检查原始凭证等相关资料，分析交易的实质，确定其是否符合收入确认的条件，并检查其会计处理是否正确。		略
	17. 针对评估的舞弊风险等因素增加的审计程序。		略
（三）列报和披露			
F	18. 检查营业收入是否按照小企业会计准则的规定恰当列报和披露。		略

营业收入审定表

被审计单位：	索 引 号：4401－1
项 目：营业收入	期 间：
编 制：	复 核：
日 期：	日 期：

项目类别	本 期 未审数	账项调整		本 期 审定数	上 期 审定数	索引号
		借方	贷方			
一、主营业务收入						
小计						
二、其他业务收入						
小计						
营业收入合计						

审计结论：

主营业务收入明细表

被审计单位：		索引号：	4401－2
项目：	主营业务收入	期间：	
编制：		复核：	
日期：		日期：	

月份	主营业务收入明细项目											
	合计											
1月												
2月												
3月												
4月												
5月												
6月												
7月												
8月												
9月												
10月												
11月												
12月												
合计												
上期数												
变动额												
变动比例												

审计说明：

其他业务收入明细表

被审计单位：	索　引　号：4401－3
项　　　目：其他业务收入	期　　　间：
编　　　制：	复　　　核：
日　　　期：	日　　　期：

种　　类	本期数		上期数	
	金　额	结构比	金　额	结构比
出租固定资产				
出租无形资产				
销售材料				
……				
合　计				

审计说明：

业务/产品销售分析表

被审计单位：		索　引　号：	4401－4
项　　　目：	主营业务收入	期　　　间：	
编　　　制：		复　　　核：	
日　　　期：		日　　　期：	

收入类别/产品名称	本期数				上期数				变动幅度			
	数量	主营业务收入	主营业务成本	毛利率	数量	主营业务收入	主营业务成本	毛利率	数量	主营业务收入	主营业务成本	毛利率
合计												

审计说明：

月度毛利率分析表

被审计单位：		索　引　号：	4401－5
项　　　目：	主营业务收入	期　　　间：	
编　　　制：		复　　　核：	
日　　　期：		日　　　期：	

月份	本期数				上期数				变动幅度
	主营业务收入	主营业务成本	毛利	毛利率	主营业务收入	主营业务成本	毛利	毛利率	
1									
2									
3									
4									
5									
6									
7									
8									
9									
10									
11									
12									
合计									

审计说明：

主营业务收入完整性测试

被审计单位：		索　引　号：	4401－6
项　　　目：	主营业务收入	期　　　间：	
编　　　制：		复　　　核：	
日　　　期：		日　　　期：	

序号	出库单				记账凭证				发票					所载信息是否一致√（×）
	日期	号码	品名	数量	日期	编号	数量	金额	日期	品名	客户	数量	金额	

审计说明：

主营业务收入发生测试

被审计单位：	索　引　号：4401－7
项　　　目：主营业务收入	期　　　间：
编　　　制：	复　　　核：
日　　　期：	日　　　期：

序号	记账凭证				出库单				发票					所载信息是否一致√（×）
	日期	编号	数量	金额	日期	号码	品名	数量	日期	品名	客户	数量	金额	

审计说明：

主营业务收入截止测试

被审计单位：____________	索 引 号：4401－8－1
项　　目：主营业务收入	期　　间：____________
编　　制：____________	复　　核：____________
日　　期：____________	日　　期：____________

从出库单到明细账

序号	出库单				记账凭证				发票					所载信息是否一致√（×）
	日期	号码	品名	数量	日期	编号	数量	金额	日期	品名	客户	数量	金额	

截止日前

截止日期：20×2年×月×日

截止日后

序号	出库单				记账凭证				发票					所载信息是否一致√（×）
	日期	号码	品名	数量	日期	编号	数量	金额	日期	品名	客户	数量	金额	

审计说明：

主营业务收入截止测试

被审计单位：		索　引　号：	4401－8－2
项　　目：	主营业务收入	期　　间：	
编　　制：		复　　核：	
日　　期：		日　　期：	

从明细账到出库单

序号	记账凭证				出库单				发票					所载信息是否一致√（×）
	日期	编号	数量	金额	日期	号码	品名	数量	日期	品名	客户	数量	金额	

截止日前

截止日期：20×2年×月×日

截止日后

序号	记账凭证				出库单				发票					所载信息是否一致√（×）
	日期	编号	数量	金额	日期	号码	品名	数量	日期	品名	客户	数量	金额	

审计说明：

2. 营业成本

营业成本实质性程序

被审计单位：	索　引　号：**4402**
项　　　目：营业成本实质性程序表	期　　　间：
编　　　制：	复　　　核：
日　　　期：	日　　　期：

一、需从实质性程序获取的保证程度

项　　目	财务报表认定					
	发生	完整性	准确性	截止	分类	列报
1. 审计目标	A	B	C	D	E	F
2. 需从实质性程序获取的保证程度						

注：“需从实质性程序获取的保证程度”取自审计工作底稿第3200“重要交易、账户余额和披露的认定层次重大错报风险评估结果汇总表”。

二、实质性程序

审计目标	可供选择的实质性程序	是否选择	索引号
（一）主营业务成本			
C	1. 获取或编制主营业务成本明细表，复核加计是否正确，并与总账数和明细账合计数核对是否相符，结合其他业务成本科目与报表数核对是否相符。		4402－2
ABC	2. 实施实质性分析程序（步骤见“存货”实质性程序）。		4402－2
ABC	3. 对主营业务成本进行分析，对有异常情况的项目做进一步调查： （1）将本期和上期主营业务成本按月度进行比较分析； （2）将本期和上期的主要产品单位成本进行比较分析。		4402－4 4402－5
ACE	4. 抽查______月主营业务成本结转明细清单，比较计入主营业务成本的品种、规格、数量和主营业务收入的口径是否一致。		略
ACDE	5. 对于主营业务为非产品销售业务的被审计单位，对本期发生的主营业务成本，选取样本，检查其支持性文件，确定原始凭证是否齐全、记账凭证与原始凭证是否相符以及账务处理是否正确。		略
ABC	6. 编制生产成本与主营业务成本倒轧表，并与相关科目交叉索引。		4402－6

续表

审计目标	可供选择的实质性程序	是否选择	索引号
ABCD	7. 针对主营业务成本中的重大调整事项（如销售退回）、非常规项目，检查相关原始凭证以及会计处理是否正确。		略
C	8. 如果被审计单位采用计划成本、定额成本、标准成本或售价核算存货，应检查产品成本差异或商品进销差价的计算、分配和会计处理是否正确。		略
	9. 针对评估的舞弊风险等因素增加的审计程序。		略
（二）其他业务成本			
C	10. 获取或编制其他业务成本明细表，复核加计正确，并与总账数和明细账合计数核对相符，结合主营业务成本科目与报表数核对相符。		4402－3
ABC	11. 与上期其他业务收入/成本比较，检查是否有重大波动，如有，应查明原因。		4402－3
ACDE	12. 对本期发生的其他业务成本，选取样本，检查其支持性文件，确定原始凭证是否齐全、记账凭证与原始凭证是否相符以及会计处理是否正确。		略
	13. 针对评估的舞弊风险等因素增加的审计程序。		略
（三）列报与披露			
F	14. 检查营业成本是否按照小企业会计准则的规定恰当列报和披露。		略

营业成本审定表

被审计单位：	索 引 号：4402－1
项　　目：营业成本	期　　间：
编　　制：	复　　核：
日　　期：	日　　期：

项目名称	本期未审数	账项调整		本期审定数	上期审定数	索引号
		借方	贷方			
一、主营业务成本						
小计						
二、其他业务成本						
小计						
合计						

审计结论：

主营业务成本明细表

被审计单位：		索引号：	4402－2
项目：	主营业务成本	期间：	
编制：		复核：	
日期：		日期：	

月份	主营业务成本明细项目											
	合计											
1												
2												
3												
4												
5												
6												
7												
8												
9												
10												
11												
12												
合计												
上期数												
变动额												
变动比例												

审计说明：

其他业务成本明细表

被审计单位：	索引号：4402－3
项目：其他业务成本	期间：
编制：	复核：
日期：	日期：

种类	本期数		上年同期数	
	金额	结构比	金额	结构比
出租固定资产				
出租无形资产				
销售材料				
……				
合计				

审计说明：

主营业务成本与上年度比较分析表

被审计单位：　　　　　　　　索　引　号：4402－4
项　　　目：主营业务成本　　期　　　间：
编　　　制：　　　　　　　　复　　　核：
日　　　期：　　　　　　　　日　　　期：

产品类别	本年度			上年度			差　额			索引号	备注
	数量	总成本	平均单位成本	数量	总成本	平均单位成本	数量	总成本	平均单位成本		

审计说明：

主要产品单位主营业务成本分析表

被审计单位：		索 引 号：	4402－5
项　　目：	主营业务成本	期　　间：	
编　　制：		复　　核：	
日　　期：		日　　期：	

月份	产品A		产品B		产品C		产品……	
	单位营业成本	与全年平均数差额	单位营业成本	与全年平均数差额	单位营业成本	与全年平均数差额	单位营业成本	与全年平均数差额
1								
2								
3								
4								
5								
6								
7								
8								
9								
10								
11								
12								
全年平均								

审计说明：

主营业务成本倒轧表

被审计单位：		索 引 号：	4402－6
项 目：	主营业务成本	期 间：	
编 制：		复 核：	
日 期：		日 期：	

存货种类	未审数	审定数	索引号
期初原材料余额			
加：本期购货净额			
减：期末原材料余额			
减：其他原材料发出额			
直接材料成本			
加：直接人工成本			
加：制造费用			
产品生产成本			
加：在产品期初余额			
减：在产品期末余额			
减：其他在产品发出额			
库存商品成本			
加：库存商品期初余额			
减：库存商品期末余额			
减：其他库存商品发出额			
主营业务成本			

审计说明：

3. 营业税金及附加

营业税金及附加实质性程序

被审计单位：	索　引　号：4403
项　　　目：营业税金及附加实质性程序表	期　　　间：
编　　　制：	复　　　核：
日　　　期：	日　　　期：

一、需从实质性程序获取的保证程度

项　　目	财务报表认定					
	发生	完整性	准确性	截止	分类	列报
1. 审计目标	A	B	C	D	E	F
2. 需从实质性程序获取的保证程度						

注："需从实质性程序获取的保证程度"取自审计工作底稿第3200"重要交易、账户余额和披露的认定层次重大错报风险评估结果汇总表"。

二、实质性程序

审计目标	可供选择的实质性程序	是否选择	索引号
C	1. 获取或编制营业税金及附加明细表，复核加计是否正确，并与报表数、总账数和明细账合计数核对是否相符。		略
ABCDE	2. 结合应交税费项目的审计，复核其勾稽关系。		略
	3. 针对评估的舞弊风险等因素增加的审计程序。		略
F	4. 检查营业税金及附加是否按照小企业会计准则的规定恰当列报和披露。		略

营业税金及附加审定表

被审计单位：	索　引　号：4403－1
项　　目：营业税金及附加	期　　间：
编　　制：	复　　核：
日　　期：	日　　期：

项目名称	本期未审数	账项调整		本期审定数	上期审定数	索引号
		借方	贷方			
营业税						
消费税						
资源税						
出口关税						
城市维护建设税						
教育费附加						
……						
合计						

审计结论：

4. 销售费用

销售费用实质性程序

被审计单位：		索 引 号：	**4404**
项 目：	销售费用实质性程序表	期 间：	
编 制：		复 核：	
日 期：		日 期：	

一、需从实质性程序获取的保证程度

项 目	财务报表认定					
	发生	完整性	准确性	截止	分类	列报
1. 审计目标	A	B	C	D	E	F
2. 需从实质性程序获取的保证程度						

注："需从实质性程序获取的保证程度"取自审计工作底稿第3200"重要交易、账户余额和披露的认定层次重大错报风险评估结果汇总表"。

二、实质性程序

审计目标	可供选择的实质性程序	是否选择	索引号
C	1. 获取或编制销售费用明细表： （1）复核其加计数是否正确，并与报表数、总账数和明细账合计数核对是否相符； （2）将销售费用中的工资、折旧等与相关的资产、负债科目核对，检查其勾稽关系的合理性。		4404－2
ABC	2. 实施实质性分析程序（步骤见"存货"实质性程序）。		略
ABC	3. 对销售费用进行分析： （1）计算分析各月份销售费用总额及主要项目金额占主营业务收入的比率，并与上一年度进行比较，判断变动的合理性； （2）计算分析各月份销售费用中主要项目发生额及占销售费用总额的比率，并与上一年度进行比较，判断其变动的合理性。		4404－2
ACDE	4. 对本期发生的销售费用，选取样本，检查其支持性文件，确定原始凭证是否齐全、记账凭证与原始凭证是否相符以及账务处理是否正确。		略

续表

审计目标	可供选择的实质性程序	是否选择	索引号
BD	5. 从资产负债表日后的银行对账单或付款凭证中选取项目进行测试，检查支持性文件（如合同或发票），关注发票日期和支付日期，追踪已选取项目至相关费用明细表，检查费用是否被记录于正确的会计期间。		4404－4
D	6. 抽取资产负债表日前后____天的____张凭证，实施截止测试，若存在异常迹象，应考虑是否有必要追加审计程序。		4404－3
	7. 针对评估的舞弊风险等因素增加的审计程序。		略
F	8. 检查销售费用是否按照小企业会计准则的规定恰当列报和披露。		略

销售费用审定表

被审计单位：________　　索　引　号：4404－1
项　　　目：销售费用　　期　　　间：________
编　　　制：________　　复　　　核：________
日　　　期：________　　日　　　期：________

项目名称	本期未审数	账项调整		本期审定数	上期审定数	索引号
		借方	贷方			
销售人员的职工薪酬						
商品维修费						
运输费						
装卸费						
包装费						
保险费						
广告费						
业务宣传费						
……						
合计						

审计结论：

销售费用明细表

被审计单位：		索引号：	4404 – 2
项目：	销售费用	期间：	
编制：		复核：	
日期：		日期：	

月份	销售费用明细项目											
	合计											
1												
2												
3												
4												
5												
6												
7												
8												
9												
10												
11												
12												
合计												
上期数												
变动额												
变动比例												

审计说明：

销售费用截止测试

被审计单位：		索　引　号：	4404－3
项　　　目：	销售费用	期　　　间：	
编　　　制：		复　　　核：	
日　　　期：		日　　　期：	

日期	凭证号	内容	对应科目	金额	是否跨期 是（√）否（×）
截止日前 -- 截止日期：20×2 年 × 月 × 日 -- 截止日后					

审计说明：

查找未入账费用/支出表

被审计单位：		索 引 号：	4404-4
项　　目：		期　　间：	
编　　制：		复　　核：	
日　　期：		日　　期：	

编制说明：

从资产负债表日后的银行对账单或付款凭证中选取项目进行测试，检查支持性文件（如合同或发票），关注发票日期和支付日期，追踪已选取项目至相关费用明细表，检查费用是否被记录于正确的会计期间。

序号	金额	银行对账单日期	付款凭证		费用明细账		说明	是否跨期
			编号	日期	编号	日期		是（√）否（×）

审计说明：

5. 管理费用

管理费用实质性程序

被审计单位：________	索　引　号：4405
项　　目：管理费用实质性程序表	期　　间：________
编　　制：________	复　　核：________
日　　期：________	日　　期：________

一、需从实质性程序获取的保证程度

项　　目	财务报表认定					
	发生	完整性	准确性	截止	分类	列报
1. 审计目标	A	B	C	D	E	F
2. 需从实质性程序获取的保证程度						

注："需从实质性程序获取的保证程度"取自审计工作底稿第 3200"重要交易、账户余额和披露的认定层次重大错报风险评估结果汇总表"。

二、实质性程序

审计目标	可供选择的实质性程序	是否选择	索引号
C	1. 获取或编制管理费用明细表： （1）复核加计是否正确，并与报表数、总账数及明细账合计数核对是否相符。 （2）将管理费用中的职工薪酬、无形资产摊销等项目与各有关账户进行核对，分析其勾稽关系的合理性，并作出相应记录。		4405－2
ABC	2. 实施实质性分析程序（步骤见"存货"实质性分析程序）。		略
ABC	3. 对管理费用进行分析： （1）计算分析管理费用中各项目发生额及占费用总额的比率，将本期、上期管理费用各主要明细项目作比较分析，判断其变动的合理性； （2）将管理费用实际发生金额与预算金额进行比较； （3）比较本期各月份管理费用，对有重大波动和异常情况的项目应查明原因，必要时作适当处理。		4405－2
ACDE	4. 对本期发生的管理费用，选取样本，检查其支持性文件，确定原始凭证是否齐全、记账凭证与原始凭证是否相符以及账务处理是否正确。		略

续表

审计目标	可供选择的实质性程序	是否选择	索引号
ABC	5. 如发生诉讼和索赔费用，完成“诉讼和索赔事项”工作底稿。		5080
C	6. 重新计算或检查本期发生的矿产资源补偿费、房产税、土地使用税、印花税等税费，确定其计算是否正确。		略
C	7. 重新计算或检查排污费等环保费用，确定其计算是否正确。		略
BD	8. 从资产负债表日后的银行对账单或付款凭证中选取项目进行测试，检查支持性文件（如合同或发票），关注发票日期和支付日期，追踪已选取项目至相关费用明细表，检查费用是否被记录于正确的会计期间。		4404－4
D	9. 抽取资产负债表日前后____天的____张凭证，实施截止测试。若存在异常迹象，考虑是否有必要追加审计程序，对于重大跨期项目应作必要调整。		4405－3
	10. 针对评估的舞弊风险等因素增加的审计程序。		略
F	11. 检查管理费用是否按照小企业会计准则的规定恰当列报和披露。		略

管理费用审定表

被审计单位：________	索　引　号：4405－1
项　　目：管理费用	期　　间：________
编　　制：________	复　　核：________
日　　期：________	日　　期：________

项目名称	本期未审数	账项调整		本期审定数	上期审定数	索引号
		借方	贷方			
1. 公司经费						
（1）职工薪酬						
（2）物料消耗						
（3）低值易耗品摊销						
（4）办公费						
（5）差旅费						
（6）其他						
2. 董事会费						
3. 聘请中介机构费						
4. 咨询费（含顾问费）						
5. 诉讼费						
6. 业务招待费						
7. 房产税						
8. 车船税						
9. 土地使用税						
10. 印花税						
11. 技术转让费						
12. 矿产资源补偿费						
13. 排污费						
14. 筹建期开办费						
……						
合计						

审计结论：

管理费用明细表

被审计单位：	索 引 号：4405－2
项　　目：管理费用	期　　间：
编　　制：	复　　核：
日　　期：	日　　期：

月份	管理费用明细项目											
	合计											
1												
2												
3												
4												
5												
6												
7												
8												
9												
10												
11												
12												
合计												
上期数												
变动额												
变动比例												

审计说明：

管理费用截止测试

被审计单位：	索 引 号：4405－3
项　　目：管理费用	期　　间：
编　　制：	复　　核：
日　　期：	日　　期：

日期	凭证号	内容	对应科目	金额	是否跨期 是（√）否（×）
截止日前					
截止日期：20×2年 × 月 × 日					
截止日后					

审计说明：

6. 财务费用

财务费用实质性程序

被审计单位：		索　引　号：	4406
项　　　目：	财务费用实质性程序表	期　　　间：	
编　　　制：		复　　　核：	
日　　　期：		日　　　期：	

一、需从实质性程序获取的保证程度

项　　目	财务报表认定					
	发生	完整性	准确性	截止	分类	列报
1. 审计目标	A	B	C	D	E	F
2. 需从实质性程序获取的保证程度						

注："需从实质性程序获取的保证程度"取自审计工作底稿第3200"重要交易、账户余额和披露的认定层次重大错报风险评估结果汇总表"。

二、实质性程序

审计目标	可供选择的实质性程序	是否选择	索引号
C	1. 获取或编制财务费用明细表，复核其加计数是否正确，并与报表数、总账数和明细账合计数核对是否相符。		4406－2
ABC	2. 实施实质性分析程序（步骤见"存货"实质性程序）。		略
ABCDE	3. 对本期发生的财务费用，结合相关科目审计，检查支持性文件，确定入账金额及会计处理是否正确。		4406－2
D	4. 抽取资产负债表日前后______天的______张凭证，实施截止测试。若存在异常迹象，考虑是否有必要追加审计程序，对于重大跨期项目，应作必要调整		4406－3
	5. 针对评估的舞弊风险等因素增加的审计程序。		略
F	6. 检查财务费用是否按照小企业会计准则的规定恰当列报和披露。		略

财务费用审定表

被审计单位：	索　引　号：4406－1
项　　　目：财务费用	期　　　间：
编　　　制：	复　　　核：
日　　　期：	日　　　期：

项目名称	本期未审数	账项调整		本期审定数	上期审定数	索引号
		借方	贷方			
利息支出						
减：利息收入						
利息净支出						
汇兑损失						
银行手续费						
其他						
合计						

审计结论：

财务费用明细表

被审计单位：________　　索 引 号：**4406－2**

项　　目：财务费用　　期　　间：________

编　　制：________　　复　　核：________

日　　期：________　　日　　期：________

月份	合计	利息支出	利息收入	利息净支出	汇兑损失	银行手续费	其他
	①＝④＋⑤＋⑥＋⑦	②	③	④＝②－③	⑤	⑥	⑦
1							
2							
3							
4							
5							
6							
7							
8							
9							
10							
11							
12							
合计							
上期数							
变动额							
变动比例							

审计说明：

财务费用截止测试

被审计单位：	索 引 号：4406－3
项 目：财务费用	期 间：
编 制：	复 核：
日 期：	日 期：

日期	凭证号	内容	对应科目	金额	是否跨期 是（√）否（×）
截止日前					
截止日期：20×2 年 × 月 × 日					
截止日后					

审计说明：

7. 投资收益

投资收益实质性程序

被审计单位：		索　引　号：	4407
项　　　目：	投资收益实质性程序表	期　　　间：	
编　　　制：		复　　　核：	
日　　　期：		日　　　期：	

一、需从实质性程序获取的保证程度

项　　目	财务报表认定					
	发生	完整性	准确性	截止	分类	列报
1. 审计目标	A	B	C	D	E	F
2. 需从实质性程序获取的保证程度						

注："需从实质性程序获取的保证程度"取自审计工作底稿第3200"重要交易、账户余额和披露的认定层次重大错报风险评估结果汇总表"。

二、实质性程序

审计目标	可供选择的实质性程序	是否选择	索引号
C	1. 获取或编制投资收益分类明细表： （1）复核加计是否正确，并与报表数、总账数和明细账合计数核对是否相符； （2）检查非记账本位币投资收益的折算汇率及折算是否正确。		略
ABCDE	2. 对本期发生的投资收益，结合相关科目审计，检查支持性文件，确定入账金额及会计处理是否正确。		略
D	3. 结合投资等项目的审计，确定投资收益被记入正确的会计期间。		略
F	4. 检查投资协议等文件，确定国外的投资收益汇回是否存在重大限制。		略
	5. 针对评估的舞弊风险等因素增加的审计程序。		略
F	6. 检查投资收益是否按照小企业会计准则的规定恰当列报和披露。		略

投资收益审定表

被审计单位：________________　　索 引 号：4407－1

项　　目：投资收益　　期　　间：________________

编　　制：________________　　复　　核：________________

日　　期：________________　　日　　期：________________

项目名称	本期未审数	账项调整		本期审定数	上期审定数	索引号
		借方	贷方			
合计						

审计结论：

8. 营业外收入

营业外收入实质性程序

被审计单位：		索　引　号：	4408
项　　　目：	营业外收入实质性程序表	期　　　间：	
编　　　制：		复　　　核：	
日　　　期：		日　　　期：	

一、需从实质性程序获取的保证程度

项　　目	财务报表认定					
	发生	完整性	准确性	截止	分类	列报
1. 审计目标	A	B	C	D	E	F
2. 需从实质性程序获取的保证程度						

注："需从实质性程序获取的保证程度"取自审计工作底稿第3200"重要交易、账户余额和披露的认定层次重大错报风险评估结果汇总表"。

二、实质性程序

审计目标	可供选择的实质性程序	是否选择	索引号
C	1. 获取或编制营业外收入明细表，复核其加计数是否正确，并与报表数、总账数和明细账合计数核对是否相符。		略
ABCDE	2. 对本期发生的营业外收入，结合相关科目审计，检查支持性文件，确定入账金额及会计处理是否正确。		略
D	3. 必要时，抽取资产负债表日前后______天的______张凭证，实施截止测试。若存在异常迹象，考虑是否有必要追加审计程序。		略
	4. 针对评估的舞弊风险等因素增加的审计程序。		略
F	5. 检查营业外收入是否按照小企业会计准则的规定恰当列报和披露。		略

营业外收入审定表

被审计单位：________ 索 引 号：4408－1

项　　目：营业外收入 期　　间：________

编　　制：________ 复　　核：________

日　　期：________ 日　　期：________

项目名称	本期未审数	账项调整		本期审定数	上期审定数	索引号
		借方	贷方			
1. 非流动资产处置净收益						
2. 政府补助						
3. 捐赠收益						
4. 盘盈收益						
5. 出租包装物和商品的租金收入						
6. 逾期未退回包装物押金收益						
7. 确实无法偿付的应付款项						
8. 已作坏账损失处理后又收回的应收款项						
9. 违约金收益						
10. 汇兑收益						
11. 其他						
……						
合计						

审计结论：

9. 营业外支出

营业外支出实质性程序

被审计单位：		索　引　号：	4409
项　　　目：	营业外支出实质性程序表	期　　　间：	
编　　　制：		复　　　核：	
日　　　期：		日　　　期：	

一、需从实质性程序获取的保证程度

项　　目	财务报表认定					
	发生	完整性	准确性	截止	分类	列报
1. 审计目标	A	B	C	D	E	F
2. 需从实质性程序获取的保证程度						

注："需从实质性程序获取的保证程度"取自审计工作底稿第3200"重要交易、账户余额和披露的认定层次重大错报风险评估结果汇总表"。

二、实质性程序

审计目标	可供选择的实质性程序	是否选择	索引号
C	1. 获取或编制营业外支出明细表，复核其加计数是否正确，并与报表数、总账数和明细账合计数核对是否相符。		略
ABCDE	2. 对本期发生的营业外支出，结合相关科目审计，检查支持性文件，确定入账金额及会计处理是否正确。		略
D	3. 必要时，抽取资产负债表日前后______天的______张凭证，实施截止测试。若存在异常迹象，考虑是否有必要追加审计程序。		略
	4. 针对评估的舞弊风险等因素增加的审计程序。		略
F	5. 检查营业外支出是否按照小企业会计准则的规定恰当列报和披露。		略

营业外支出审定表

被审计单位：		索 引 号：	**4409－1**
项　　目：	营业外支出	期　　间：	
编　　制：		复　　核：	
日　　期：		日　　期：	

项目名称	本期未审数	账项调整		本期审定数	上期审定数	索引号
		借方	贷方			
1. 非流动资产处置净损失						
2. 存货盘亏、毁损、报废损失						
3. 坏账损失						
4. 无法收回的长期债券投资损失						
5. 无法收回的长期股权投资损失						
6. 自然灾害等不可抗力因素造成的损失						
7. 税收滞纳金						
8. 罚金						
9. 罚款						
10. 被没收财物的损失						
11. 捐赠支出						
12. 赞助支出						
13. 其他						
合计						

审计结论：

10. 所得税费用

所得税费用实质性程序

被审计单位：		索 引 号：	4410
项　　目：	所得税费用实质性程序表	期　　间：	
编　　制：		复　　核：	
日　　期：		日　　期：	

一、需从实质性程序获取的保证程度

项　　目	财务报表认定					
	发生	完整性	准确性	截止	分类	列报
1. 审计目标	A	B	C	D	E	F
2. 需从实质性程序获取的保证程度						

注："需从实质性程序获取的保证程度"取自审计工作底稿第3200"重要交易、账户余额和披露的认定层次重大错报风险评估结果汇总表"。

二、实质性程序

审计目标	可供选择的实质性程序	是否选择	索引号
C	1. 获取或编制所得税费用明细表，复核加计是否正确，并与报表数、总账数和明细账合计数核对是否相符。		略
ABC	2. 获取被审计单位本期所得税纳税申报表，与账面相关记录进行核对。		略
C	3. 结合其他账项的审计和税法规定，核实当期的纳税调整事项，确定应纳税所得额，检查会计处理是否正确。		4410－1 4410－2
BCE	4. 检查当期直接冲减所得税费用的事项，依据是否充分，会计处理是否正确。		略
	5. 针对评估的舞弊风险等因素增加相应的审计程序。		略
F	6. 检查所得税费用是否按照小企业会计准则的规定恰当列报和披露。		略

所得税费用审定表

被审计单位：	索　引　号：4410－1
项　　　目：所得税费用	期　　　间：
编　　　制：	复　　　核：
日　　　期：	日　　　期：

项目名称	本期未审数	调整		本期审定数	上期审定数	索引号
		借方	贷方			
一、利润总额						
加：纳税调整增加额						
其中：工资薪金支出						
职工福利费支出						
职工教育经费支出						
工会经费支出						
广告费和业务宣传费支出						
捐赠支出						
罚金、罚款、税收滞纳金和被没收财物的损失						
赞助支出						
养老保险、医疗保险、住房公积金						
与未实现融资收益相关在当期确认的财务费用						
与取得收入无关的支出						
不征税收入用于支出所形成的费用						
减值准备						
折旧、摊销						
其他纳税调整增加额						
减：纳税调整减少额						
其中：免税所得						
其中：国债利息收入						
免税的补贴收入						

续表

项目名称	本期未审数	调整		本期审定数	上期审定数	索引号
		借方	贷方			
免于补税的投资收益						
免税的技术转让收益						
研究开发费用附加扣除额						
结转扣除						
其他纳税调整减少项目						
二、调整后所得						
减：弥补以前年度亏损						
20×1 年亏损						
20×0 年亏损						
20×9 年亏损						
20×8 年亏损						
20×7 年亏损						
三、应纳税所得额						
税率						
四、应纳所得税额						
五、查补以前年度所得税						
六、所得税合计						

纳税调整明细表

被审计单位：	索 引 号：4410－2
项　　目：所得税费用	期　　间：
编　　制：	复　　核：
日　　期：	日　　期：

一、工资薪金支出

项目	实际支付	本期计提	调增数	备注
工资薪金支出				

二、职工福利费支出

项目	工资薪金总额	税前列支标准	实际发生	可税前列支	调增数	备注
职工福利费支出		14%				

三、职工教育经费支出

项目	工资薪金总额	税前列支标准	实际发生	可税前列支	调增数	备注
职工教育经费支出		2.5%				

四、工会经费支出

项目	工资薪金总额	税前列支标准	实际发生	可税前列支	调增数	备注
工会经费支出		2%				

五、业务招待费支出

项目	营业收入	税前列支标准	实际发生	可税前列支	调增数	备注
业务招待费支出		0.5%				

六、广告费和业务宣传费支出

项目	营业收入	税前列支标准	实际发生	可税前列支	调增数	备注
广告费和业务宣传费支出		15%				

七、捐赠支出

项目	利润总额	税前列支标准	实际发生	可税前列支	调增数	备注
捐赠支出		12%				

八、罚金、罚款、税收滞纳金和被没收财物的损失

项目	罚金	罚款	税收滞纳金	被没收财物的损失	调增数	备注
罚金、罚款、税收滞纳金和被没收财物的损失						

九、赞助支出、与取得收入无关的其他支出等

项目	赞助支出	与取得收入无关的其他支出	不征税收入用于支出所形成的费用	不合规发票支出	调增数	备注
赞助支出、与取得收入无关的其他支出等						

十、社会保险、住房公积金

项目	计提基数	税前列支标准	实际发生	可税前列支	调增数	备注
各类基本社会保障性缴款						
补充养老保险						
补充医疗保险						
住房公积金						

十一、折旧

项目	实际发生	可税前列支	调增数	备注
折旧				

十二、摊销

项目	实际发生	可税前列支	调增数	备注
摊销				

（五）细节测试通用工作底稿

选取测试项目（细节测试）工作底稿编制说明

本工作底稿供注册会计师在细节测试中确定测试范围时使用。在设计审计程序时，注册会计师应当确定选取测试项目的适当方法，以获取充分、适当的审计证据，实现审计程序的目标。注册会计师可以使用的方法包括选取全部项目、选取特定项目和审计抽样。注册会计师可以根据具体情况，单独或综合使用选取测试项目的三种方法。

一、选取全部项目

当存在下列情形之一时，注册会计师应当考虑选取全部项目进行测试：

1. 总体由少量的大额项目构成；

2. 存在特别风险且其他方法未提供充分、适当的审计证据；

3. 由于信息系统自动执行的计算或其他程序具有重复性，对全部项目进行检查符合成本效益原则。

二、选取特定项目

根据对被审计单位的了解、评估的重大错报风险以及所测试总体的特征等，注册会计师可以确定从总体中选取特定项目进行测试。

选取的特定项目可能包括：

1. 大额或关键项目；

2. 超过某一金额的全部项目；

3. 被用于获取某些信息的项目；

4. 被用于测试控制活动的项目。

根据判断选取特定项目，容易产生非抽样风险。选取特定项目实施检查，通常是获取审计证据的有效手段，但并不构成审计抽样。对按照这种方法所选取的项目实施审计程序的结果，不能推断至整个总体。当总体的剩余部分重大时，注册会计师应当考虑是否需要针对该剩余部分获取充分、适当的审计证据。

三、审计抽样

在细节测试中实施审计抽样，目的在于通过对总体中具有代表性的一部分项目实施审计程序从而评价总体的某个特征。注册会计师可以根据样本的测试结果推断未测试项目的结果。

注册会计师在下列情况下可能使用审计抽样来确定实施审计程序的范围：

1. 对于需要测试的账户余额或交易事项缺乏特别的了解；

2. 总体中项目太多而导致无法逐项测试；

3. 逐项测试总体项目需要耗费大量成本。

注册会计师应当在本工作底稿中记录实施细节测试时使用审计抽样的过程及结果。审计抽样主要包括样本设计、选取样本并实施审计程序、评价样本结果三个阶段。在样本设计阶段，注册会计师首先确定测试目标，并根据测试目标定义总体、抽样单元和错报，然后确定适当的样本规模；在选取样本并实施审计程序阶段，注册会计师从总体中选出所需的代表性样本，并针对选取的每个项目实施适合于具体审计目标的审计程序；在评价样本结果阶段，注册会计师对样本中发现的错报分析其性质和原因，并根据样本错报推断总体错报，从而对总体相关特征作出结论。

通用凭证检查表

被审计单位：________________	索　引　号：________________
项　　　目：________________	期　　　间：________________
编　　　制：________________	复　　　核：________________
日　　　期：________________	日　　　期：________________

序号	记账日期	凭证编号	业务内容	对应科目	金额	检查内容（用“√”、“×”表示）					备注
						①	②	③	④	⑤	
1											
2											
3											
4											
5											
6											
7											
8											
9											
10											
11											
12											
13											
14											
15											
16											
17											
18											
……											
25											

检查内容说明：①原始凭证是否齐全；②记账凭证与原始凭证是否相符；③账务处理是否正确；④是否记录于恰当的会计期间；⑤……

选取测试项目的方法（请在相应选择部分后打“√”）

1. 选取全部项目
2. 选取特定项目，具体描述为：________________。
3. 审计抽样

审计说明：

细节测试审计抽样

被审计单位：		索　引　号：	
项　　　目：		截止日/期间：	
编　　　制：		复　　　核：	
日　　　期：		日　　　期：	

说明：本审计工作底稿以应收账款的函证程序为例，说明细节测试抽样过程中应在审计工作底稿中记录的内容。

一、样本设计

1. 确定测试目标

账户名称：　应收账款

账户数量：　1651 个（剔除贷方余额账户和零余额账户）

账面金额：　2410000 元

重要性水平①：　280000 元

测试目标：　通过应收账款函证测试应收账款的存在认定

2. 定义总体与抽样单元

总体：20×2 年 12 月 31 日剔除贷方余额账户和零余额账户以及剔除单个重大项目和极不重要项目之后的应收账款余额

代表总体的实物：20×2 年 12 月 31 日剔除单个重大项目和极不重要项目之后的应收账款借方余额明细账账户

抽样单元：每个应收账款明细账账户

定义重大项目：账面金额在 140000 元以上的所有应收账款明细账账户

对重大项目实施审计程序：工作底稿索引号②：

定义极不重要项目：账面金额在 1000 元以下的所有应收账款明细账账户

对极不重要项目实施审计程序：不实施审计程序

项目分类	项目数量	总金额（元）
重大项目	1	200 000
极不重要项目	150	10 000
抽样总体	1 500	2 200 000
合计	1 651	2 400 000

3. 定义错报

被审计单位不能合理解释并提供相应依据的、应收账款账面金额与注册会计师实施抽样所获得的审计证据所支持的金额之间的差异（高估）。错报不包括明细账户之间的误记、在途款项，以及被审计单位已经修改的差异。

① 假设注册会计师初步确定的被审计单位财务报表整体重要性水平为 280 000 元。

② 索引到应收账款函证工作底稿。

4. 确定样本规模
可容忍错报（实际执行的重要性）①：140000 元
重大错报风险评估水平：中
针对同一认定的其他实质性程序的检查风险：高
样本规模②：36

二、选取样本并实施审计程序

1. 选取样本
是否分层： 是

样本分层表

层	层账面总额（元）	层账户数量（个）	层样本规模（个）
第 1 层	1120000	300	18
第 2 层	1080000	1200	18
合计	2200000	1500	36

选择哪种选样方法（随机数选样/系统选样/随意选样/PPS 选样）：随机数选样
样本编号列表：
……

2. 实施审计程序 工作底稿索引号③：

样本错报汇总表

层	层样本账面总额（元）	层样本错报额（元）	层样本错报数量（个）
第 1 层	124900	2400	2
第 2 层	30500	550	1
合计	155400	2950	3

测试单个重大项目发现的错报： 1034 元

三、评价样本结果

1. 分析错报的性质和原因
是否存在舞弊： 否 工作底稿索引号：
是否修改对控制运行有效性的评估结果： 否 工作底稿索引号：

① 注册会计师通常根据财务报表整体重要性水平的 50%—75% 确定可容忍错报（实际执行的重要性）。
② 参见附录。
③ 索引到应收账款函证工作底稿。

续表

2. 推断总体 样本错报额（A）：　　2950 元 推断的总体错报额（B）：　　38046 元 [Σ（层样本错报额 ÷ 层样本账面总额 × 层账面总额 – 层样本错报额）] 测试单个重大项目发现的错报（C）：　　1034 元 错报总额（A + B + C）：　　42030 元
3. 得出总体结论 总体是否存在重大错报：　　否 是否扩大测试范围：　　否　　工作底稿索引号： 是否针对同一认定实施其他审计程序：　　否　　工作底稿索引号： 审计结论： 应收账款的存在认定不存在重大错报。

附录：

保证系数表

重大错报风险	其他实质性程序的检查风险			
	最高	高	中	低
最高	3.0	2.7	2.3	2.0
高	2.7	2.4	2.0	1.6
中	2.3	2.1	1.6	1.2
低	2.0	1.6	1.2	1.0

上表中的“重大错报风险”是指注册会计师评估的各类交易、账户余额和披露认定层次的重大错报风险，分为“最高”、“高”、“中”、“低”四个水平。上表中的“其他实质性程序的检查风险”是指用于测试相同认定的其他实质性程序（如分析程序）未能发现该认定中重大错报的风险，分为“最高”、“高”、“中”、“低”四个水平。当没有针对相同认定实施其他实质性程序，“其他实质性程序的检查风险”评估为“最高”；当针对相同认定的其他实质性程序不能发现该认定中的重大错报时，“其他实质性程序的检查风险”评估为“高”；当预计针对相同认定的其他实质性程序能在一定程度上发现该认定中的重大错报但并非十分有效时，“其他实质性程序的检查风险”评估为“中”；当预计针对相同认定的其他实质性程序能够有效地发现该认定中的重大错报时，“其他实质性程序的检查风险”评估为“低”。注册会计师根据评估的重大错报风险和其他实质性程序的检查风险，从上表中选择适当的保证系数，并使用下列公式估计样本规模：

样本规模 = 抽样总体账面金额 ÷ 可容忍错报 × 保证系数

根据上述公式计算的样本规模是在预计没有错报时细节测试的最低样本数量。

第四部分　其他项目工作底稿

一、对法律法规的考虑

对法律法规的考虑

被审计单位：		索　引　号：	5010
项　　目：	对法律法规的考虑	截止日/期间：	
编　　制：		复　　核：	
日　　期：		日　　期：	

一、注册会计师的目标

1. 针对通常对决定财务报表中的重大金额和披露有直接影响的法律法规的规定，获取被审计单位遵守这些规定的充分、适当的审计证据；

2. 针对其他法律法规，实施特定的审计程序，以有助于识别可能对财务报表产生重大影响的违反这些法律法规的行为；

3. 恰当应对在审计过程中识别出的或怀疑存在的违反法律法规的行为。

二、审计程序

可供选择的审计程序	索引号	执行人
1. 总体了解适用于被审计单位及其所处行业或领域的法律法规框架。在获得总体了解时，应特别关注某些法律法规可能导致对被审计单位经营活动产生重要影响的经营风险，即违反法律法规可能导致被审计单位停业或对其持续经营产生重大影响。		
2. 在获得总体了解后实施下列进一步审计程序，识别被审计单位在编制财务报表时的违反法律法规行为： （1）向管理层询问被审计单位是否遵守了适用于被审计单位及其行业的法律法规； （2）检查被审计单位与许可证颁发机构或监管机构的往来函件。		
3. 充分关注可能表明被审计单位违反法律法规的下列信息： （1）受到政府有关部门的调查或处罚； （2）提供异常贷款或支付不明费用； （3）与关联方存在异常交易； （4）支付异常的销售佣金或代理费用； （5）购销价格严重偏离市场价格； （6）异常的现金收支； （7）与在税收优惠地注册的公司存在异常交易； （8）向商品或劳务提供者以外的单位或个人支付商品或劳务款项； （9）收付款缺少适当的交易控制记录； （10）现有的会计信息系统不能提供适当审计轨迹或充分证据； （11）交易未经授权或记录不当； （12）负面媒介评论。		

续表

可供选择的审计程序	索引号	执行人
4. 获取管理层的书面声明，声明被审计单位已向注册会计师告知其知悉的、影响财务报表的所有违反或可能违反相关法律法规的行为。		
5. 如果发现可能存在违反法律法规的行为，了解该行为的性质及发生的环境，并获取其他适当信息，评价： （1）因罚款、处分、赔偿、没收违法所得、封存财产、强制停业及诉讼等导致的潜在财务后果； （2）潜在财务后果是否需要披露； （3）潜在财务后果是否严重，以至对财务报表的公允反映产生怀疑或导致财务报表产生误导。		
6. 如果怀疑存在违反法律法规的行为，与管理层讨论，并考虑是否需要征询法律意见以及对审计意见和其他方面的影响。		
7. 如果发现被审计单位存在违反法律法规的行为， （1）尽快地与治理层沟通，通报审计过程中注意到的有关违反法律法规的事项； （2）获取治理层已获知违反法律法规行为的审计证据； （3）征询法律意见； （4）考虑是否有责任向被审计单位以外的相关机构或人员报告。		
8. 如果被审计单位存在违反法律法规的行为，且没有采取项目组认为必要的补救措施，则应： （1）考虑解除业务约定； （2）如果不能解除业务约定，考虑代替方案，包括在审计报告的其他事项段中描述违反法律法规的行为。		

审计说明：

二、接受委托后与前任注册会计师的沟通

接受委托后与前任注册会计师的沟通

被审计单位：______	索　引　号：5020
项　　目：接受委托后与前任注册会计师的沟通	截止日/期间：______
编　　制：______	复　　核：______
日　　期：______	日　　期：______

一、注册会计师的目标

（一）在接受委托后，后任注册会计师在必要时与前任注册会计师就对审计有重大影响的事项进行沟通，以获取必要的审计证据；

（二）前任注册会计师在征得被审计单位书面同意后，对后任注册会计师提出的沟通要求予以必要的配合。

二、审计程序

可供选择的审计程序	索引号	执行人
1. 接受委托后，如果需要查阅前任注册会计师的工作底稿，在征得被审计单位书面同意后，与前任注册会计师沟通，就工作底稿的使用目的、范围和责任等达成一致意见。	5021 5022 5023	
2. 通过查阅前任注册会计师审计工作底稿获取的信息，评价对审计程序的性质、时间安排和范围的影响。		
3. 如果前任注册会计师审计的财务报表可能存在重大错报，提请被审计单位告知前任注册会计师。必要时，要求被审计单位安排三方会谈。		
4. 如果被审计单位拒绝告知前任注册会计师，或前任注册会计师拒绝参加三方会谈，或项目组认为对解决问题的方案不满意，考虑对审计报告的影响或解除业务约定。		

审计说明：

索引号：5021

说明：

本沟通函是后任注册会计师（B会计师事务所）向被审计单位（S公司）征询是否允许查阅前任注册会计师（A会计师事务所）审计工作底稿的沟通函件参考格式。

沟 通 函

S公司：

贵公司聘请本所执行20×2年度财务报表审计业务，按照《中国注册会计师审计准则1331号——首次审计业务涉及的期初余额》的要求，本所应针对20×2年度财务报表的期初余额获取充分、适当的审计证据。因此，本所需要查阅前任注册会计师——A会计师事务所的审计工作底稿。请贵公司同意本所查阅A会计师事务所的审计工作底稿，并授权A会计师事务所将其对贵公司20×1年度财务报表审计的相关工作底稿提供给本所，以供本所查阅。

感谢贵公司对本所工作的支持！

如有任何问题，请及时与本所联系，以便我们与贵公司作进一步沟通。

联系人：

联系电话：　　　　　　　　　　　　传真：

地址：　　　　　　　　　　　　　　邮编：

（B会计师事务所盖章）

20×2/3年×月×日

回执：

本公司同意贵所查阅A会计师事务所的审计工作底稿，并授权A会计师事务所将其对本公司20×1年度财务报表审计的相关工作底稿提供给贵所，以供贵所查阅。

（S公司盖章）

20×2/3年×月×日

索引号：5022

说明：

本沟通函是后任注册会计师（B会计师事务所）与前任注册会计师（A会计师事务所）就查阅审计工作底稿事项的函件参考格式。

沟　通　函

A会计师事务所：

本所接受S公司委托，对其20×2年度财务报表进行审计。按照《中国注册会计师审计准则1331号——首次审计业务涉及的期初余额》的要求，本所应针对20×2年度财务报表的期初余额获取充分、适当的审计证据。因此，本所需要查阅贵所就S公司20×1年度财务报表审计的相关工作底稿。S公司已经同意本所查阅相关工作底稿，并授权贵所将相关工作底稿提供给本所，以供本所查阅。

感谢贵所对本所工作的支持！

如有任何问题，请及时与本所联系，以便我们与贵所作进一步沟通。

联系人：

联系电话：　　　　　　　　　　　　　　　　　传真：

地址：　　　　　　　　　　　　　　　　　　　邮编：

（B会计师事务所盖章）

20×2/3年×月×日

索引号：5023

前任注册会计师从被审计单位获取的确认函参考格式

说明：

本确认函是前任注册会计师（A 会计师事务所）向被审计单位（S 公司）征询是否允许与后任注册会计师（B 会计师事务所）进行沟通的确认函件参考格式。在确认函中，前任注册会计师同时就答复后任注册会计师的询问和允许后任注册会计师查阅审计工作底稿两个事项进行了确认。在实际工作中，前任注册会计师也可以分别就其中一个事项请被审计单位作出确认。

确　认　函

S 公司董事会：

贵公司已允许 B 会计师事务所作为后任注册会计师与我们沟通，允许我们对 B 会计师事务所的询问作出充分答复，并允许其查阅我们审计贵公司 20×1 年度财务报表形成的审计工作底稿。B 会计师事务所查阅工作底稿的目的旨在了解贵公司及我们审计中掌握的有关情况，以协助其对贵公司 20×2 年度财务报表的审计制定审计计划。

请贵公司在本确认函上盖章并署明日期后寄回给我们，以示对上述内容的确认。

本确认函附有我们拟向 B 会计师事务所提供的关于工作底稿使用问题的信函格式。

（A 会计师事务所盖章）

20×2/3 年×月×日

同意：

（S 公司盖章）

20×2/3 年×月×日

不同意：

（S 公司盖章）

20×2/3 年×月×日

附件：

本附件是前任注册会计师（A会计师事务所）向后任注册会计师（B会计师事务所）就工作底稿查阅及使用问题获取的确认函参考格式（含有使用限制条款）。

确　认　函

B会计师事务所：

我们已经按照中国注册会计师审计准则对S公司20×1年度财务报表进行审计并出具了审计报告。在审计报告日后，我们没有实施任何审计程序。贵所为了执行S公司20×2年度财务报表审计业务，要求查阅我们对S公司财务报表审计形成的工作底稿。我们已经征得S公司同意，决定允许贵所查阅有关工作底稿。

我们对S公司20×1年度财务报表的审计及形成的工作底稿并不一定能够满足贵所的查阅目的，因此，贵所拟了解的事项可能并未在我们的工作底稿中提及。由于我们在职业判断的运用以及对审计风险和重要性的评估方面可能与贵所存在差异，对某些事项的表述可能与贵所不同，我们不能就我所工作底稿提供的信息是否满足贵所的目的作出任何声明。

我们理解贵所查阅工作底稿的目的旨在制定审计计划，以便执行S公司20×2年度财务报表审计业务。按照贵所的要求，我们将提供［具体列明工作底稿的名称或种类］工作底稿复印件。贵所应当对获取的任何工作底稿复印件的内容予以保密。此外，如果第三方要求贵所提供与S公司审计有关的工作底稿，当涉及我所工作底稿的内容时，贵所应当在向该第三方提供之前征得我们的同意。如果贵所由于提供了工作底稿而收到传票、传讯或其他形式的调查通知，且工作底稿含有我所工作底稿的内容，贵所应当尽快通知我们并提供有关传票、传讯或其他形式的调查通知的复印件。

由于贵所查阅工作底稿旨在制定审计计划，而非对我们的工作底稿进行审阅，因此贵所应当：（1）不将查阅工作底稿获取的信息用于其他任何目的；（2）在查阅工作底稿后，不对任何人作出关于我所的审计是否遵循了中国注册会计师审计准则的口头或书面评论；（3）当涉及我所审计质量时，贵所不应提供任何专家证词、诉讼服务或承接对我所审计质量的评价业务。

请贵所在本确认函上盖章并署明日期后寄回给我们，以示对上述内容的确认。

（A会计师事务所盖章）
20×2/3年×月×日

同意：
（B会计师事务所盖章）
20×2/3年×月×日

不同意：
（B会计师事务所盖章）
20×2/3年×月×日

三、关联方及关联方交易

关联方及关联方交易

被审计单位：________	索　引　号：5030
项　　目：关联方及关联方交易	截止日/期间：________
编　　制：________	复　　核：________
日　　期：________	日　　期：________

一、注册会计师的目标

（一）充分了解关联方关系及其交易，以便能够确认由此产生的、与识别和评估由于舞弊导致的重大错报风险相关的舞弊风险因素（如有）；根据获取的审计证据，就财务报表受到关联方关系及其交易的影响而言，确定财务报表是否实现公允反映。

（二）获取充分、适当的审计证据，确定关联方关系及其交易是否已按照适用的财务报告编制基础得到恰当识别、会计处理和披露。

二、审计程序

可供选择的审计程序	索引号	执行人
1. 就关联方及其交易导致的舞弊或错误使得财务报表存在重大错报的可能性进行项目组内部讨论。	2400	
2. 询问被审计单位管理层下列事项： （1）关联方的名称和特征，包括关联方自上期以来发生的变化； （2）被审计单位和关联方之间关系的性质； （3）被审计单位在本期是否与关联方发生交易，如发生，交易的类型、定价政策和目的。		
3. 获取管理层编制的关联方关系及其交易的清单，并实施下列审计程序，确定清单信息的完整性： （1）复核以前年度有关关联方的工作底稿，确认已识别的关联方名称； （2）通过询问管理层和被审计单位内部其他人员，了解被审计单位是否建立了与关联方关系及其交易相关的控制；实施其他适当的风险评估程序，以获取对相关控制的了解； ［注：在小型被审计单位，控制活动可能不太正式，并且可能没有处理关联方关系及其交易的书面程序。对于这些小型被审计单位，注册会计师可以通过询问管理层并结合其他程序（如观察管理层的监督和复核活动、检查取得的记录等），了解关联方关系及其交易和可能存在的相关控制。 某些小型被审计单位由于设立意图决定了其大部分的采购业务或销售业务可能都依赖于关联方（例如母公司或同受母公司控制的其他公司），对于关联方交易全额重大的被审计单位，注册会计师应了解其识别和记录关联方及关联方交易的相关控制，在预期这些控制设计合理且得到执行时，考虑测试其运行的有效性，以减少实质性程序的范围。 对于某些关联方关系结构简单的小型被审计单位，如果关联方交易较少且金额不重大，不对相关控制进行了解并测试其运行有效性而直接实施实质性程序可能更加有效。］	5031	

续表

可供选择的审计程序	索引号	执行人
（3）向治理层和关键管理人员询问，被审计单位是否与其他单位存在隶属关系； （4）复核投资者记录以确定主要投资者的名称，在适当情况下，从股权登记机构获取主要投资者的名单； （5）查阅股东会和董事会的会议纪要，以及其他相关的法定记录； （6）复核被审计单位向监管机构报送的企业所得税申报表和其他信息。	5031	
4. 在审计过程中，对下列交易保持警惕，考虑是否存在尚未识别出的关联方： （1）价格、利率、担保和付款等条件异常的交易； （2）商业理由明显不合乎逻辑的交易； （3）实质与形式不符的交易； （4）处理方式异常的交易； （5）与某些顾客或供货商进行的大量或重大交易； （6）未予记录的交易。		
5. 在执行下列常规程序时关注关联方交易： （1）执行交易和余额的细节测试； （2）查阅股东会和董事会的会议纪要； （3）复核大额、偶发或异常的交易、账户余额的会计记录，特别关注接近报告期末或在报告期末确认的交易； （4）复核对债权债务关系询证函回函以及银行询证函回函，以发现担保关系和其他关联方交易； （5）复核投资交易。		
6. 针对已识别的关联方交易，实施下列审计程序： （1）了解交易的商业目的； （2）检查证实交易的支持性文件（例如，发票、合同、协议及入库和运输单据等相关文件）。	5032	
7. 针对超出正常经营过程的重大关联方交易： （1）检查相关合同或协议（如有），评价： ①交易的商业理由； ②交易条款是否与管理层的解释一致； ③关联方交易是否已按照适用的财务报告编制基础得到恰当会计处理和披露。 （2）向相关机构或人员函证特定交易事项； （3）观察业主兼经理对交易的参与程度； （4）实施其他恰当的实质性程序。	5032	

续表

可供选择的审计程序	索引号	执行人
8. 实施下列审计程序，评价管理层将关联方交易认定为公平交易是否恰当： （1）获取管理层用于支持其认定的资料； （2）考虑管理层用于支持其认定的程序是否恰当； （3）验证支持管理层认定的内部或外部数据来源，对这些数据进行测试，以判断其准确性、完整性和相关性； （3）评价管理层认定所依据的重大假设的合理性。	5032	
9. 如果可获取的与关联方交易相关的审计证据有限，考虑实施下列审计程序： （1）向关联方函证交易的条件和金额，包括担保和其他重要信息； （2）检查关联方拥有的信息； （3）向与交易相关的人员和机构（例如银行、律师）函证或与其讨论有关信息。		
10. 向管理层获取下列书面声明： （1）已经向注册会计师披露了全部已知的关联方名称和特征、关联方关系及其交易； （2）已经按照小企业会计准则的规定，对关联方关系及其交易进行了恰当的会计处理和披露。		
11. 评价关联方的披露： （1）是否已对关联方关系及其交易进行了恰当汇总和列报； （2）是否已清楚披露关联方交易的商业理由以及交易对财务报表的影响； （3）是否已适当披露为理解关联方交易所必须的关键条款、条件或其他要素。		

关联方关系调查记录

被审计单位：________	索 引 号：5031
项 目：关联方关系调查记录	截止日/期间：________
编 制：________	复 核：________
日 期：________	日 期：________

1. 被审计单位的母公司

母公司名称	注册地	经济性质	注册资本	在被审计单位的持股比例或表决权比例

如母公司不是本企业最终控制方，说明最终控制方名称。

母公司和最终控制方均不对外提供财务报表的，说明母公司之上与其最相近的、对外提供财务报表的母公司名称。

2. 被审计单位的子公司

子公司名称	注册地	经济性质	注册资本	被审计单位合计持股比例	被审计单位合计享有的表决权比例

3. 被审计单位的合营或联营企业

合营或联营企业名称	注册地	经济性质	注册资本	被审计单位持股比例	被审计单位在被投资单位表决权比例	期末资产总额	期末负债总额	本期营业收入总额	本期净利润

4. 其他关联方

注：其他关联方可能包括：与被审计单位受同一母公司控制的其他企业；对被审计单位实施共同控制的投资方；对被审计单位施加重大影响的投资方；被审计单位的主要投资者个人及与其关系密切的家庭成员；被审计单位或其母公司的关键管理人员及与其关系密切的家庭成员；被审计单位主要投资者个人、关键管理人员或与其关系密切的家庭成员控制、共同控制或施加重大影响的其他企业。

关联方交易调查明细表

被审计单位：	索　引　号：5032
项　　　目：关联方交易调查明细表	截止日/期间：
编　　　制：	复　　　核：
日　　　期：	日　　　期：

关联方名称	交易内容	商业目的	本期交易额	价格及定价政策	非关联交易价格	市场价格	结算方式	期末未结算金额	未结算金额的担保	坏账准备提取

四、持续经营

持续经营

被审计单位：		索 引 号：	5040
项　　目：	持续经营	截止日/期间：	
编　　制：		复　　核：	
日　　期：		日　　期：	

一、注册会计师的目标

（一）就管理层编制财务报表时运用持续经营假设的适当性，获取充分、适当的审计证据；

（二）根据获取的审计证据，就可能导致对被审计单位持续经营能力产生重大疑虑的事项或情况是否存在重大不确定性得出结论；

（三）确定对审计报告的影响。

二、审计程序

审计程序	索引号	执行人
一、风险评估程序和相关活动		
1. 在实施风险评估程序时，考虑是否存在可能导致对被审计单位持续经营能力产生重大疑虑的事项或情况，确定管理层是否已对被审计单位持续经营能力作出初步评估。完成持续经营能力评估调查表。 [注：对于小型被审计单位，注册会计师应在实施风险评估程序时特别关注与持续经营相关的情况，例如银行及其他借款方可能终止为被审计单位提供支持的风险，以及可能失去主要供应商、主要客户、关键员工，或者在执照、特许权或其他法律协议下经营的权利的风险。]	5041	
2. 如果管理层已对持续经营能力作出初步评估： （1）与管理层进行讨论，确定管理层是否已识别出单独或汇总起来可能导致对被审计单位持续经营能力产生重大疑虑的事项或情况； （2）如果管理层已经识别出这些事项或情况，与其讨论应对计划。		
3. 如果管理层未对持续经营能力作出初步评估： （1）与管理层讨论其拟运用持续经营假设的基础； （2）询问管理层已识别出单独或汇总起来可能导致对被审计单位持续经营能力产生重大疑虑的事项或情况。		
二、评价管理层对持续经营能力作出的评估 [注：在大多数情况下，小型被审计单位的管理层可能不对持续经营能力作出详细评估，而是依赖对经营活动和预期未来前景的深入了解。		

续表

审计程序	索引号	执行人
（1）对于小型被审计单位，注册会计师与管理层讨论中长期融资可能是适当的，前提是管理层的观点能够通过足够的书面证据得以证实且与注册会计师对被审计单位的了解一致。因此，注册会计师可以通过如讨论、询问和检查支持性文件（如收到的未来供应订单）评价其可行性或以其他方式予以证实。 （2）业主兼经理持续的支持对于小型被审计单位的持续经营能力通常很重要。如果小型被审计单位在很大程度上依赖于向业主兼经理融资，那么确保这些资金不会撤离可能是很重要的。例如，面临财务困境的小型被审计单位的持续经营能力可能取决于业主兼经理是否将其对被审计单位贷款的求偿权排在银行或其他债权人之后，或者是否以其个人资产作为抵押为被审计单位的贷款提供担保。在这种情况下，注册会计师可以获取恰当的书面证据，证明业主兼经理对贷款的次序求偿或提供的担保。如果被审计单位依赖业主兼经理提供的额外支持，注册会计师可以评价业主兼经理履行提供支持的承诺中所规定义务的能力。此外，注册会计师还可以要求对这类支持的条款和条件以及业主兼经理的意图或理解进行书面确认。 ……]		
1. 评价管理层作出评估时遵循的程序和评估依据的假设。		
2. 如果管理层评估持续经营能力涵盖的期间短于自财务报表日起的十二个月，提请管理层将其延长至自财务报表日起的十二个月。		
三、识别出事项或情况时实施追加的审计程序		
1. 与管理层讨论并评价与持续经营能力评估相关的未来应对计划，这些计划的结果是否可能改善目前的状况，以及管理层的计划对于具体情况是否可行： （1）分析和讨论可获得的被审计单位最近的中期财务报表； （2）阅读借款合同的条款并确定是否存在违约情况； （3）阅读治理层、管理层有关财务困境的会议纪要； （4）向管理层或被审计单位的律师询问是否存在诉讼或索赔，管理层对诉讼或索赔结果的评估以及对其财务影响的估计是否合理； （5）向关联方或第三方确认提供或保持财务支持的协议的存在性、合理性和可执行性，并对其提供额外资金的能力作出评估； （6）评价被审计单位处理尚未完成的客户订单的计划； （7）针对期后事项实施审计程序，以识别那些能够改善或影响被审计单位持续经营能力的事项； （8）确认授信合同的存在性、条款和充分性； （9）对于拟处置的资产，确定支持证据的充分性。		

续表

审计程序	索引号	执行人
2. 如果被审计单位已编制现金流量预测，且对预测的分析是评价管理层未来应对计划时所考虑的事项或情况的未来结果的重要因素，注册会计师执行下列工作： （1）与管理层分析和讨论现金流量、盈利及其他相关的预测； （2）评价用于编制预测的基础数据的可靠性，并确定预测所基于的假设是否具有充分的支持； （3）将最近若干期间的预测性财务信息与实际结果相比较； （4）将本期预测性财务信息与截至目前的实际结果相比较； （5）获取管理层和治理层（如适用）提供有关未来应对计划及其可行性的书面声明。		

审计说明：

持续经营调查表

被审计单位：		索　引　号：	5041
项　　　目：	持续经营调查表	截止日/期间：	
编　　　制：		复　　　核：	
日　　　期：		日　　　期：	

提示：针对有关可能导致对被审计单位持续经营能力产生重大疑虑的事项或情况，注册会计师应当在整个审计过程中保持警觉。以下是单独或汇总起来可能导致对持续经营假设产生重大疑虑的事项或情况的示例。这些示例并不能涵盖所有事项或情况，也不意味着存在其中一个或多个项目就一定表明持续经营能力存在重大不确定性。

可能导致对持续经营假设产生重大疑虑的事项或情况	是否存在	说明
一、财务方面		
1. 净资产为负或营运资金出现负数；		
2. 借款即将到期，但预期不能展期或偿还，或过度依赖短期借款为长期资产筹资；		
3. 存在债权人撤销财务支持的迹象；		
4. 历史财务报表或预测性财务报表表明经营活动产生的现金流量净额为负数，及现有资金无法满足经营需要；		
5. 发生重大经营亏损或用以产生现金流量的资产的价值出现大幅下跌；		
6. 在到期日无法偿还债务；		
7. 无法履行借款合同的条款，无法满足贷款人的要求；		
8. 关键财务比率（例如：资产负债率、流动比率、速动比率）不佳；		
9. 与供应商由赊购变为货到付款；		
10. 无法获得开发必要的新产品或进行其他必要的投资所需的资金。		
二、经营方面		
1. 管理层计划清算被审计单位或终止经营；		
2. 关键管理人员离职且无人替代；		
3. 失去主要市场、关键客户、特许权、执照或主要供应商；		
4. 出现用工困难问题；		
5. 重要供应短缺；		
6. 出现非常有威胁的竞争者。		
三、其他方面		
1. 违反有关资本或其他法定要求；		
2. 未决诉讼或监管程序，可能导致其无法支付索赔金额；		
3. 法律法规或政策的变化预期会产生不利影响；		
4. 对发生的灾害未购买保险或保额不足。		

初步结论：

五、首次接受委托时对期初余额的审计

首次接受委托时对期初余额的审计

被审计单位：________	索　引　号：5050
项　　目：首次接受委托时对期初余额的审计	截止日/期间：________
编　　制：________	复　　核：________
日　　期：________	日　　期：________

一、注册会计师的目标

获取充分、适当的审计证据以确定：

（一）期初余额是否含有对本期财务报表产生重大影响的错报；

（二）期初余额反映的恰当的会计政策是否在本期财务报表中得到一贯运用，或会计政策的变更是否已按照小企业会计准则作出恰当的会计处理和充分的列报与披露。

二、审计程序

可供选择的审计程序	索引号	执行人
1. 阅读最近期间的财务报表和前任注册会计师出具的审计报告（如有），获取与期初余额相关的信息，包括披露。		
2. 采取下列措施，获取充分、适当的审计证据，确定期初余额是否包含对本期财务报表产生重大影响的错报： （1）确定上期期末余额是否正确结转至本期，或在适当的情况下已作出重新表述； （2）确定期初余额是否反映对恰当会计政策的运用； （3）如果上期财务报表已经审计，查阅前任注册会计师的工作底稿； （4）实施其他追加的审计程序： ①对流动资产和流动负债，通过本期实施的审计程序获取部分审计证据； ②对于存货，监盘当前的存货数量并调节至期初存货数量、对期初存货项目的计价以及毛利和存货截止实施审计程序； ③对非流动资产和非流动负债，检查形成期初余额的会计记录和其他信息，考虑向第三方函证期初余额或实施追加的审计程序。		
3. 如果获取的审计证据表明期初余额存在可能对本期财务报表产生重大影响的错报，实施适当的追加审计程序，并就这类错报与管理层或治理层进行沟通。		
4. 评价是否已就期初余额获取充分、适当的审计证据： （1）期初余额反映的会计政策是否在本期财务报表中得到一贯运用； （2）会计政策的变更是否已按照小企业会计准则作出恰当的会计处理和充分的列报与披露。		
5. 考虑对审计意见的影响。		

审计说明：

六、会计估计

会计估计（包括公允价值会计估计）和相关披露

被审计单位：		索　引　号：	5060
项　　目：	会计估计和相关披露	截止日/期间：	
编　　制：		复　　核：	
日　　期：		日　　期：	

编制说明：

与企业会计准则相比，小企业会计准则充分考虑了我国小型企业规模较小、业务较为简单、会计基础工作较为薄弱、会计信息使用者的信息需求相对单一等实际情况，对小型企业的会计确认、计量和报告进行了简化处理，减少了会计人员职业判断的内容与空间。小企业会计准则强调统一采用历史成本计量，小型企业的管理层需要作出会计估计的范围较小。如果执行小企业会计准则的小型企业发生的交易或者事项涉及重大的会计估计，可以参照本审计工作底稿中的相关内容。

一、注册会计师的目标

获取充分、适当的审计证据以确定：

（一）根据小企业会计准则，财务报表中确认或披露的会计估计（包括公允价值会计估计）是否合理；

（二）根据小企业会计准则，财务报表中的相关披露是否充分。

二、审计程序

可供选择的审计程序	执行程序的结果或索引号	执行人
1. 了解管理层如何识别可能需要作出会计估计并在财务报表中确认或披露的交易、事项和情况。 ［注：由于小型被审计单位的业务活动通常有限，且交易较为简单，了解管理层如何识别作出会计估计的必要性通常并不复杂。在小型被审计单位，通常由某一个人（如业主兼经理）确定是否有必要作出会计估计，因此，注册会计师可对其进行重点询问。］		
2. 询问管理层可能导致新的或需要修改现有的会计估计的环境变化，包括： （1）被审计单位是否已从事可能需要作出会计估计的新型交易； （2）需要作出会计估计的交易的条款是否已改变； （3）由于小企业会计准则的要求或其他规定的变化，与会计估计相关的会计政策是否已经相应变化； （4）可能要求管理层修改或作出新会计估计的外部监管变化或其他不受管理层控制的变化是否已经发生； （5）是否已经发生可能需要作出新估计或修改现有估计的新情况或事项。		

续表

可供选择的审计程序	执行程序的结果或索引号	执行人
3. 了解被审计单位是否建立了与会计估计相关的控制，测试相关控制运行的有效性，并实施恰当的实质性程序。 [注：在小型被审计单位，作出会计估计的流程的结构化程度相对较低。管理层积极参与管理的小型被审计单位可能不存在对会计程序的全面描述、复杂的会计记录或书面政策。有的小型被审计单位可能存在针对作出会计估计的控制，但其运行的规范性存在差别。当管理层积极参与财务报告过程的情况下，小型被审计单位可能确定某些类型的控制是不必要的。此时可能不存在太多注册会计师能够识别出的控制，注册会计师可以考虑采用实质性方案应对重大错报风险。]		
4. 了解管理层用以作出会计估计的方法，包括模型（如适用），用以作出会计估计的方法是否已经发生或应当发生不同于上期的变化，以及变化的原因，评价使用这些会计估计方法的恰当性。		
5. 评价会计估计所依据的假设是否合理。 [注：管理层应根据本企业的持续战略分析和风险管理流程中获得的相关信息来作出重大假设。即使小型被审计单位没有建立正式的流程，注册会计师可以通过询问管理层或与其讨论评价假设，并结合其他审计程序，获取充分、适当的审计证据。]		
6. 测试管理层作出会计估计所依据的数据，评价采用的计量方法在具体情况下是否恰当： （1）测试会计估计所依据的数据的准确性、完整性和相关性； （2）考虑外部数据或信息的来源、相关性和可靠性，包括从管理层聘请的、用以协助其作出会计估计的外部专家那里获取的数据或信息； （3）重新计算会计估计，并复核有关会计估计信息的内在一致性。		
7. 询问管理层是否利用专家的工作，如果利用了专家的工作，完成“利用专家的工作”底稿。 [注：在小型被审计单位，业主兼经理通常有能力作出所要求的点估计。然而在某些情况下，利用专家的工作也是必要的。注册会计师在审计前期阶段与业主兼经理讨论会计估计的性质、完整性和流程的适当性，可能有助于业主兼经理确定是否需要利用专家的工作。]		

续表

可供选择的审计程序	执行程序的结果或索引号	执行人
8. 询问管理层是否评估以及如何评估估计不确定性的影响。 ［注：小型被审计单位可能使用简单方法评估估计不确定性。除复核可获得的文件外，通过询问管理层，注册会计师可能获取其他关于管理层对可供选择的假设或结果进行考虑的审计证据。此外，管理层可能不具备考虑可供选择的结果或处理估计不确定性的专长。在这种情况下，注册会计师可以向管理层解释处理估计不确定性的流程，或其他可使用的不同评估方法，以及相应的记录。］		
9. 确定与会计估计相关的财务报表披露是否符合小企业会计准则的规定。		
10. 向管理层和治理层（如适用）获取书面声明，确定其是否认为在作出会计估计时使用的重要假设是合理的。		

审计说明：

七、对应数据

对应数据

被审计单位：		索 引 号：	5070
项 目：	对应数据	截止日/期间：	
编 制：		复 核：	
日 期：		日 期：	

一、注册会计师的目标

（一）获取充分、适当的审计证据，确定在财务报表中包含的对应数据是否在所有重大方面按照小企业会计准则有关对应数据的要求进行列报；

（二）按照注册会计师的报告责任出具审计报告。

二、审计程序

可供选择的审计程序	索引号	执行人
1. 当上期财务报表已由前任注册会计师审计，按照《中国注册会计师审计准则第1331号——首次审计业务涉及的期初余额》的规定实施审计程序，获取充分、适当的审计证据，完成“首次接受委托时对期初余额的审计”工作底稿；	5050	
2. 评价对应数据是否与上期财务报表列报的金额和相关披露一致，如果必要，对应数据是否已经重述；		
3. 评价在对应数据中反映的会计政策是否与本期采用的会计政策一致，如果会计政策已发生变更，这些变更是否得到恰当处理并得到充分列报和披露；		
4. 在实施本期审计时，如果注意到对应数据可能存在重大错报，根据实际情况追加必要的审计程序，获取充分、适当的审计证据，以确定是否存在重大错报；		
5. 获取与审计意见中提及的所有期间相关的书面声明。对于管理层作出的、更正上期财务报表中影响对应数据的重大错报的任何重述，获取特定书面声明。		

三、对审计报告的考虑

可供选择的审计程序	索引号	执行人
1. 如果以前针对上期财务报表发表了保留意见、无法表示意见或否定意见，且导致非无保留意见的事项仍未解决，对本期财务报表发表非无保留意见。 在审计报告的导致非无保留意见的事项段中，分下列两种情况予以处理： （1）如果未解决的事项对本期数据的影响或可能的影响是重大的，在导致非无保留意见事项段中同时提及本期数据和对应数据； （2）如果未解决的事项对本期数据的影响或可能的影响不重大，说明由于未解决事项对本期数据和对应数据之间可比性的影响或可能的影响。		

续表

可供选择的审计程序	索引号	执行人
2. 如果已经获取上期财务报表存在重大错报的审计证据，而以前对该财务报表发表了无保留意见，且对应数据未经适当重述或恰当披露，就包括在财务报表中的对应数据，在审计报告中对本期财务报表发表保留意见或否定意见；		
3. 如果上期财务报表未经审计，在审计报告的其他事项段中说明对应数据未经审计。		

审计说明：

八、诉讼和索赔

诉讼和索赔

被审计单位：		索　引　号：	5080
项　　目：	诉讼和索赔	截止日/期间：	
编　　制：		复　　核：	
日　　期：		日　　期：	

一、注册会计师的目标

针对涉及被审计单位的诉讼和索赔事项的完整性获取充分、适当的审计证据。

二、审计程序

可供选择的审计程序	索引号	执行人
1. 识别涉及被审计单位的可能导致重大错报风险的诉讼和索赔事项： （1）询问管理层和被审计单位内部其他人员，包括被审计单位的内部法律顾问（如适用）； （2）查阅董事会的会议纪要和被审计单位与外部法律顾问之间的往来信函； （3）复核法律费用账户记录； （4）考虑实施风险评估程序获取的信息。		
2. 如果识别出可能导致重大错报风险的重大诉讼和索赔事项，与被审计单位的外部律师进行直接沟通： （1）寄发由管理层编制的询证函； （2）与外部法律顾问面谈诉讼和索赔事项的可能结果。	5081	
3. 获取管理层和治理层（如适用）就诉讼和索赔事项的书面声明。		

审计说明：

索引号：5081

诉讼和索赔事项询证函

编号：

××律师事务所

××律师：

本公司聘请的××会计师事务所正在对本公司20×2年度财务报表进行审计，按照中国注册会计师审计准则的要求，应当询证涉及本公司的诉讼和索赔事项。请您将下列事项书面告知××会计师事务，并请直接寄至××会计师事务所。

回函地址： 邮编：

电话： 传真： 联系人：

1. 截至20×2年12月31日，本公司委托贵律师代理进行的未决诉讼和索赔事项，请逐项列明，并说明案件的简要事实与发展进程、您对可能发生的损失或收益的金额的估计，以及截至本函回复日的最新进展。

2. 截至本函回复日，您知悉的其他任何可能涉及本公司法律责任的诉讼和索赔事项。

（公司盖章）

20×3年×月×日

九、期后事项

期后事项

被审计单位：		索　引　号：	5090
项　　　目：	期后事项	截止日/期间：	
编　　　制：		复　　　核：	
日　　　期：		日　　　期：	

一、注册会计师的目标

（一）获取充分、适当的审计证据，以确定财务报表日至审计报告日之间发生的、需要在财务报表中调整或披露的事项是否已经按照小企业会计准则在财务报表中得到恰当反映；

（二）恰当应对在审计报告日后注册会计师知悉的、且如果在审计报告日知悉可能导致注册会计师修改审计报告的事实。

二、审计程序

可供选择的审计程序	索引号	执行人
财务报表日至审计报告日之间发生的事项		
1. 了解管理层为确保识别期后事项而建立的程序。		
2. 询问管理层和治理层（如适用），确定是否已发生可能影响财务报表的期后事项，包括但不限于： （1）根据初步或尚无定论的数据作出会计处理的项目的现状； （2）是否已发生新的承诺、借款或担保； （3）是否已出售或购置资产，或者计划出售或购置资产； （4）是否已增加资本或举新债，或者是否已签订或计划签订合并或清算协议； （5）资产是否已被政府征用或因不可抗力（如火灾或洪水）而遭受损失； （6）或有事项是否已发生新的进展； （7）是否已作出或考虑作出异常的会计调整； （8）是否已发生或可能发生影响财务报表编制时所采用会计政策适当性的事项（如影响持续经营假设适当性的事项）； （9）是否已发生与财务报表中会计估计或准备计提相关的事项； （10）是否已发生与资产可收回性相关的事项。		
3. 查阅被审计单位管理层和治理层在财务报表日后举行的会议的纪要并在不能获取的情况下，询问此类会议讨论的事项。		
4. 在尽量接近审计报告日时，查阅股东会、董事会在资产负债表日后举行的会议的纪要，并在不能获取会议纪要时询问会议讨论的事项。		
5. 查阅被审计单位最近的中期财务报表（如有）。		
6. 在尽量接近审计报告日时，查阅被审计单位与客户、供应商、监管部门等的往来信函。		

续表

可供选择的审计程序	索引号	执行人
7. 查阅被审计单位在财务报表日后最近期间内的预算、现金流量预测和其他相关的管理报告。		
8. 就诉讼和索赔事项，询问被审计单位的法律顾问，或扩大之前口头或书面查询的范围。		
9. 获取涵盖特定期后事项的书面声明。		
审计报告日后至财务报表报出日前知悉的事实		
10. 在审计报告日后至财务报表报出日前，如果知悉了某事实，且若在审计报告日知悉可能导致修改审计报告： （1）与管理层讨论； （2）确定考虑是否需要修改财务报表； （3）如果需要修改，与管理层讨论如何在财务报表中处理。		
11. 如果管理层修改财务报表： （1）根据具体情况对有关修改实施必要的审计程序； （2）将程序 2 至程序 9 延伸至新的审计报告日。		

审计说明：

十、利用专家的工作

利用专家的工作

被审计单位：________	索 引 号：5100
项　　目：利用专家的工作	截止日/期间：________
编　　制：________	复　　核：________
日　　期：________	日　　期：________

编制说明：

专家分为注册会计师的专家和管理层的专家。注册会计师的专家，是指在会计或审计以外的某一领域具有专长的个人或组织，并且其工作被注册会计师利用，以协助注册会计师获取充分、适当的审计证据。专家既可能是会计师事务所内部专家（如会计师事务所或其网络事务所的合伙人或员工，包括临时员工），也可能是会计师事务所外部专家。管理层的专家，是指在会计或审计以外的某一领域具有专长的个人或组织，其工作被管理层利用以协助编制财务报表。

对于小型被审计单位，由于规模较小、业务较为简单，需要利用专家的领域较为有限。本审计工作底稿综合了利用注册会计师的专家的工作和利用管理层的专家的工作中涉及的相关审计程序和内容。当被审计单位发生需要利用专家的工作的事项时，注册会计师可以参照本审计工作底稿。

一、注册会计师的目标

（一）确定是否利用专家的工作；

（二）如果利用专家的工作，确定专家的工作是否足以实现审计目的。

二、基本信息

专家姓名/组织名称	
专长领域	
与专家达成一致意见的文件索引	
被审计单位与专家达成一致意见的文件索引（适用于利用管理层的专家的工作）	
专家工作结果或结论的名称和索引	

三、了解专家的工作，评价专家的胜任能力、专业素质和客观性

四、评价专家工作的恰当性

（一）专家的工作结果或结论的相关性和合理性

（二）专家的工作结果或结论与其他审计证据的一致性

（三）如果专家的工作涉及使用重要的假设和方法，这些假设和方法在具体情况下的相关性和合理性

（四）如果专家的工作涉及使用相当程度的原始数据，这些原始数据的相关性、完整性和准确性

五、结论

十一、现金流量表

现金流量表

被审计单位：________	索　引　号：5110
项　　目：现金流量表	期　　间：________
编　　制：________	复　　核：________
日　　期：________	日　　期：________

一、注册会计师的目标

（一）确定现金及现金等价物确认的合理性和一贯性；

（二）确定现金流量表的内容、分类、性质和金额是否正确、合理、完整；

（三）确定现金流量表有关项目金额与其他报表及附注勾稽关系是否正确；

（四）确定现金流量表各项目的披露是否恰当。

二、审计程序

可供选择的审计程序	索引号	执行人
1. 了解管理层编制现金流量表的流程，识别与现金流量表编制相关的控制。［注：对于小型被审计单位，注册会计师应重点关注现金流量表编制人员的胜任能力和专业素质，以及现金流量表的复核批准程序。］		
2. 获取管理层编制的现金流量表，复核加计是否正确，复核现金流量表主表和附注有关项目是否一致。		
3. 对现金流量表实施以下审计程序： （1）了解和评价被审计单位对现金及现金的界定，并检查现金及现金等价物的界定在不同会计期间是否保持一致； （2）检查货币资金明细表所示的现金，现金的期初、期末余额与现金流量表主表是否一致； （3）检查现金流量表主表各项目与资产负债表和利润表各项目之间的勾稽关系； （4）测算大额现金流量项目的合理性： ①“销售产成品、商品、提供劳务收到的现金”和“购买原材料、商品、接受劳务支付的现金”项目金额的合理性； ②结合“应付职工薪酬”、“其他应付款”、“其他应收款”等科目的审计，复核“支付的职工薪酬”项目金额的合理性； ③结合“应交税费”、“营业税金及附加”、“所得税费用”、“管理费用”等科目的审计，复核“支付的税费”项目金额的合理性； ④分析“收到的其他与经营活动有关的现金”和“支付的其他与经营活动有关的现金”项目中的重大交易金额，评价其分类的合理性；		

续表

可供选择的审计程序	索引号	执行人
⑤对“短期投资”、“长期股权投资”、“应收股利”、“应收利息”、“投资收益”、“财务费用”、“固定资产”、“在建工程”、“工程物资”、“无形资产”、“其他长期资产”等科目进行详细分析，将分析结果与被审计单位现金流量表中的“投资活动产生的现金流量”金额核对，验证编制的准确性； ⑥对“短期借款”、“长期借款”、“长期应付款”、“应付利息”、“实收资本”、“资本公积”、“盈余公积”、“未分配利润”、“财务费用”、“在建工程”等科目进行详细分析，并将分析结果与被审计单位现金流量表中的“筹资活动产生的现金流量”金额进行比较，验证编制的准确性。		

第五部分　业务完成阶段工作底稿

一、业务完成阶段审计工作

业务完成阶段审计工作

被审计单位：________	索　引　号：　6000
项　　目：业务完成阶段审计工作	截止日/期间：________
编　　制：________	复　　核：________
日　　期：________	日　　期：________

审计工作	索引号	执行人
1. 评价审计过程中识别出的错报： （1）累积审计过程中识别出的错报，除非错报明显微小； （2）评价错报对审计的影响； （3）就累积的所有错报与管理层进行沟通，要求管理层更正全部错报。对管理层已更正的错报，实施追加的审计程序，确定错报是否依然存在； （4）评价未更正错报的影响； （5）就未更正错报与治理层进行沟通。	6100 6110 6120 6130 6140 6150	
2. 编制试算平衡表。	6210 6220	
3. 设计和实施分析程序，对财务报表形成总体结论，确定财务报表是否与项目组对被审计单位的总体了解一致。如果识别出与其他相关信息不一致的波动或关系，或与预期值差异重大的波动或关系，采取下列措施： （1）询问管理层，针对管理层的答复获取适当的审计证据； （2）根据具体情况在必要时实施其他审计程序。	工作底稿格式参照风险评估工作底稿分析程序表（用作风险评估程序）（索引号：2120 工作底稿）	
4. 与管理层召开总结会，就下列事项进行沟通，形成总结会会议纪要并经双方签字确认： （1）审计意见的类型及审计报告的措辞； （2）已更正错报汇总表、已更正列报和披露错报汇总表、未更正错报汇总表、未更正列报和披露错报汇总表以及试算平衡表草表； （3）对被审计单位持续经营能力具有重大影响的事项； （4）内部控制缺陷； （5）执行该项审计业务的注册会计师的独立性。 获得被审计单位同意账项调整、重分类调整和列报调整事项的书面确认；如果被审计单位不同意调整，应要求其说明原因。根据未更正错报的重要性，确定是否在审计报告中予以反映，以及如何反映。 在就上述有关问题与治理层沟通时，提交书面沟通函，并获得治理层的确认。	6100 6110 6120 6130 6140 6210 6220 6300	

续表

审计工作	索引号	执行人
5. 评价审计结果，形成审计意见，并撰写审计报告： （1）对重要性和审计风险进行最终评价，确定是否需要追加审计程序或提请被审计单位作出必要调整： ①按照调整后的财务数据更新重要性水平； ②按财务报表项目确定可能的错报金额； ③确定财务报表项目可能错报金额的汇总数（即可能错报总额）对财务报表整体重要性水平的影响程度。 （2）对被审计单位已审计财务报表形成审计意见并草拟审计报告。 ［注：在形成审计意见时应考虑以前年度的财务报表是否由注册会计师出具非标准审计报告，以及出具非标准审计报告的原因。］	6150	
6. 获取管理层和治理层（如适用）的书面声明，并确定其日期不得晚于审计报告日。	6400	
7. 完成审计总结。	6500	
8. 完成审计工作完成情况核对表。	6600	
9. 项目经理、项目合伙人及项目质量控制复核人（如适用）完成业务复核核对表，并签字。	6700	
10. 正式签发审计报告。		

二、错报累积和评价表

错报累积和评价表

被审计单位：________	索　引　号：6100
项　　目：错报累积和评价表	截止日/期间：________
编　　制：________	复　　核：________
日　　期：________	日　　期：________

一、注册会计师的目标

（一）评价识别出的错报对审计的影响；

（二）评价未更正错报对财务报表的影响。

二、审计工作底稿索引

序号	内容及说明	索引号
1	已更正错报汇总表（不包括列报和披露错报）	6110
2	已更正的列报和披露错报汇总表	6120
3	未更正错报汇总表（不包括列报和披露错报）	6130
4	未更正的列报和披露错报汇总表	6140
5	评价识别出的错报	6150

已更正错报汇总表（不包括列报和披露错报）

被审计单位：______　　索　引　号：**6110**
项　　　目：已更正错报　　截止日/期间：______
编　　　制：______　　复　　　核：______
日　　　期：______　　日　　　期：______

序号	内容及说明	索引号	已调整财务报表项目	影响利润表金额		影响资产负债表金额						错报性质
						资产		负债		权益		
				借方	贷方	借方	贷方	借方	贷方	借方	贷方	
	合计											

与被审计单位的沟通：

参加人员　　被审计单位：______

　　　　　　审计项目组：______

被审计单位的意见：

______

______

______

结论：

是否同意上述审计调整：______

被审计单位授权代表签字：______日期：______

已更正的列报和披露错报汇总表

被审计单位：		索 引 号：	6120
项 目：	已更正的列报和披露	截止日/期间：	
编 制：		复 核：	
日 期：		日 期：	

序号	错报说明	索引号	相关披露和列报要求	金额（如适用）	错报性质

与被审计单位的沟通：

参加人员　被审计单位：________________

　　　　　审计项目组：________________

被审计单位的意见：

____

____

____

结论：

是否同意上述审计调整：________________

被审计单位授权代表签字：________________ 日期：________________

未更正错报汇总表（不包括列报和披露错报）

被审计单位：		索引号：	6130
项目：	未更正错报	截止日/期间：	
编制：		复核：	
日期：		日期：	

序号	内容及说明	索引号	未调整财务报表项目	影响利润表金额		影响资产负债表金额						错报性质	管理层不予更正的原因
						资产		负债		权益			
				借方	贷方	借方	贷方	借方	贷方	借方	贷方		
一、以前期间识别出的影响本期财务报表的前期未更正错报													
1													
2													
3													
	（一）小计												
二、本期识别出的影响本期财务报表的前期未更正错报													
1													
2													
3													
	（二）小计												
三、本期识别出的影响本期财务报表的未更正错报													
1													
2													
3													
	（三）小计												
	合计												

未更正的列报和披露错报汇总表

被审计单位：		索　引　号：	6140
项　　目：	未更正的列报和披露	截止日/期间：	
编　　制：		复　　核：	
日　　期：		日　　期：	

序号	错报说明	索引号	相关披露和列报要求	金额（如适用）	错报性质

评价识别出的错报

被审计单位：		索引号：	6150
项目：	评价识别出的错报	截止日/期间：	
编制：		复核：	
日期：		日期：	

一、识别出的错报对审计的影响

1. 错报合计

项目	索引号	金额							
		资产（+）	资产（-）	负债（+）	负债（-）	权益（+）	权益（-）	损益（+）	损益（-）
已更正错报合计	6110								
未更正错报合计	6130								

2. 本期财务报表整体重要性：________

3. 评价：

①审计过程中累积的错报合计数是否接近重要性（是/否）：

②识别出的错报的性质以及错报发生的环境是否表明可能存在其他错报，并且可能存在的其他错报与审计过程中累积的错报合计起来可能是重大的（是/否）：

③重新评价舞弊对审计的影响，包括由于舞弊导致的重大错报风险的评估结果、对审计程序的性质、时间安排和范围的影响以及对审计证据和管理层声明的可靠性的影响。

4. 结论：

无需修改总体审计策略和具体审计计划。

或者，需要修改总体审计策略和具体审计计划。

二、前期未更正错报对前期财务报表的影响

1. 前期未更正错报：

项目	索引号	金额							
		资产（+）	资产（-）	负债（+）	负债（-）	权益（+）	权益（-）	损益（+）	损益（-）
前期未更正错报合计	6130								

2. 前期财务报表整体重要性：________________

3. 结论：

与以前期间相关的未更正错报对前期财务报表的影响不重大，不需要重述报表。

或者，与以前期间相关的未更正错报对前期财务报表的影响重大，需要重述报表。

三、未更正错报对本期财务报表的影响

1. 未更正错报：

项目	索引号	金额							
		资产（+）	资产（-）	负债（+）	负债（-）	权益（+）	权益（-）	损益（+）	损益（-）
未更正错报合计	6130								

2. 本期财务报表整体重要性：________________

3. 结论：

未更正错报单独或汇总起来不构成重大错报。

或者，未更正错报单独或汇总起来构成重大错报。

注：注册会计师应当对错报的性质进行评价。错报的性质分为错误和舞弊，注册会计师应当分析导致错报的具体原因，判断其是否为内部控制缺陷，是否为值得关注的内部控制缺陷，并对缺陷进行描述。如果错报的性质是舞弊，注册会计师应当重新评价由于舞弊导致的重大错报风险的评估结果，判断对审计程序的性质、时间安排和范围的影响，评估此前获取的审计证据及管理层声明的可靠性。

三、试算平衡表

资产负债表试算平衡表

被审计单位：		索引号：	6210
项目：	资产负债表试算平衡表	截止日：	
编制：		复核：	
日期：		日期：	

项目	期末未审数	账项调整		重分类调整		期末审定数	项目	期末未审数	账项调整		重分类调整		期末审定数
		借方	贷方	借方	贷方				借方	贷方	借方	贷方	
货币资金							短期借款						
短期投资							应付票据						
应收票据							应付账款						
应收账款							预收款项						
预付账款							应付职工薪酬						
应收股利							应交税费						
应收利息							应付利息						
其他应收款							应付利润						
存货							其他应付款						
其他流动资产							其他流动负债						
长期债券投资							长期借款						
长期股权投资							长期应付款						

续表

项目	期末未审数	账项调整		重分类调整		期末审定数	项目	期末未审数	账项调整		重分类调整		期末审定数
		借方	贷方	借方	贷方				借方	贷方	借方	贷方	
固定资产原价							递延收益						
减：累计折旧							其他非流动负债						
固定资产账面价值							实收资本（或股本）						
在建工程							资本公积						
工程物资							盈余公积						
固定资产清理							未分配利润						
生产性生物资产													
无形资产													
开发支出													
长期待摊费用													
其他非流动资产													
资产总计							负债及所有者权益总计						

利润表试算平衡表

被审计单位：________	索　引　号：6220
项　　　目：利润表试算平衡表	截止日/期间：________
编　　　制：________	复　　　核：________
日　　　期：________	日　　　期：________

项　　目		未审数	调整金额		审定数	索引号
			借方	贷方		
一、	营业收入					
	减：营业成本					
	营业税金及附加					
	销售费用					
	管理费用					
	财务费用					
	加：投资收益					
二、	营业利润					
	加：营业外收入					
	减：营业外支出					
三、	利润总额					
	减：所得税费用					
四、	净利润					

四、与治理层的沟通函

索引号：6300

与治理层的沟通函

S公司董事会（审计委员会）：

根据《中国注册会计师审计准则第1151号——与治理层的沟通》的规定，注册会计师应当及时向治理层通报审计中发现的与治理层监督财务报告过程的责任相关的重大事项。保持有效的双向沟通关系，有利于注册会计师与治理层履行各自的职责。

特别强调的是，除法律法规和审计准则另有规定的情形之外，这份书面沟通文件仅供贵公司董事会使用，本所对第三方不承担任何责任，未经本所事先书面同意，这些沟通文件不得被引用、提及或向其他人披露。

以下内容是在我们在审计过程中发现的与贵公司董事会监督财务报告过程的责任相关的重大事项：

（一）对贵公司会计实务（包括会计政策、会计估计和财务报表披露）重大方面的质量的看法

1. 会计政策

……

2. 会计估计

……

3. 财务报表披露

……

4. 相关事项

……

（二）审计工作中遇到的重大困难

……

（三）已与贵公司管理层讨论或需要书面沟通的审计中出现的重大事项

1. 影响贵公司的业务环境，以及可能影响重大错报风险的经营计划和战略。

我们在审计过程中注意到影响贵公司的业务环境，以及可能影响重大错报风险的经营计划和战略包括：

……

2. 对管理层就会计或审计问题向其他专业人士进行咨询的关注。

贵公司管理层曾就某些会计和审计问题向其他专业人士进行咨询，以下是我们知悉的贵公司管理层向其他专业人士咨询会计和审计问题的情况及我们对这些事项的意见：

……

3. 在首次接受委托或连续接受委托时，就会计实务、审计准则应用、审计或其他服务费用与贵公司管理层进行的讨论或书面沟通。

我们与贵公司管理层就会计实务、审计准则应用、审计或其他服务费用与贵公司管理层进行了讨论或书面沟通，以下是我们认为其中需要提请你们关注的重大问题：

……

（四）未更正的重大错报

我们发现，贵公司的财务报表存在下列重大的未更正错报：

……

我们已于20×3年×月×日就上述事项与贵公司管理层沟通并提请更正，但至今尚未得到更正。如果上述错报得不到更正，根据错报的性质、金额以及对财务报表整体的影响程度，我们对贵公司20×2年度的财务报表将不能出具标准审计报告。现再次提请贵公司予以更正。

除上述重大未更正错报外，贵公司的财务报表还存在×笔未更正的小额错报，其对20×2年度净利润的累计影响额为×。

（五）舞弊

在审计过程中，我们确定或怀疑存在舞弊，这些舞弊行为涉及管理层、在内部控制中承担重要职责的员工和其他人员（在舞弊行为导致财务报表重大错报的情况下）。

……

（六）重大违反法律法规的事项

在审计过程中，我们注意到贵公司存在下列重大违反法律法规的事项：

……

（七）值得关注的内部控制缺陷

我们执行审计工作的目的是对财务报表发表审计意见。审计工作包括考虑与财务报表编制相关的内部控制，其目的是设计适合具体情况的审计程序，并非对内部控制的有效性发表意见。我们报告的事项仅限于我们在审计过程中识别出的、认为足够重要从而值得向治理层报告的缺陷。以下是我们在审计过程中识别出的、根据职业判断认为需要向治理层通报的值得关注的内部控制缺陷：

……

（八）关联方和关联方交易

在审计过程中，我们注意到贵公司存在下列需要提请贵公司董事会关注的与关联方相关的重大事项：

……

（九）持续经营

在审计过程中，我们注意到下列可能导致对贵公司持续经营能力产生重大疑虑的事项或情况：

……

[（十）与集团组成部分审计有关的事项

××组成部分的财务信息由××会计师事务所执行相关工作，我们对其工作质量产生疑虑的情形包括：

……]

（十一）审计范围受到限制

……

（十二）以前期间的未更正错报

……

（十三）含有已审计财务报表的文件中的其他信息

……

（十四）其他事项

……

××会计师事务所（盖章）

中国注册会计师：（签名并盖章）

20×3 年×月×日

贵公司的意见：

____

____

____

____

结论：

是否同意本所就上述重大事项所作的说明

____

____

____

____

贵公司授权代表签字：____________________ 日期：________________

五、管理层声明书

索引号：**6400**

（S公司信笺）

管理层声明书

××会计师事务所并××注册会计师：

本声明书是针对你们审计S公司截至20×2年12月31日的年度财务报表而提供的。审计的目的是对财务报表发表意见，以确定财务报表是否在所有重大方面已按照小企业会计准则的规定编制，并实现公允反映。

尽我们所知，并在作出了必要的查询和了解后，我们确认：

一、财务报表

1. 我们已履行20×2年×月×日签署的审计业务约定书中提及的责任，即按照小企业会计准则的规定编制财务报表，并使其实现公允反映。设计、执行和维护必要的内部控制，以使财务报表不存在由于舞弊或错误导致的重大错报。

2. 在作出会计估计时使用的重大假设（包括与公允价值计量相关的假设）是合理的；

3. 已按照小企业会计准则的规定对关联方关系及其交易作出了恰当的会计处理和披露；

4. 根据小企业会计准则的规定，所有需要调整或披露的资产负债表日后事项都已得到调整或披露；

5. 未更正错报，无论是单独还是汇总起来，对财务报表整体的影响均不重大。未更正错报汇总表附在本声明书后；

6. [插入注册会计师可能认为适当的其他任何事项]。

二、提供的信息

7. 我们已向你们提供下列工作条件：

（1）允许接触我们注意到的、与财务报表编制相关的所有信息（如记录、文件和其他事项）；

（2）提供你们基于审计目的要求我们提供的其他信息；

（3）允许在获取审计证据时不受限制地接触你们认为必要的本公司内部人员和其他相关人员。

8. 所有交易均已记录并反映在财务报表中。

9. 我们已向你们披露了由于舞弊可能导致的财务报表重大错报风险的评估结果。

10. 我们已向你们披露了我们注意到的、可能影响本公司的与舞弊或舞弊嫌疑相关的所有信息，这些信息涉及本公司的：

（1）管理层；

（2）在内部控制中承担重要职责的员工；

（3）其他人员（在舞弊行为导致财务报表重大错报的情况下）。

11. 我们已向你们披露了从现任和前任员工、分析师、监管机构等方面获知的、影响财务报表的舞弊指控或舞弊嫌疑的所有信息。

12. 我们已向你们披露了所有已知的、在编制财务报表时应当考虑其影响的违法或涉嫌违反法律法规的行为。

13. 我们已向你们披露了我们注意到的关联方的名称和特征、所有关联方关系及其交易。

14. ［插入注册会计师可能认为必要的其他任何事项］。

附件1：未更正错报汇总表（不包括列报和披露错报）

附件2：未更正的列报和披露错报汇总表

S公司	S公司管理层
（盖章）	（签名并盖章）
中国××市	20×3年×月×日

附件 1：未更正错报汇总表（不包括列报和披露错报）

未更正错报汇总表（不包括列报和披露错报）

序号	内容及说明	未调整内容				错报性质
		借方项目	借方金额	贷方项目	贷方金额	

附件 2：未更正的列报和披露错报汇总表

未更正的列报和披露错报汇总表

财务报表附注	列报和披露错报描述	金额（如适用）
【附注编号及标题】		

六、审计总结

审计总结

被审计单位：		索　引　号：	6500
项　　　目：	审计总结	截止日/期间：	
编　　　制：		复　　　核：	
日　　　期：		日　　　期：	

一、审计基本情况
二、审计中发现的重大事项及其处理 （包括但不限于： 1. 重大会计和审计事项。应涵盖对事项的描述，风险评估的结果及应对，所实施的审计程序，以及对审计报告的影响等。 2. 专业意见存在分歧的领域。应涵盖对存在专业意见分歧的会计和审计问题的简述、解决方式和过程，以及形成的结论。）
三、评估的财务报表层次的重大错报风险，总体应对措施以及结论；评估的特别风险，应对措施以及结论
四、对关联方及关联方交易的结论
五、对被审计单位持续经营能力产生影响的事项及其处理
六、对重要性水平的再次评估，及对错报评估的结论
七、审计结论（或审计意见类型）
八、对下年度审计工作及今后相关业务的建议

七、审计工作完成情况核对表

审计工作完成情况核对表

被审计单位：	索　引　号：6600
项　　　目：审计工作完成情况核对表	截止日/期间：
编　　　制：	复　　　核：
日　　　期：	日　　　期：

审　计　工　作	是/否/不适用	备注	索引号
1. 是否执行业务承接或保持的相关程序？			
2. 是否就审计业务约定条款与管理层或治理层（如适用）达成一致意见，并签订审计业务约定书？			
3. 是否制定审计计划？			
4. 是否通过了解被审计单位及其环境识别和评估财务报表重大错报风险，包括舞弊风险？			
5. 是否召开项目组会议对财务报表存在重大错报的可能性进行讨论，包括舞弊导致错报的可能性？			
6. 审计计划是否经适当人员批准？			
7. 是否与被审计单位就审计计划的范围和时间安排的总体情况进行沟通？			
8. 计划的审计程序是否得到执行，在审计过程中是否根据具体情况对审计计划作出必要的更新和修改，并记录修改理由？			
9. 是否已获取所有必要的来自银行、律师、债权人、债务人、持有存货的第三方等外部机构的询证函回函或确认函？			
10. 所有重要实物资产是否均已实施监盘？			
11. 当涉及利用其他注册会计师或专家的工作时，能否确信其他注册会计师或专家的工作可以满足审计的要求？			
12. 计划执行的其他重要审计程序是否全部执行完毕，未能执行的审计程序是否实施了替代审计程序？			
13. 审计范围是否受到限制？			
14. 是否对风险评估结果进行复核，已确定其是否仍然适当？如果应当修正风险评估结果，是否已修改？是否同步修改计划实施的进一步审计程序？			
15. 是否恰当应对在审计过程中识别的舞弊导致的重大错报风险？			

续表

审计工作	是/否/不适用	备注	索引号
16. 是否对期后事项实施审计，并考虑对财务报表的影响？			
17. 是否对或有事项实施审计，并考虑对财务报表的影响？			
18. 是否对关联方及关联方交易实施审计，并考虑对财务报表的影响？			
19. 是否对被审计单位持续经营能力具有重大影响的事项实施审计？			
20. 是否已就审计中发现的重大错报及其他对财务报表产生重大影响的重大事项与适当层次的管理层或治理层沟通？			
21. 是否在审计结束时或临近结束时对财务报表进行总体复核？			
22. 是否所有重大事项及存在专业意见分歧的事项均已得到满意解决？			
23. 是否与被审计单位就建议调整事项进行沟通，并经被审计单位确认？是否将经确认的同意调整事项汇总于已更正错报汇总表和已更正的列报和披露错报汇总表。			
24. 是否累积所有识别出的错报，并确定是否需要修改审计计划？			
25. 未更正错报汇总表是否经被审计单位确认？			
26. 董事会是否已批准审计后的财务报表？			
27. 项目经理是否已复核工作底稿？			
28. 项目合伙人是否已复核工作底稿？			
29. 是否已完成项目质量控制复核（必要时）？			
30. 是否已获取管理层声明书原件，并确定其签署日期不晚于审计报告日？			
31. 是否完成审计总结？			

八、业务复核核对表

业务复核核对表

被审计单位：	索 引 号： 6700
项 目：业务复核核对表	截止日/期间：
编 制：	复 核：
日 期：	日 期：

一、项目经理复核

复 核 事 项	是/否/不适用	备注
1. 是否已复核审计计划，以及导致对审计计划作出修改的事项？ 2. 是否已复核重要的财务报表项目工作底稿？ 3. 是否已复核特殊交易或事项工作底稿，包括债务重组、关联方交易、非货币性交易、或有事项、期后事项（已更新至审计报告日）、持续经营能力等？ 4. 是否已复核重要会计政策、会计估计变更及前期会计差错更正工作底稿？ 5. 是否已复核错报累积和评价工作底稿及试算平衡表？ 6. 是否已复核管理层声明书，股东会、董事会相关会议纪要，与客户的沟通记录及重要会谈记录，律师询证函复函？ 7. 是否已复核审计总结？ 8. 是否已复核已审计财务报表和拟出具的审计报告？ 9. 实施上述复核后，是否可以确定下列事项： （1）审计工作底稿提供了充分、适当的记录，作为审计报告的基础？ （2）已按照中国注册会计师审计准则的规定执行了审计工作？ （3）对重大错报风险的评估及采取的应对措施是恰当的，针对存在特别风险的审计领域，设计并实施了针对性的审计程序，且得出了恰当的审计结论？ （4）作出的重大判断恰当合理？ （5）提出的建议调整事项恰当，相关调整分录正确？ （6）未更正错报无论是单独还是汇总起来对财务报表整体均不具有重大影响？ （7）已审计财务报表的编制符合小企业会计准则的规定，在所有重大方面公允反映了被审计单位的财务状况、经营成果和现金流量？ （8）已按照中国注册会计师审计准则的规定发表了恰当的审计意见，拟出具的审计报告措辞恰当？		

声明：本人已按照本所的复核政策对审计工作底稿进行了复核，本人所有的复核意见已经得到解决；S公司年度报告和财务报表已获得批准和签署。本人认为审计工作底稿支持我们得出的结论和拟出具的审计报告。

签字：________________ 日期：____________

二、项目合伙人复核

复 核 事 项	是/否/不适用	备注
1. 是否已复核审计计划，以及导致对审计计划作出重大修改的事项？ 2. 是否已复核存在特别风险的财务报表项目工作底稿，以及项目组采取的应对措施？ 3. 是否已复核项目组作出重大判断的财务报表项目工作底稿？ 4. 是否已复核重要会计政策、会计估计变更及前期会计差错更正工作底稿？ 5. 是否已复核错报累积和评价工作底稿？ 6. 是否已复核管理层声明书，股东会、董事会相关会议纪要，与客户的沟通记录及重要会谈记录，律师询证函复函？ 7. 是否已复核审计总结？ 8. 是否已复核已审计财务报表和拟出具的审计报告？ 9. 实施上述复核后，是否可以确定： （1）对项目经理实施的复核结果满意？ （2）对重大错报风险的评估及采取的应对措施是恰当的，针对存在特别风险的审计领域，设计并实施了针对性的审计程序，且得出了恰当的审计结论？ （3）项目组作出的重大判断恰当合理？ （4）提出的建议调整事项恰当合理，未更正错报无论是单独还是汇总起来对财务报表整体均不具有重大影响？ （5）已审计财务报表的编制符合小企业会计准则的规定，在所有重大方面公允反映了被审计单位的财务状况、经营成果和现金流量？ （6）已按照中国注册会计师审计准则的规定发表了恰当的审计意见，拟出具的审计报告措辞恰当？		

声明：本人已按照本所的复核政策和程序与项目组进行了讨论，对审计工作底稿进行了复核，所有复核意见均已得到解决。本人认为审计工作底稿支持我们得出的结论和拟出具的审计报告。本人已询问项目组所有成员，没有注意到任何影响本所独立性的事项。

签字：________________________ 日期：________________

三、项目质量控制复核（必要时）

复　核　事　项	是/否/不适用	备注
1. 项目质量控制复核之前进行的复核是否均已得到满意的执行？ 2. 是否已复核项目组针对本业务对本所独立性作出的评价，并认为该评价是恰当的？ 3. 是否已复核项目组在审计过程中识别的特别风险以及采取的应对措施，包括项目组对舞弊风险的评估及采取的应对措施，认为项目组作出的判断和应对措施是恰当的？ 4. 是否已复核项目组作出的重大判断，包括关于重要性和特别风险的判断，认为这些判断恰当合理？ 5. 是否确定项目组已就存在的意见分歧、其他疑难问题或争议事项进行适当咨询，且咨询得出的结论是恰当的？ 6. 是否已复核项目组与管理层和治理层沟通的记录以及拟与其沟通的事项，对沟通情况表示满意？ 7. 是否认为所复核的审计工作底稿反映了项目组针对重大判断执行的工作，能够支持得出的结论？ 8. 是否已复核审计后的财务报表和拟出具的审计报告，认为审计后的财务报表符合小企业会计准则的规定，拟出具的审计报告已按照中国注册会计师审计准则的规定发表了恰当的审计意见？		

声明：本人已按照本所的复核政策和程序与项目组进行了讨论，对审计工作底稿进行了复核，所有复核意见均已得到解决。本人认为审计工作底稿支持我们得出的结论和拟出具的审计报告。

签字：________________________ 日期：________________

第六部分　附　　录

附录1：

本书使用的索引表

工作底稿名称	索引号
第一部分　初步业务活动工作底稿	**1000**
一、初步业务活动程序表	1000
二、业务承接/保持评价表	1100
三、审计业务约定书	1200
第二部分　风险评估工作底稿	**2000**
一、了解被审计单位及其环境（不包括内部控制）	2100
（一）了解被审计单位及其环境（不包括内部控制）程序表	2100
（二）了解被审计单位及其环境（不包括内部控制）调查表	2110
（三）分析程序表（用作风险评估程序）	2120
二、了解被审计单位内部控制	2200
（一）了解整体层面内部控制	2210
（二）了解业务流程层面内部控制	2220
确定控制是否得到执行（穿行测试表）	2221－1
三、舞弊风险评估与应对	2300
（一）舞弊风险评估询问记录	2310
（二）舞弊风险评估——考虑舞弊风险因素	2320
（三）舞弊风险评估——分析程序及其他考虑	2330
四、项目组讨论纪要——风险评估	2400
五、风险评估结果和内部控制缺陷汇总表	2500
六、审计计划	2600
（一）重要性	2610
（二）对重要交易、账户余额和披露采取的进一步审计程序方案（计划矩阵）	2620

续表

工作底稿名称	索引号
第三部分　进一步审计程序工作底稿	
一、控制测试工作底稿	**3000**
（一）控制测试结果汇总表	3000
（二）控制运行有效性测试表	3100
（三）控制测试审计抽样	3110
二、实质性程序工作底稿	**4000**
（一）资产类	4100
1．货币资金	4101
2．短期投资	4102
3．应收票据	4103
4．应收账款	4104
5．预付账款	4105
6．应收利息	4106
7．应收股利	4107
8．其他应收款	4108
9．存货	4109
10．长期债券投资	4110
11．长期股权投资	4111
12．固定资产/累计折旧	4112
13．在建工程	4113
14．工程物资	4114
15．固定资产清理	4115
16．无形资产	4116
17．开发支出	4117
18．长期待摊费用	4118
（二）负债类	4200
1．短期借款/长期借款	4201
2．应付票据	4202
3．应付账款	4203
4．预收账款	4204

续表

工作底稿名称	索引号
5. 应付职工薪酬	4205
6. 应交税费	4206
7. 应付利息	4207
8. 应付利润	4208
9. 其他应付款	4209
10. 长期应付款	4210
（三）所有者权益类	4300
1. 实收资本（股本）	4301
2. 资本公积	4302
3. 盈余公积	4303
4. 未分配利润	4304
（四）损益类	4400
1. 营业收入	4401
2. 营业成本	4402
3. 营业税金及附加	4403
4. 销售费用	4404
5. 管理费用	4405
6. 财务费用	4406
7. 投资收益	4407
8. 营业外收入	4408
9. 营业外支出	4409
10. 所得税费用	4410
第四部分 其他项目工作底稿	**5000**
一、对法律法规的考虑	5010
二、接受委托后与前任注册会计师的沟通	5020
三、关联方及关联方交易	5030
四、持续经营	5040
五、首次接受委托时对期初余额的审计	5050
六、会计估计	5060
七、对应数据	5070

续表

工作底稿名称	索引号
八、诉讼和索赔	5080
九、期后事项	5090
十、利用专家的工作	5100
十一、现金流量表	5110
第五部分　业务完成阶段工作底稿	**6000**
一、业务完成阶段审计工作	6000
二、错报累积和评价表	6100
（一）已更正错报汇总表（不包括列报和披露错报）	6110
（二）已更正的列报和披露错报汇总表	6120
（三）未更正错报汇总表（不包括列报和披露错报）	6130
（四）未更正的列报和披露错报汇总表	6140
（五）评价识别出的错报	6150
三、试算平衡表及审计调整表	6200
四、与治理层的沟通函	6300
五、管理层声明书	6400
六、审计总结	6500
七、审计工作完成情况核对表	6600
八、业务复核核对表	6700

注：如有附表，请按照百、十、个位的顺序排列。如已至个位数字，则在后面用 -1，-1-1表示。例如：货币资金实质性程序：4101，货币资金审定表：4101-1。

附录 2：

永久性档案清单

档案名称		索引号
永久性档案增补记录		略
审计项目管理	被审计单位地址、主要联系人、职位、电话	略
	参与项目的其他注册会计师或专家的姓名和地址	略
	审计业务约定书原件	略
	各期审计档案清单	略
公司历史沿革及法律资料	政府批文	略
	营业执照	略
	税务登记证	略
	公司章程及章程修正案	略
	历史发展资料	略
组织结构	组织结构图	略
	各投资方简介	略
	管理层和财务人员（名单、职责）	略
	董事会成员清单	略
	分支机构资料	略
	所投资企业资料	略
	董事会议事规则	略
	经理会议事规则	略
	与投资者关系管理制度	略
	重大经营决策的程序、规则及权限	略
	重大投资决策的程序、规则及权限	略
	对外担保的程序、规则及权限	略
	关联方交易决策的程序与规则	略
	考核、激励管理办法	略

续表

档案名称		索引号
主要业务与技术资料	公司经营范围与主营业务	略
	主要产品生产工艺流程	略
	主要产品的主要原材料和能源及成本构成	略
	主要产品销售情况	略
	主要客户和供应商情况	略
	特殊行业许可证书	略
	资质证书	略
	商标证书	略
	专利证书	略
	非专利技术	略
	重要特许权利	略
	质量管理体系认证证书	略
	环境管理系统认证证书	略
	生产安全认证证书	略
关联方资料	关联方名称清单	略
	关联方资料	略
	重大关联方交易资料	略
财务管理制度	资金管理办法	略
	存货管理办法	略
	固定资产管理办法	略
	在建工程管理办法	略
	合同管理办法	略
	费用报销管理办法	略
	会计稽核管理办法	略
	会计电算化管理办法	略
	会计档案管理办法	略
	授权控制制度	略
	员工福利及奖励制度	略

续表

档案名称		索引号
重要经济合同或协议	无形资产转让协议	略
	资产出让或出售协议	略
	资产置换协议	略
	对外投资或股权转让协议	略
	债务重组协议	略
	融资租赁协议	略
	重要销售合同	略
	重要采购合同	略
	重大设施、设备经营租赁协议	略
	托管协议	略
	委托理财协议	略
	担保协议	略
重要实物资产	重要土地目录	略
	国有土地使用证	略
	土地出让合同或转让协议	略
	发票或收据	略
	房地产开发用地规划许可证	略
	房地产开发工程规划许可证	略
	房地产开发建设工程许可证	略
	房地产开发商品房销售许可证	略
	重大拆迁补偿协议	略
监管机构相关资料	海关监管报告	略
	所得税减免批准证明	略
	税收资料	略
中介机构相关资料	验资报告	略
	审计报告	略
	管理建议书	略
	内部控制审核报告	略
	资产评估报告	略
会议纪要	历次董事会决议	略
	主要经理会纪要	略

附录3：

审计准则应用指南中关于小型被审计单位审计的说明

《中国注册会计师审计准则第1101号——注册会计师的总体目标和审计工作的基本要求》应用指南

审计准则的内容

63. 在审计准则中，小型被审计单位是指在性质上具有下列典型特征的实体：

（1）所有权和管理权集中于少数个体（通常是指单一个体——既可以是一个自然人，也可以是一个拥有该小型被审计单位所有权的其他实体，但前提是该所有者具有相关的定性特征）；

（2）具有下列一项或多项特征：

①从事简单的交易；

②会计记录简单；

③业务类别较少并且业务类别中产品较少；

④内部控制较少；

⑤较少层级的管理层负责广泛的控制活动；

⑥较少职员，其中多数人承担广泛的职责。

以上并未完全列举出小型被审计单位的特征，这些特征并不为小型被审计单位所独有，小型被审计单位也未必具有所有这些特征。

64. 审计准则中包含的对小型被审计单位的特殊考虑主要是针对非上市实体制定的。然而其中的一些考虑也可能对审计小型上市实体有所帮助。

65. 在审计准则中，参与小型被审计单位日常经营管理的所有者称为“业主兼经理”。

《中国注册会计师审计准则第1111号——就审计业务约定条款达成一致意见》应用指南

业务约定书——就管理层的责任达成一致意见

20. 管理层和注册会计师就审计业务约定条款达成一致意见的目的之一是避免双

方对各自的责任产生误解。例如，如果第三方协助管理层编制财务报表，注册会计师可能需要提醒管理层，按照适用的财务报告编制基础编制财务报表仍是管理层的责任。

《中国注册会计师审计准则第 1121 号——对财务报表审计实施的质量控制》应用指南

项目质量控制复核

30. 除上市实体财务报表审计以外，符合会计师事务所规定的适当标准的审计业务也需要接受项目质量控制复核。在某些情况下，可能会计师事务所的全部业务都没有达到需要实施项目质量控制复核的标准。

《中国注册会计师审计准则第 1131 号——审计工作底稿》应用指南

审计工作底稿

16. 对小型被审计单位进行审计形成的审计工作底稿，通常比对大型被审计单位进行审计形成的审计工作底稿要少。此外，在项目合伙人执行所有审计工作的情况下，审计工作底稿将不包括仅为告知或指导项目组成员，或为项目组中其他成员的复核工作提供证据的事项（如审计工作底稿中没有关于项目组讨论或督导事项的记录）。然而，由于审计工作底稿可能因监管或其他目的需由外部机构或人员进行复核，项目合伙人需要按照本准则第十条的基本要求编制能够使有经验的专业人士理解的审计工作底稿。

17. 在编制小型被审计单位审计工作底稿时，注册会计师将审计的各个方面全部记录在一份文件中，并在适当时交叉索引至支持性的审计工作底稿，是十分有益和有效率的。

审计小型被审计单位时形成的审计工作底稿通常包括下列内容：对被审计单位及其环境（包括内部控制）的了解、总体审计策略和具体审计计划、根据《中国注册会计师审计准则第 1221 号——计划和执行审计工作时的重要性》确定的重要性、评估的风险、在审计过程中注意到的重大事项以及得出的结论等。

《中国注册会计师审计准则第 1141 号——财务报表审计中与舞弊相关的责任》应用指南

风险评估程序和相关活动——（一）询问管理层

13. 在某些被审计单位，尤其是小型被审计单位，管理层评估的重点可能是员工舞弊或侵占资产的风险。

风险评估程序和相关活动——（四）了解治理层实施的监督

21. 在某些情况下，治理层的全部成员参与管理被审计单位。这种情况可能存在于小型被审计单位中，即只有一名业主管理被审计单位，其他人员不具有治理职能。在这种情况下，由于不存在独立于管理层的监督，注册会计师通常无需采取措施。

风险评估程序和相关活动——（六）评价舞弊风险因素

26. 被审计单位的规模、复杂程度和所有权特征对考虑相关舞弊风险因素具有重大影响。对大型被审计单位，可能存在一些用以约束管理层不当行为的因素，例如：

（1）治理层的有效监督；

（2）有效的内部审计；

（3）存在书面的行为守则，且该守则能够得到执行。

此外，将业务分部层面考虑的舞弊风险因素与被审计单位整体层面考虑的舞弊风险因素相比较，可能会产生不同的看法。

27. 对小型被审计单位，上述部分或全部考虑因素可能并不适用，或相关性较小。例如，小型被审计单位可能没有书面的行为守则，但可能通过口头交流或管理者示范作用建立一种重视诚信和道德行为的文化氛围。小型被审计单位的管理层由一人掌控，但这本身并不意味着管理者未能展示和传达对内部控制和财务报告过程的恰当态度。在某些被审计单位，对于管理者授权的要求可以弥补内部控制其他方面的缺陷并能降低员工舞弊的风险。然而，由于个人掌控的管理层可能存在管理层凌驾于控制之上的机会，因而可能构成内部控制的潜在缺陷。

《中国注册会计师审计准则第 1151 号——与治理层的沟通》应用指南

治理层

2. 在大多数被审计单位，治理职责是治理机构的集体责任，如董事会、监督委员会、合伙人、业主、管理委员会、治理委员会、受托人或类似职位的人员。但是，在某些小型被审计单位，可能由一个人承担治理职责，如在没有其他业主情况下的业主兼经理，或单独的一名受托人。当治理职责是一项集体责任时，可能由下设组织（如审计委员会甚至个人）负责具体工作以协助治理机构履行责任。而在另外一些情况下，下设组织或个人可能负有与治理机构不同的法定责任。

沟通过程

31. 相对于上市实体或大型被审计单位，在小型被审计单位审计中，注册会计师可以以不太正式的方式来与治理层沟通。

《中国注册会计师审计准则第 1152 号——向治理层和管理层通报内部控制缺陷》应用指南

确定是否识别出内部控制缺陷

3. 尽管小型被审计单位控制活动所依据的理念可能与大型被审计单位的相似，

但是它们运行的正式程度存在差别。在小型被审计单位，由于管理层亲自实施控制，特定类型的控制活动可能并不必要。例如，管理层独自负责对客户授予信用和批准重大采购，可以对重要的账户余额和交易提供有效的控制，降低或消除对实施更具体控制活动的需要。

4. 小型被审计单位通常员工较少，这可能限制职责分离的可行程度。然而，在业主管理的小型被审计单位中，业主兼经理可能能够实施比大型被审计单位更有效的监督。这种更高程度的管理层监督，需要与管理层凌驾于控制之上的更大的可能性相权衡。

向治理层通报值得关注的内部控制缺陷

18. 对于小型被审计单位的审计，注册会计师可以以相对于大型被审计单位而言不太正式的方式与治理层沟通。

《中国注册会计师审计准则第 1201 号——计划审计工作》应用指南

计划活动——（一）总体审计策略

11. 在小型被审计单位的审计中，全部审计工作可能由一个很小的审计项目组执行，如由项目合伙人和一个审计项目组成员一起执行。在这种情况下，项目组成员之间更容易沟通和协调。对于小型被审计单位的审计，制定总体审计策略没有必要经过复杂和费时的过程，其详略程度随被审计单位的规模、审计业务的复杂程度及项目组大小的不同而不同。例如，注册会计师可能基于工作底稿的复核结果，在上期审计完成阶段编制简要的备忘录，总结刚刚完成的审计中识别出的事项。如果注册会计师基于与业主兼经理的讨论在本期对备忘录进行更新，并且该备忘录涵盖本准则第八条规定的事项，注册会计师就可以将该备忘录作为本期审计业务的总体审计策略。

计划活动——（四）指导、监督与复核

15. 如果审计工作主要由某一项目合伙人执行，则还需要由其他项目合伙人（其他注册会计师）对其工作进行监督与复核。当审计工作主要由一人完成，且涉及非常复杂或异常的事项时，咨询其他具备适当经验的注册会计师或注册会计师协会可能是适当的。

审计工作底稿

19. 如本指南第 11 段所述，在审计小型被审计单位时，恰当、简要的备忘录可以作为对总体审计策略的记录。对于具体审计计划，注册会计师可能使用在假定只有少量相关控制活动的基础上（小型被审计单位可能确实如此）编制的标准审计程序表或者核对表，但需要根据审计业务的具体情况（包括注册会计师对风险的评估）进行调整。

《中国注册会计师审计准则第1211号——通过了解被审计单位及其环境识别和评估重大错报风险》应用指南

风险评估程序和相关活动——（二）分析程序

10. 某些小型被审计单位可能没有可用于实施分析程序的中期或月度财务信息。在这些情况下，虽然注册会计师可能能够实施有限的分析程序以计划审计工作或通过询问获取一些信息，但当可以获得财务报表的草稿时，注册会计师可能需要计划并实施分析程序以识别和评估重大错报风险。

风险评估程序和相关活动——（五）项目组内部的讨论

16. 许多小型被审计单位的审计全部由项目合伙人实施。在这种情况下，亲自计划审计工作的项目合伙人将负责考虑财务报表发生由于舞弊或错误导致的重大错报的可能性。

被审计单位及其环境——（五）被审计单位财务业绩的衡量和评价

41. 小型被审计单位通常没有建立衡量和评价财务业绩的流程。注册会计师询问管理层后可能发现，管理层依据特定关键指标评价财务业绩和采取适当行动。如果询问结果表明被审计单位不存在业绩衡量和评价，则尚未发现和更正的错报风险可能增加。

被审计单位的内部控制——内部控制的目标

45. 小型被审计单位可能采用非正式和简单的流程和程序实现内部控制的目标。

被审计单位的内部控制——内部控制的固有限制

49. 小型被审计单位拥有的员工通常较少，限制了其职责分离的程度。但是，在业主管理的小型被审计单位，业主兼经理可以实施比大型被审计单位更有效的监督。这种监督可以弥补职责分离有限的局限性。

50. 另一方面，由于内部控制系统较为简单，业主兼经理更有可能凌驾于控制之上。注册会计师在识别由于舞弊导致的重大错报风险时需要考虑这一问题。

被审计单位的内部控制——（四）内部控制要素—控制环境

76. 小型被审计单位的控制环境通常与较大型被审计单位的不同。例如，小型被审计单位的治理层可能不包括独立的或外部的成员，如果没有其他所有者，治理层的职能通常直接由业主兼经理承担。控制环境的性质也可能影响其他控制的重要性或缺乏这些控制所造成的后果。例如，在小型被审计单位，业主兼经理的积极参与可能抵消由于缺乏职责分离导致的特定风险，但也会增加其他风险，如凌驾于控制之上的风险。

77. 在小型被审计单位，可能无法获取以文件形式存在的有关控制环境要素的审计证据，特别是在管理层与其他人员的沟通不够正式但却有效的情况下。例如，小型被审计单位可能没有书面的行为守则，但却通过口头沟通和管理层的示范作用形成了强调诚信和道德行为重要性的文化。

78. 因此，管理层或业主兼经理的态度、认识和措施对注册会计师了解小型被审计单位的控制环境非常重要。

被审计单位的内部控制——（五）内部控制要素—被审计单位的风险评估过程

80. 小型被审计单位可能没有正式的风险评估过程。在这种情况下，管理层很可能通过直接亲自参与经营来识别风险。无论情况如何，注册会计师询问识别出的风险以及管理层如何应对这些风险，仍是必要的。

被审计单位的内部控制——（六）内部控制要素—与财务报告相关的信息系统

85. 在小型被审计单位，与财务报告相关的信息系统和相关业务流程可能不如较大型被审计单位复杂，但其作用同样重要。管理层积极参与经营管理的小型被审计单位，可能不需要详细描述会计流程、复杂的会计记录或书面政策。因此，在对小型被审计单位进行审计时，了解其系统和流程就较为容易，也更依赖于询问而不是对文件的检查。但是，了解与财务报告相关的信息系统和相关业务流程仍然重要。

87. 由于职责层级较少，更容易接触到管理层，小型被审计单位的沟通可能比大型被审计单位更简单、更容易实现。

被审计单位的内部控制——（七）内部控制要素—控制活动

93. 小型被审计单位控制活动依据的理念与较大型被审计单位可能相似，但是它们运行的正式程度可能不同。进一步讲，在小型被审计单位中，由于某些控制活动由管理层执行，特定类型的控制活动可能变得并不相关。例如，只有管理层拥有批准赊销、重大采购的权力，这可以对重要账户余额和交易实施有力控制，降低或消除实施更具体的控制活动的必要性。

94. 与小型被审计单位审计相关的控制活动可能与主要交易循环（如收入、采购和薪酬）相关。

被审计单位的内部控制——（八）内部控制要素—对控制的监督

100. 管理层对控制的监督经常通过管理层或业主兼经理对经营活动的密切参与来实现。通过密切参与经营活动，可以识别出与预期不同的重大差异和不准确的财务数据，从而可以对控制采取补救措施。

审计工作底稿

131. 注册会计师需要运用职业判断，确定对本准则第三十五条规定的事项进行记录的方式。例如，在小型被审计单位的审计中，这些事项的工作底稿可能包含在总体审计策略和具体审计计划的工作底稿中。类似地，风险评估的结果可以单独予以记录，也可作为注册会计师对进一步审计程序记录的一部分。审计工作底稿的形式和范围受被审计单位性质、规模、复杂程度、内部控制、被审计单位信息的可获得性，以及审计过程中使用的审计方法和技术的影响。

《中国注册会计师审计准则第1221号——计划和执行审计工作时的重要性》应用指南

确定财务报表整体的重要性时对基准的运用

8. 如果小型被审计单位由所有者管理，所有者以薪酬的形式拿走了大部分的税前利润，其经常性业务的税前利润可能一直很低，在这种情况下，将扣除薪酬和税金之前的利润作为选定的基准可能更加相关。

《中国注册会计师审计准则第1231号——针对评估的重大错报风险采取的应对措施》应用指南

进一步审计程序的性质、时间安排和范围

18. 小型被审计单位可能不存在很多能够被注册会计师识别的控制活动，或者对控制活动的存在或运行的记录程度可能有限。在这种情况下，注册会计师实施以实质性程序为主的进一步审计程序可能效率更高。但是在极少数情况下，缺乏控制活动或控制的其他组成要素可能使注册会计师无法获取充分、适当的审计证据。

《中国注册会计师审计准则第1241号——对被审计单位使用服务机构的考虑》应用指南

服务机构提供服务的性质

5. 小型被审计单位可能使用代理记账服务，这些服务的范围从处理某些交易（如工资税金的支付）和维护会计记录到编制财务报表不等。使用这类服务机构编制财务报表并不能减轻小型被审计单位管理层和治理层（如适用）对财务报表的责任。

《中国注册会计师审计准则第1321号——审计会计估计（包括公允价值会计估计）和相关披露》应用指南

风险评估程序和相关活动——

（二）了解管理层如何识别是否需要作出会计估计

21. 由于小型被审计单位的业务活动通常有限，且交易较为简单，了解管理层如何识别作出会计估计的必要性通常并不复杂。在小型被审计单位，通常由某一个人（如业主兼经理）确定是否有必要作出会计估计，因此，注册会计师可对其进行重点询问。

管理层利用专家的工作

30. 在小型被审计单位，业主兼经理通常有能力作出所要求的点估计。然而在某些情况下，利用专家的工作也是必要的。注册会计师在审计前期阶段与业主兼经理就下列事项进行讨论，可能有助于业主兼经理确定是否需要利用专家的工作：

（1）会计估计的性质；

（2）会计估计的完整性；

（3）会计估计流程的适当性。

应对评估的重大错报风险——

截至审计报告日发生的事项

67. 当财务报表日和审计报告日相隔较长时，注册会计师对该期间事项的复核可能是应对除公允价值会计估计外的其他会计估计的有效措施。这对于某些业主亲自管理的小型被审计单位，特别是当管理层没有针对会计估计建立正式的控制程序时尤其如此。

测试管理层如何作出会计估计

70. 在小型被审计单位，作出会计估计的流程的结构化程度相对较低。管理层积极参与管理的小型被审计单位可能不存在对会计程序的全面描述、复杂的会计记录或书面政策。即使小型被审计单位没有建立正式的流程，也并不意味着管理层不能为注册会计师测试会计估计提供基础。

测试控制运行的有效性

86. 小型被审计单位可能存在针对作出会计估计的控制，但其运行的规范性存在差别。进一步讲，在管理层积极参与财务报告过程的情况下，小型被审计单位可能确定某些类型的控制是不必要的。但是，在极小型实体中，可能不存在太多注册会计师能够识别出的控制。因此，注册会计师可能采用实质性方案应对重大错报风险，从而实施本准则第十八条规定的一项或多项其他应对措施。

实施进一步实质性程序以应对特别风险——（一）估计不确定性

106. 小型被审计单位可能使用简单方法评估估计不确定性。除复核可获得的文件外，通过询问管理层，注册会计师可能获取其他关于管理层对可供选择的假设或结果进行考虑的审计证据。此外，管理层可能不具备考虑可供选择的结果或处理估计不确定性的专长。在这种情况下，注册会计师可以向管理层解释处理估计不确定性的流程，或其他可使用的不同评估方法，以及相应的记录。但是，这并不改变管理层在财务报表编制方面承担的责任。

重大假设

108. 从管理层建立的持续战略分析和风险管理流程中可能获得相关信息，以支持管理层根据其了解的情况作出的重大假设。即使没有建立正式的流程（如在小型被审计单位），注册会计师可以通过询问管理层或与其讨论评价假设，并结合其他审计程序，获取充分、适当的审计证据。

《中国注册会计师审计准则第1323号——关联方》应用指南

与关联方关系及其交易相关的控制

19. 在小型被审计单位，控制活动可能不太正式，并且可能没有处理关联方关系及其交易的书面程序。业主兼经理通过积极参与关联方交易的所有主要方面，可能会降低源于关联方交易的某些风险，也可能会潜在地增加这些风险。对于这些小型被审计单位，注册会计师可以通过询问管理层并结合其他程序（如观察管理层的监督和复核活动、检查取得的记录等），了解关联方关系及其交易和可能存在的相关控制。

识别出的超出正常经营过程的重大关联方交易——授权和批准重大关联方交易

40. 大型被审计单位可能存在不同层级的授权和批准控制，小型被审计单位可能没有此类控制。因此，当审计小型被审计单位时，针对超出正常经营过程的重大关联方交易的合理性，注册会计师可能在较低程度上依赖授权和批准控制以获取审计证据。相应地，注册会计师可以考虑实施其他审计程序，例如，检查相关文件、向相关机构或人员函证特定交易事项，或者观察业主兼经理对交易的参与程度。

《中国注册会计师审计准则第1324号——持续经营》应用指南

可能导致对持续经营假设产生疑虑的事项或情况

4. 被审计单位的规模可能影响其承受不利情况的能力。小型被审计单位能够迅速反应以利用机会，但是可能缺乏支持经营的储备。

5. 与小型被审计单位持续经营特别相关的情况，包括银行及其他借款方可能终止为被审计单位提供支持的风险，以及可能失去主要供应商、主要客户、关键员工，或者在执照、特许权或其他法律协议下经营的权利的风险。

评价管理层的评估

11. 在大多数情况下，小型被审计单位的管理层可能不对被审计单位的持续经营能力作出详细评估，而是依赖对经营活动和预期未来前景的深入了解。然而，按照本准则的规定，注册会计师需要评价管理层对被审计单位持续经营能力的评估。对于小型被审计单位，注册会计师与管理层讨论中长期融资可能是适当的，前提是管理层的观点能够通过足够的书面证据得以证实且与注册会计师对被审计单位的了解一致。因此，注册会计师可以通过如讨论、询问和检查支持性文件（如收到的未来供应订单）

评价其可行性或以其他方式予以证实，以满足本准则第十二条有关提请管理层延长评估期间的规定。

12. 业主兼经理持续的支持对于小型被审计单位的持续经营能力通常很重要。如果小型被审计单位在很大程度上依赖于向业主兼经理融资，那么确保这些资金不会撤离可能是很重要的。例如，面临财务困境的小型被审计单位的持续经营能力可能取决于业主兼经理是否将其对被审计单位贷款的求偿权排在银行或其他债权人之后，或者是否以其个人资产作为抵押为被审计单位的贷款提供担保。在这种情况下，注册会计师可以获取恰当的书面证据，证明业主兼经理对贷款的次序求偿或提供的担保。如果被审计单位依赖业主兼经理提供的额外支持，注册会计师可以评价业主兼经理履行提供支持的承诺中所规定义务的能力。此外，注册会计师还可以要求对这类支持的条款和条件以及业主兼经理的意图或理解进行书面确认。

《中国注册会计师审计准则第1521号——注册会计师对含有已审计财务报表的文件中的其他信息的责任》应用指南

本准则的范围

2. 小型被审计单位一般不可能发布含有已审计财务报表的文件，除非法律法规另有规定。例如，如果法律法规要求，在含有小型被审计单位已审计财务报表的文件中将含有治理层的报告，或详式利润表和管理层报告。